Quelle protection pour les enfants déplacés et réfugiés non accompagnés en République démocratique du Congo ?

Collection « Études africaines »

dirigée par Denis Pryen et son équipe

Forte de plus de mille titres publiés à ce jour, la collection « Études africaines » fait peau neuve. Elle présentera toujours les essais généraux qui ont fait son succès, mais se déclinera désormais également par séries thématiques : droit, économie, politique, sociologie, etc.

Dernières parutions

Christian ROCHE, *Les pionniers des indépendances africaines face à leur destin. Colonies françaises d'Afrique noire et territoires de l'océan Indien,* 2021.
Emmanuel KABONGO MALU, *La critique de la raison scientifique égypto-africaine chez Cheikh Anta Diop*, 2021.
NIAMKEY-KOFFI, *Philosophie, culture et développement. De l'esthétique nègre à l'impensé philosophique des langues*, 2021.
Amadou Lamine NDIAYE, *Julius Nyerere et l'édification d'une nation africaine. Ujamaa : panafricanisme et socialisme*, 2021
César MAWANZI NDOMBE, *Jean-Marc Ela. L'humanisme de la raison critique au coeur d'une pensée politique*, 2021.
Moustapha SOUMAHORO (dir.), *Agriculture, pêche et développement local en Afrique subsaharienne*, 2021.
Simon NGONO, *Médias audiovisuels et tolérance administrative au Cameroun. Enjeux communicationnels et logique d'acteur*, 2021.
Phidias AHADI SENGE MILEMBA, *Mouvements citoyens africains. Creuset de l'éveil civique et briseurs de l'ordre néolibéral ?*, 2021.
Jean-Michel TCHITEMBO, *Communication traditionnelle et moderne pour un objectif commun, L'exemple du peuple vili au Congo-Brazzaville*, 2021
Alain Georges BESSALA, *Sécurité d'approvisionnement et énergies renouvelables en droit camerounais. Recherches sur les mécanismes de diversification du parc énergétique*, 2021.
Mamadou Diarafa DIALLO, *État et territoire(s) au Sahel. Entre contrôle, compétition et coopération : le cas du Mali*, 2021.

Benjamin KAGINA SENGA

QUELLE PROTECTION POUR LES ENFANTS DEPLACES ET REFUGIES NON ACCOMPAGNES EN REPUBLIQUE DEMOCRATIQUE DU CONGO ?

Préface de David Karas

Avant-propos de Martine Valois

L'Harmattan

5-7, rue de l'École-Polytechnique ; 75005 Paris
http://www.editions-harmattan.fr
ISBN : 978-2-343-24120-3
EAN : 9782343241203

« La vie des enfants non accompagnés ou séparés de leur famille peut être menacée lors d'un conflit armé ou d'un autre type de catastrophe. Ces enfants risquent fort de voir leurs droits fondamentaux bafoués et d'être exposés à divers dangers tels que mauvais traitements, exploitation ou enrôlement dans les forces armées ».

Groupe de travail inter-agences sur les enfants non accompagnés ou séparés de leur famille, cité dans CICR, *Principes directeurs inter-agences relatifs aux enfants non accompagnés ou séparés de leur famille*, Genève, 2004, p.2.

« Le droit des mineurs non accompagnés c'est, ce doit être et ça doit rester, le droit des mineurs. Ce n'est pas le droit des étrangers et le droit des migrants, et ça ne doit pas être le droit des étrangers et des migrants ».

Jacques TOUBON, allocution d'ouverture au colloque du 21 juin 2018 sur le thème : « Quelle protection pour les mineurs non accompagnés ? » (dir.), IRJS éditions, Paris, 2019, p.3.

Je dédie cet ouvrage à tous les enfants non accompagnés, privés de l'affection familiale dans le monde entier et particulièrement en République démocratique du Congo.

REMERCIEMENTS

La rédaction de cet ouvrage a bénéficié de l'apport matériel et immatériel de plusieurs personnes dont les mots ne sauraient assez les récompenser. Qu'elles trouvent à ces mots, ma profonde gratitude.

Je remercie particulièrement Madame le Professeur Pascale Boucaud pour ses orientations dans le cadre de mon mémoire ; mémoire à la base de cet ouvrage.

Mes remerciements s'adressent également à Yala Mukoko Alice et Mpanzu Michael pour la relecture de cet ouvrage.

Mes remerciements s'adressent enfin, à mes très chers parents BANGAMWABO NSABIMANA Marie-Médiatrice et SEBIKIMA MUGINA Marc, pour l'affection qu'aucun mot ne saurait qualifier et dont les dimensions demeurent sans mesure.

SOMMAIRE

PRÉFACE

Pour une bonne partie des lecteurs européens, la République démocratique du Congo est probablement synonyme de désastres humanitaires, environnementaux, de chaos sécuritaires, de multinationales minières sans scrupules, de milices armées menant des guerres sans nom et sans but : un imaginaire colonial où une nature verdoyante abriterait un empilement d'échecs successifs à construire une modernité wébérienne, une société cohésive, une économie viable. Ce regard obtus, cette mémoire sélective fait fi d'ignorer les conséquences dans la longue durée d'une des expériences coloniales européennes les plus inhumaines et l'ingérence systématique de grandes puissances depuis le meurtre de Patrice Lumumba d'un côté. De l'autre côté, les discours triomphalistes d'un renouveau de l'Afrique subsaharienne sont pourtant véhiculés par des acteurs politiques locaux, mais aussi des organisations internationales qui voient le futur de la RDC et de la région assuré par une libéralisation qui se dérobe perpétuellement et dont l'inachèvement justifie une quête perpétuelle de réformes économiques et administratives. Ces deux perspectives - celle d'un fatalisme orientaliste et postcolonial, et celle du triomphalisme des lendemains qui chantent – se font concurrence, mais se recombinent aussi dans les discours officiels autant que les trames narratives individuelles.

Pourtant, il existe une autre manière, moins théorique et réductrice pour appréhender un pays sans tenter de résumer une pléthore d'expériences complexes et contradictoires à des scores de succès ou d'échec de toute manière arbitraire et euro centrée. L'alternative consiste à explorer la réalité par « le bas », c'est-à-dire l'expérience, la voix et les luttes des gens bien réels qui vivent sur un territoire donné. Mettre de côté les discours totalisants nécessairement réducteurs et s'atteler au travail bien plus ardu de comprendre une réalité sociale champ par champ, chacun avec ses propres acteurs, réseaux, imaginaires, règles, institutions et relations de pouvoir. C'est ce travail bien plus fécond que Benjamin KAGINA entreprend dans cet ouvrage qui explore la question des droits des enfants non accompagnés en RDC. Les enjeux théoriques, pratiques et politiques de cette question sont formidables.

Premièrement, le sujet met en exergue les questions de transfert, de la réception et des hybridations de normes internationales dans des contextes locaux radicalement différents. Les décennies suivant la Guerre froide furent particulièrement fécondes en normes supranationales diffusées autant par des organisations internationales que par des réseaux d'experts et d'activistes. Tandis qu'une large partie de l'establishment américain célébrait une « Fin de l'Histoire » perçue comme un processus de transposition globale d'institutions américaines au reste du monde, le concept de mondialisation pénétrait les esprits en projetant à la fois l'idée d'une harmonie internationale kantienne, mais aussi d'un avenir post-étatique où les divergences culturelles et d'organisation politique auraient vocation à disparaitre. Avant le tournant sécuritaire du 11 septembre 2001, c'était l'âge d'or des Droits de l'Homme, de la société civile, de la démocratisation, de la bonne gouvernance et de la lutte contre la corruption. Autant de bases nouvelles d'une société-monde cosmopolite et interdépendante dont il aurait suffi de transplanter les recettes dans des pays dits en développement (c'est-à-dire n'ayant pas encore assimilé les leçons prodiguées par l'Occident). La transposition de ces normes n'a pourtant pas porté les fruits attendus : le décalage souvent pittoresque, parfois tragique entre ces normes et les réalités locales d'États postcoloniaux pauvres, instables et en proie à une désindustrialisation forcée par les programmes d'austérité n'a pas produit une convergence, mais une hybridation complexe entre des normes produites dans des bureaux aseptisés à New York ou à Paris, un enthousiasme réel d'acteurs sociaux divers dans les pays cibles, mais aussi des résistances et des désenchantements. Il serait réducteur de considérer ces formes de diffusion normative simplement comme le statu quo entre un impérialisme culturel occidental et des élites locales qui auraient accepté bien malgré elles des discours voire des institutions qu'elles n'avaient jamais l'intention de mettre en œuvre: le cas du statut et des droits des enfants non accompagnés que ce travail explore constitue un bon exemple d'une réalité plus complexe, où l'on voit une hybridation entre des modèles juridiques et institutionnels externes et les rapports de pouvoir et institutions locales produire une nouvelle réalité sociale – certes contradictoire, mais néanmoins marquée par de vrais changements institutionnels, idéologiques et politiques.

Deuxièmement, ce travail illustre bien une tension fondamentale entre les deux bases de la modernité : la souveraineté de l'État-nation comme base des relations internationales d'un côté et les Droits de l'Homme universalistes qui visent à protéger les individus. La tension entre ces deux sujets du droit - l'État et l'individu – reste toujours aussi conflictuelle et irrésolue : le premier est issu de l'héritage réaliste westphalien qui visait à résoudre la question des luttes de pouvoir internes à une société autant qu'à minimiser les sources de conflits externes entre États en sacralisant la souveraineté nationale. Le second provient au contraire d'une acception universaliste, c'est-à-dire par définition sceptique de la légitimité des frontières et du pouvoir des États. Jusqu'à présent ni les espoirs d'une société-monde liée par des normes et institutions supranationales ni les théories de la stabilité hégémonique visant à instituer des régimes universels sous l'égide d'une superpuissance unique n'ont réussi à réconcilier les intérêts et droits des États et des individus. Cette tension permanente entre les bases réalistes et libérales de la modernité continue de produire des compromis douloureux, partiels et incohérents. Comment en effet garantir la souveraineté des États à contrôler les mouvements de la population sur un territoire donné tout en garantissant les droits et la dignité des individus d'où qu'ils puissent venir ? Le problème confronté par le cadre législatif et institutionnel imparfait de la RDC en relation avec le statut et les droits des enfants non accompagnés relève donc d'un enjeu quasi-universel dépassant largement le cadre congolais.

Les parallèles avec les images d'enfants en détresse séparés de leur famille dans des centres de détention militarisés aux frontières des États-Unis et de l'Europe sont là pour nous rappeler que la problématique explorée dans cet ouvrage a une portée véritablement globale.

Troisièmement, ce travail articule une seconde contradiction interne de la modernité quant au rapport (et les droits sous-jacents) de l'individu et des groupes dans lesquels celui-ci est ancré. L'universalisme libéral individualiste est en effet en butte au problème fondamental qu'au lieu d'une simple amalgamation d'atomes sociaux, les individus vivent et survivent en groupes qui leur restent vitaux. Le radicalisme jacobin qui visait à construire un seul corps politique légitime – la Nation, incarnée dans l'État – sans corps intermédiaires est évidemment un projet voué à l'échec. Non seulement les associations religieuses, politiques, sportives, culturelles continuent d'ancrer les individus dans des groupes divers, mais la famille – dans toute sa diversité biologique, juridique et émotionnelle – reste un point d'achoppement des sociétés. La défense de la famille est donc une prérogative fondamentale dont les États se servent allègrement pour légitimer leur existence : or lorsque ceux-ci interfèrent avec les liens unissant l'enfant à ses proches, rendent le contact et la proximité impossibles, s'opposent aux regroupements familiaux ou les rendent impraticables – comment ne pas y voir des formes de brutalité dont les conséquences morales (pour les États) et psychologiques (pour les enfants) minent profondément la légitimité de l'État ?

De même que la modernité n'a jamais réussi à produire une synthèse convaincante entre les droits des États et des individus, elle n'a pas non plus réussi à réconcilier de manière satisfaisante la protection des individus et des groupes (dont la famille) dans lesquels ces individus sont ancrés. Les critiques antilibérales qui accusent l'individualisme des Droits de l'Homme d'être l'avant-garde d'un impérialisme occidental utilisent abondamment l'argument d'un aveuglement occidental pour le collectivisme et les groupes qui ne seraient pas une menace pour l'individu, mais au contraire son point d'ancrage fondamental. Cet argument, souvent déployé dans un discours essentialiste de protection de valeurs culturelles non occidentales n'est pas seulement une stratégie cynique de dictateurs sans vergogne : les clivages politiques en Europe et aux États-Unis sont effectivement de plus en plus explicitement structurés autour de la définition, de la place et du rôle de la famille. Comme tout travail sérieux, cet ouvrage ne nie ni les contradictions ni la complexité du phénomène étudié : le cadre institutionnel et juridique pour protéger les enfants non accompagnés en RDC est incomplet, fragile et présentement incapable de répondre aux besoins des enfants congolais et étrangers qui se retrouvent dans des situations de vulnérabilité tragiques. Mais derrière ce constat partiel, on voit en parallèle une multiplication d'institutions et de lois nouvelles mettre en œuvre des statuts et de programmes nouveaux qui sont utilisés par des responsables politiques, des organisations humanitaires, des juristes et activistes pour forcer l'État à remplir les obligations qu'il s'est lui-même reconnu.

La transplantation des normes internationales n'est donc pas un exercice purement stérile : si elle ne mène pas à une convergence mécanique, mais plutôt à des formes d'hybridation, elle a un impact profond qui remodèle le champ d'action et les manières de penser d'une diversité d'acteurs locaux, nationaux et externes. L'enchevêtrement entre les responsabilités et initiatives de cette multitude d'acteurs publics et privés, congolais et étrangers dans l'identification et la prise en charge des enfants non accompagnés constitue un problème de coordination majeur. Les technologies de communication innovantes comme les applications mobiles et les bases de données qui permettent l'identification, le classement, le recensement et le transfert des enfants vers des structures appropriées offrent de réels progrès et une base possible pour une meilleure division des tâches, une interopérabilité entre les savoirs et compétences des acteurs publics et privés, une meilleure coordination de leurs activités. Tout ceci sans nier les dangers inhérents à des technologies qui peuvent aussi servir d'outils de gouvernementalité, de contrôle et de pouvoir sur des sujets politiques fragiles. Encore une fois, refuser les fausses dichotomies, le simplisme normatif de l'échec et du succès – ceci est nécessaire pour toute approche qui veut aller au plus près de l'expérience vécue par des gens en chair et en os, et ce travail remplit ce critère de manière remarquable.

Enfin, je tiens à saluer la publication de cet ouvrage dans la trajectoire personnelle de l'auteur, Benjamin KAGINA : j'ai eu le plaisir et l'honneur de rencontrer Benjamin il y a plusieurs années et de suivre le développement de son projet dans le temps long.

Cet ouvrage marque à la fois la fin d'un long chemin intellectuel entrepris depuis des années, mais aussi le début d'une nouvelle étape qui ouvrira les thématiques étudiées ici vers de nouveaux horizons, de nouveaux publics, de nouvelles comparaisons et de possibilités peut-être encore insoupçonnées de contribuer à l'amélioration des conditions de vie et de prise en charge des enfants non accompagnés en RDC dans les années à venir.

Je continuerai pour ma part à suivre l'acuité intellectuelle et l'engagement profond de Benjamin Kagina où qu'ils le mènent et j'invite le lecteur à en faire de même.

Le 10 juin 2021 à Budapest,
David Karas
Lecturer and research in political economy,
(OSCE Academy in Bishkek)

AVANT-PROPOS

Près de la moitié de la population mondiale de personnes déplacées vit aujourd'hui sur le continent africain. De la République démocratique du Congo à l'Éthiopie, du Nigéria à la Somalie, du Soudan du Sud à la République centrafricaine, des millions de personnes sont contraintes de quitter leur foyer chaque année en raison des conflits armés, des violences et des catastrophes naturelles[1]. Une part importante de cette population migrante a moins de 18 ans et se retrouve en Afrique, et plus spécifiquement en République démocratique du Congo[2]. L'ouvrage de KAGINA SENGA, qui résulte de ses recherches pour son mémoire de Master à l'Institut des Droits de l'Homme de l'Université catholique de Lyon, s'intéresse à cette question

Le présent ouvrage part du constat réel des difficultés que rencontrent les enfants dans le contexte migratoire, notamment les enfants séparés et les enfants non accompagnés en République démocratique du Congo. Depuis de nombreuses décennies, ce pays a connu des drames migratoires, avec comme conséquence le déplacement interne de plus de 5,01 millions de personnes et l'exil de plus de 918 000 réfugiés et demandeurs d'asile, selon les données de l'Agence des Nations Unies pour les

---

[1] R. Likibi, *Les personnes déplacées internes en Afrique: repères juridiques et réalités. Contribution à l'étude de la Convention de Kampala*, Publibook, Saint-Dénis, 2013, p.15.

[2] Comité africain d'experts sur les droits et bien-être de l'enfant, *Cartographie des enfants en mouvement en Afrique*, Addis Abeba, 2018, p.40.

réfugiés[3]. Parmi cette population migrante se trouve un nombre important d'enfants accompagnés et non accompagnés.

Or, le cadre juridique et institutionnel mis en place par l'État congolais est à la fois insuffisamment développé et épars, en raison notamment de l'absence de textes spécifiques sur cette problématique.

Le livre de Benjamin KAGINA analyse la question de l'identification et de la réunification familiale des enfants non accompagnés de la République démocratique du Congo, et pose comme hypothèse que le caractère embryonnaire du cadre normatif d'une part, et l'aspect désorganisé et pluriel du cadre institutionnel de protection des enfants non accompagnés dans ce pays d'autre part, nuisent grandement à la prise en charge adéquate de cette catégorie de personnes déplacées.

En définitive, cet ouvrage présente un intérêt pour le monde scientifique, dans la mesure où il aborde une question d'actualité qui touche à la fois aux droits de l'enfant, au droit de la migration, au droit des réfugiés, voire aux droits de l'Homme de manière générale. De plus, son intérêt est encore renforcé en ce qui concerne la République démocratique du Congo où se trouvent plusieurs de ces mineurs non accompagnés. Cet ouvrage devrait donc servir de référence sur la question.

Professeure Martine Valois

Université de Montréal

---

[3] https://www.unhcr.org/fr-fr/urgence-republique-democratique-du-congo.html, consulté le 23/07/2021.

LISTE DES SIGLES ET ABBREVIATIONS

Al	Alinéa
Art	Article
ASF	Avocats sans frontières
BCNUDH	Bureau conjoint des Nations Unies aux Droits de l'Homme
CEDH	Cour européenne des Droits de l'Homme
CIADH	Cour interaméricaine des Droits de l'Homme
CENI	Commission électorale nationale indépendante
CETIM	Centre Europe-Tiers Monde
CIJT	Centre International pour la Justice Transitionnelle
CNDH	Commission nationale des Droits de l'Homme
Coll.	Collection
CPI	Cour pénale internationale
CSJ	Cour suprême de justice.
CVR	Commission Vérité et Réconciliation
Dir	Sous la direction de
DUDH	Déclaration universelle des Droits de l'Homme
Ed.	Édition.
FARDC	Forces armées de la République démocratique du Congo
L.G.D.J.	Librairie générale de droit et de jurisprudence
MNA	Mineur non accompagné
MONUSCO	Mission de l'Organisation des Nations Unies pour la stabilisation du Congo
OMP	Officier du Ministère Public
ONG	Organisation non gouvernementale
ONU	Organisation des Nations Unies
OPJ	Officier de Police Judiciaire
P	Page

PIDCP	Pacte international relatif aux droits civils et politiques
PIDESC	Pacte international relatif aux droits économiques, sociaux et culturels
PUC	Presses universitaires du Congo
PUF	Presses universitaires de France
PUK	Presses universitaires de Kinshasa
PUL	Presses universitaires de Lubumbashi
PUZ	Presses universitaires du Zaïre
RDC	République démocratique du Congo
TGI	Tribunal de grande instance
TGM	Tribunal de garnison militaire
UNICEF	Fonds des Nations Unies pour l'enfance
Vol	Volume

INTRODUCTION

Le mouvement des populations est l'un des problèmes mondiaux les plus urgents[4]. Ce problème n'est pas nouveau, encore moins dépassé, car il est pour certains, inhérent à la nature humaine et pour d'autres, la simple conséquence des activités humaines[5]. Quoi qu'il en soit, il est bien présent et même loin de prendre fin dans un avenir proche. Il fait référence au déplacement d'une personne ou d'un groupe de personnes d'un pays à un autre, il s'agit dans ce cas, de la migration internationale. Il peut également faire référence au déplacement d'une personne d'une région à une autre à l'intérieur d'un même pays, il s'agirait alors de la migration interne[6]. De plus, ce phénomène migratoire touche à la fois les personnes adultes et les personnes mineures. Dans ce dernier cas, ces enfants impliqués dans la migration peuvent être soit accompagnés de leurs parents ou de toute autre personne pouvant assurer leur protection, soit être isolés, séparés ou non accompagnés. Si dans tout le cas, la situation de l'enfant dans la migration reste préoccupante, celle des enfants non accompagnés, objet du présent ouvrage, l'est davantage à cause notamment de l'absence de toute protection parentale et de sa double vulnérabilité, à la fois

---

[4] Comité africain d'experts sur les droits et bien-être de l'enfant, *Cartographie des enfants en mouvement en Afrique*, Addis Abeba, 2018, p.4.

[5] J-Y. Carlier et S. Saroléa, *Droit des étrangers*, Bruylant, Bruxelles, 2016, p.21.

[6] G. Cornu, *Vocabulaire juridique*, 10ème édition mise à jour Quadrige, Paris, PUF, 2014, p.656, v° Migration.

en tant qu'enfants et en tant qu'enfants touchés par la migration[7].

Il faut ainsi observer que la problématique des enfants non accompagnés dans le contexte de la migration est aussi vieille que la migration elle-même. Mélanie PONCET écrit à ce sujet «(…) *qu'il soit possible de dire que pendant la période de l'esclavage et le transport des esclaves entre l'Afrique et le continent américain, un enfant séparé de ses parents, restés au pays ou morts pendant le trajet en bateau, devenait un MNA. Il en va de même pendant la déportation lors de la Seconde Guerre mondiale* »[8].

Toutefois, malgré son ancienneté, ce problème continue de se poser dans chaque partie du monde avec chacune, sa spécificité.

Cette différence est à la base des normes diverses mises en place pour y faire face dans chaque partie du monde.

D'abord sur le plan international, la question des enfants non accompagnés (ici dénommé « ENA ») a commencé à se poser avec plus d'acuité dans les années 1990. C'est ainsi qu'en 1995, le Groupe de travail interagences sur les enfants non accompagnés ou séparés de leur famille fut créé en vue de rassembler[9] les

---

[7] Comité des droits de l'enfant, *Observation générale conjointe no 3 (2017) du Comité pour la protection des droits de tous les travailleurs migrants et des membres de leur famille et no 22 (2017) du Comité des droits de l'enfant sur les principes généraux relatifs aux droits de l'homme des enfants dans le contexte des migrations internationales*, Genève, 16 novembre 2017, §3.

[8] M. Poncet, *Op.cit.*, p.3.

[9] Ce Groupe était constitué par six organisations suivantes : Comité international de la Croix Rouge, international Rescue Committee, Save The Children, Fonds des Nations Unies pour l'enfance, World Vision International, Haut-commissariat des Nations Unies pour les réfugiés.

principales organisations ayant acquis sur le terrain une expérience de la question des enfants séparés[10]. Il avait pour but de promouvoir et de soutenir la préparation, la coordination et la mise en œuvre de « bonnes pratiques » sur la prise en charge des ENA.

Ensuite, sur le plan régional et spécifiquement sur le plan européen, cette question des ENA s'est aussi accrue dans les années 1990 notamment à cause des conflits (dans les Balkans, Rwanda, Sierra Leone, RDC, Angola), de la précarité sociale et économique (en Afrique subsaharienne notamment)[11]. Elle s'est développée dans les années 2000 pour s'intensifier depuis 2010[12]. La référence à l'Europe ci-dessus se justifie par le fait que plusieurs de ces ENA « européens » ont commencé leur parcours migratoire en Afrique où ils étaient déjà des ENA, mais non identifiés et/ou enregistrés comme tels.

En Afrique par contre, la problématique des enfants non accompagnés n'est pas non plus étrangère. Elle reste toutefois, peu documentée et de ce fait, mal connue, alors qu'elle est bien réelle. Le Comité africain d'experts sur les droits et bien-être de l'enfant l'a d'ailleurs relevé : « (…) en Afrique, des millions d'enfants sont en mouvement, à la fois au sein des États et à l'extérieur du territoire national, en compagnie ou non de leurs familles…

---

[10] CICR, *Principes directeurs inter-agences relatifs aux enfants non accompagnés ou séparés de leur famille*, Genève, 2004, p.2.

[11] A. Bantsimba -Casrouge, *Mineurs non accompagnés : quel défi pour la protection de l'enfance ? Étude et diagnostic en Languedoc-Roussillon*, Mémoire de Master, Université Paul Valery-Montpellier, Année Universitaire 2016/2017, p.6. Lire aussi : S. Slama, « La policiarisation et l'étatisation du traitement des mineurs isolés étrangers », in Lilia Ait Ahmed et alii(dir.), *Quelle protection pour les mineurs non accompagnés ?* , Actes du colloque du 21 juin 2018, IRJS, paris, 2019, pp.85-99.

[12] M. Poncet, *Op.cit.*, p.4.

Cependant, cette question reste largement inexplorée dans la littérature et la recherche existantes…

Toutefois, les recherches et les données disponibles sur les enfants en mouvement sont largement axées sur leur arrivée dans la destination en dehors de l'Afrique (par exemple, l'UE) et non sur leur point de départ ou parcours migratoire.»[13]. Autrement dit, les enfants non accompagnés sont bien présents sur le continent africain, à cause notamment de la migration interne aux États ou interne à l'Afrique ; et que même ces enfants considérés comme non accompagnés en Europe, beaucoup l'ont d'abord été en Afrique durant leur parcours migratoire. C'est pourquoi la meilleure compréhension de la question des ENA en Europe, surtout les ENA d'origine africaine, nécessite que l'on revienne sur leur parcours migratoire, ayant commencé pour la plupart en Afrique. Sans prétendre revenir sur les causes à l'origine des enfants non accompagnés en Afrique, dont les guerres civiles interminables dans certains pays (RDC), les conditions socio-économiques difficiles. À travers l'analyse de la situation congolaise, le présent ouvrage se limitera à démontrer de l'existence de ce problème en Afrique et plus spécifiquement en RDC. Il ne prétend toutefois pas ignorer les multiples causes qui l'occasionnent.

Enfin, sur le plan national et particulièrement en République démocratique du Congo, la question des ENA se pose également dans le cadre de la migration interne et internationale.

---

[13] Comité africain d'experts sur les droits et bien-être de l'enfant, *Cartographie des enfants en mouvement en Afrique*, Addis Abeba, 2018, p.4.

En effet, depuis son indépendance, le 30 juin 1960, ce pays est confronté à des crises multiformes, multidimensionnelles et persistantes ayant entraîné le déplacement d'une large partie de sa population.

En plus de ses problèmes internes, la RDC subit également les conséquences des crises dans les pays voisins, entraînant aussi le mouvement de la population en direction de son territoire[14].

L'exemple de la République du Rwanda en 1994, à cause du génocide, nous paraît plus illustratif. Au cours de cette même période et à cette occasion, la RDC (Zaïre à l'époque), a dû accueillir jusqu'à plus de 1,2 million des réfugiés rwandais sur son territoire[15]. Les statistiques du Haut-Commissariat des Nations unies pour les réfugiés renseignent par exemple que la RDC compte actuellement plus de 880 000 réfugiés et demandeurs d'asile, et 501 000 déplacés internes dont près de la moitié est constituée des enfants[16]. Ou encore le cas de la crise actuelle dans la République centrafricaine qui a entraîné le déplacement de plus de 92 000 personnes, avec plus de 4500 réfugiés particulièrement vulnérables, notamment des enfants non accompagnés et séparés[17].

---

[14] International Alert et al., *Des familles déchirées. Les effets des déplacements répétés sur la dynamique familiale dans l'Est de la RDC*, Genève, 2015, p.7. https://www.refworld.org/cgi-bin/texis/vtx/rwmain/opendocpdf.pdf?reldoc=y&docid=5669243d4, consulté le 01/05/2021.

[15] HCR, *Le génocide rwandais et ses répercussions*, §246, https://www.unhcr.org/fr/4ad2f954f.pdf, consulté le 12/04/2021.

[16] [https://www.unhcr.org/fr/urgence-republique-democratique-du-congo.html], consulté le 26/07/2020.

[17] https://www.unhcr.org/fr/news/briefing/2021/3/603e263ca/rdc-hcr-relocalise-milliers-refugies-centrafricains-vers-lieux-rs.html, consulté le 28/04/2021.

C'est donc à cause de ces crises externes et internes que la RDC comptait plus de 11.700 enfants non accompagnés ou séparés en 2020[18].

Toutefois, contrairement à la France et à la Belgique où cette question est plus développée[19], la prise en charge de ces enfants est moins développée en RDC, de la même manière que cette problématique reste mal ou peu explorée dans la littérature existante, trahissant le peu d'intérêt que le monde scientifique accorde à cette question.

Cette carence doctrinale fait également suite à l'absence d'un cadre national spécifique et par ricochet, d'une protection appropriée.

S'agissant de l'enfant non accompagné, il est défini par le Comité des droits de l'enfant[20] comme : « un *enfant, au sens de l'article premier de la Convention, qui a été séparé de ses deux parents et d'autres membres proches de sa famille et n'est pas pris en charge par un adulte investi de cette responsabilité par la loi ou la coutume* ». La notion d'enfant séparé renvoie quant à elle à « *un enfant, au sens de l'article premier de la Convention, qui a été séparé de ses deux parents ou des personnes qui en avaient la charge à titre principal auparavant en vertu de la loi ou de la coutume, mais pas nécessairement d'autres*

---

[18] GTPE National, *Bulletin d'information sous cluster protection de l'enfance*, Kinshasa, février 2020, p.1.

[19] http://www.infomie.net/, consulté le 12/04/2021; http://www.justice.gouv.fr/justice-des-mineurs-10042/mineurs-non-accompagnes-12824/, consulté le 12/04/2021; https://justice.belgium.be/fr/themes_et_dossiers/enfants_et_jeunes/mineurs_etrangers_non_accompagne, consulté le 12/04/2021.

[20] Comité des droits de l'enfant, *Observation générale n° 6 (2005) : traitement des enfants non accompagnés et des enfants séparés en dehors de leur pays d'origine*, Genève, 2005, §7.

membres de sa famille. Il peut donc être accompagné par un autre membre adulte de sa famille »[21].

C'est aussi la définition qui est proposée par le Haut-commissariat des Nations Unies pour les réfugiés dans sa « Note sur les politiques et les procédures à appliquer dans le cas des enfants non accompagnés en quête d'asile »[22].

La Commission nationale consultative des droits de l'homme de la France a quant à elle préféré l'appellation des « mineurs non accompagnés », car « (…) l'appellation mineurs isolés étrangers est beaucoup plus forte et significative, elle met en avant l'isolement inacceptable concernant un enfant »[23]. Elle met en avant l'isolement inacceptable concernant un enfant » et elle conclut que « cette appellation doit être radicalement rejetée »[24].

Ainsi, les enfants non accompagnés ou séparés peuvent se retrouver à la fois dans le cadre de la migration interne et internationale, dans l'un ou dans l'autre cas, le régime de protection diffère.

Dans le premier cas, ils peuvent être considérés comme demandeurs d'asile, réfugiés ou simples migrants.

De ce fait, ils peuvent être soumis au régime de protection internationale des réfugiés, basé sur la Convention de Genève de 1951 relative au statut des réfugiés ou régime de protection des étrangers.

---

[21] Comité des droits de l'enfant, *Op.cit.*

[22] HCR, *Note sur les politiques et les procédures à appliquer dans le cas des enfants non accompagnés en quête d'asile*, Genève, 1997, p.3.

[23] CNCDH, *Avis sur la situation des mineurs isolés étrangers présents sur le territoire national. état des lieux un an après la circulaire du 31 mai 2013 relative aux modalités de prise en charge des jeunes isolés étrangers (dispositif national de mise à l'abri, d'évaluation et d'orientation)*, Assemblée plénière – 26 juin 2014), §2.

[24] *Idem.*

Dans le second cas, c'est le régime de protection des déplacés internes qui s'applique. Or, ce dernier régime n'est pas à ce jour organisé sur le plan international.

Il est certes organisé sur le plan régional africain par la Convention de l'Union africaine sur les déplacés internes[25] et sur le plan national, par des législations nationales. Mais son application effective reste problématique dans la mesure où elle est soumise à la souveraineté de l'État qui pourrait être auteur ou complice de ce déplacement interne ou simplement économiquement ou structurellement incapable de faire face à ce problème à l'immédiat.

Toutefois, il faut noter que dans la pratique, ces deux types de déplacement, interne et international, sont souvent pris en charge par les mêmes organes[26] et lorsqu'il s'agit des enfants, il y a en outre, l'intervention de toute l'architecture de protection de l'enfant[27].

En ce qui concerne la présence des ENA dans ces deux types de migration, il faut noter que la RDC dispose à la fois des ENA issus de la migration interne, mais aussi ceux issus de la migration internationale.

Ce qui n'est pas par exemple le cas en France et en Belgique, où il y a plutôt des enfants non accompagnés réfugiés, demandeurs d'asile ou migrants et pas des

---

[25] Cette convention est adoptée à Kampala en Ouganda, le 23 octobre 2009 et entrée en vigueur le 6 décembre 2012

[26] HCR, *Recueil de directives sur l'engagement du HCR dans les situations de déplacement interne*, Genève, septembre 2019, Version 1. Lire aussi : HCR, *Politique sur l'engagement du HCR dans les situations de déplacement interne*, UNHCR/HCP/2019/1, Genève, 2019.

[27] J'attends par là, l'ensemble du cadre normatif et institutionnel de protection des droits de l'enfant.

enfants non accompagnés déplacés internes[28]. C'est d'ailleurs pour cette raison que les ENA sont désignés en Belgique, en « enfants mineurs étrangers non accompagnés »[29].

Ainsi, dans le cadre de la présente étude, le terme enfant non accompagné désignera à la fois les ENA dans la migration interne et internationale. Elle ne fera pas non plus de distinction entre les enfants non accompagnés au sens strict et les enfants séparés.

De plus, il est admis que la migration a des effets traumatisants[30] sur les migrants qu'il s'agisse de la migration interne ou de la migration internationale[31]. Ce traumatisme est d'autant plus grave pour les enfants non accompagnés à cause leurs vulnérabilités et de l'absence de toute forme de protection parentale ou familiale[32].

---

[28] Dans ces deux payes, l'on retrouve plutôt les mineurs étrangers non accompagnés(MENA) ou les mineurs non accompagnés(MNA).

[29] https://justice.belgium.be/fr/themes_et_dossiers/enfants_et_jeunes/mineurs_etrangers_non_accompagne, consulté le 12/04/2021.

[30] Des effets liés aux raisons qui ont poussé ces personnes à migrer, mais également aux difficultés liées au parcours migratoire lui-même, parfois même aux difficultés trouvées dans le pays d'accueil, consécutives à l'intégration notamment

[31] L. Woestelandt et alui, « L'incertitude menaçante qui pèse sur les mineurs isolés étrangers : conséquences psychologiques », in *La Pensée sauvage « L'Autre »,* 2016/1 Volume 17, p.40. Lire aussi : M. Léa, *La vulnérabilité psychologique des enfants de migrants: étude de la population d'un centre médico-psychologique infantile. Médecine humaine et pathologie.* 2015, Pp.49-51.

[32] *Idem*, Pp.49-51. Lire aussi : Catherine Le Du, Pr Thierry Baubet, *Accompagner les mineurs et jeunes isolés étrangers : théories et pratiques*, Faculté de médecine - Université Paris 13, Département de Psychopathologie clinique de l'Enfant et de la Famille, Séminaire 2011-2012, p.1.

Gloria Lihemo le relève également dans son article intitulé « Young and separated from their families in eastern Congo » qu'« (…) en plus de subir les effets secondaires évidents tels que le manque d'affection et d'orientation parental, non accompagné les jeunes déplacés souffrent également d'être stigmatisés par certains membres des communautés d'accueil.»[33].

C'est donc pour cette raison que le droit international de l'enfant recommande aux États de « *veiller à ce que l'enfant ne soit pas séparé de ses parents contre leur gré...si, cela arrive, que l'enfant et ses parents aient le droit de quitter tout pays et d'entrer dans le leur aux fins de la réunification familiale ou du maintien des relations entre eux* »[34]. En outre, il impose aux États *«(...) d'assister et protéger les enfants non accompagnés dans la recherche de leurs parents ou d'autres membres de leurs familles en vue de la réunification familiale* »[35]. C'est-à-dire qu'en présence des enfants non accompagnés dans le contexte de migration interne ou externe, les États sont tenus de prendre des mesures positives et négatives visant à les protéger, c'est-à-dire agir ou ne pas agir pour protéger. L'un des moyens pour y parvenir, c'est

[33] Gloria Lihemo, « Young and separated from their families in eastern Congo », *Forced migration review*, Oxford, n°40, Aout 2012, p.10-11. https://search.proquest.com/openview/674d0310b61b7c7a528bf57ed1765cea/1?pq-origsite=gscholar&cbl=55113&casa_token=cDN7i21PpoUAAAAA:cdAOfa5GAJaMtIEcH4DXvYPjKi4tftHkhtI68805GHSNiq42oYA-WhfxbCW9o76o89HX3l5elQ, consulté le 01/05/2021.

[34] Article 9 de la convention relative aux droits de l'enfant, 20 novembre 1989.

[35] Article 22.2 de la convention relative aux droits de l'enfant.

l'identification, l'enregistrement et la prise en charge rapide de ces enfants[36].

Ces mécanismes sont mis en place dans le but de prévenir non seulement toute tentative d'expulsion, qu'il s'agisse de ces enfants ou bien des membres de leur famille, mais aussi de faciliter dans le bref délai la réunification familiale.

En outre, ces moyens sont encadrés par des mécanismes normatifs et institutionnels existants au niveau international, régional ou national pour protéger tous les enfants, dont ceux impliqués dans la migration.

Concernant les instruments juridiques internationaux et régionaux de protection des Droits de l'Homme en général et spécifiquement ceux qui protègent les enfants, il y a principalement la Convention relative aux droits de l'enfant. L'obligation de protection des ENA posée dans cette Convention est largement transposée dans plusieurs législations nationales avec des niveaux de protection différenciée selon les pays. Si elle est plus développée dans certains systèmes juridiques, elle en est moins dans d'autres.

En droit français et Belge par exemple, le régime de protection des enfants non accompagnés est constitué non seulement par des Directives prises au niveau de l'Union européenne à savoir la Directive sur le regroupement familial, la Directive 2008/115/CE du 16 décembre 2008[37], et la Directive sur l'accueil[38], mais aussi et surtout

---

[36] CICR, *Op.cit.,* p.35. Lire aussi : Comité des droits de l'enfant, *Observation générale no 6 (2005) : traitement des enfants non accompagnés et des enfants séparés en dehors de leur pays d'origine*, Genève, 2005, §66-70.

[37] L'article 10(1) de cette Directive stipule qu'« avant que soit prise une décision de retour concernant un mineur non accompagné, l'assistance d'organismes compétents autres que les autorités chargées

par les normes découlant du Conseil de l'Europe dont la Convention européenne des sauvegardes des droits de l'homme et des libertés fondamentales.

L'article 8 de cette Convention est considéré par la Cour européenne des Droits de l'Homme comme fondant le droit au regroupement familial[39].

En France, ce cadre juridique est complété par plusieurs autres textes nationaux dont la loi du 14 mars 2016 relative à la protection de l'enfant et le Décret du 30 janvier 2019 relatif aux modalités d'évaluation des personnes se déclarant mineurs et privés temporairement ou définitivement de la protection de leur famille et autorisant la création d'un traitement des données à caractère personnel relatif à ces personnes. En Belgique par ailleurs, le cadre juridique régional européen est complété par la loi sur la tutelle spécifique pour les mineurs étrangers non accompagnés telle que modifiée le 12 mai 2014 qui définit en son article 5 la notion de « MENA »[40]. Celle-ci détermine le processus de son identification, lui reconnaît le droit à une prise en charge immédiate, le droit d'avoir un tuteur et de bénéficier d'une

---

d'exécuter le retour est accordée en tenant dûment compte de l'intérêt supérieur de l'enfant ».

38 L'article 19(3) de cette Directive stipule par exemple que dans l'intérêt supérieur du mineur non accompagné, les États membres recherchent dès que possible les membres de sa famille.

39 CEDH, *Affaire Latifa BENAMAR and Others against the Netherlands*, décision d'irrecevabilité, n° 43786/04, 5 avril 2005. Lire aussi : CEDH, Arrêt *Jeunesse c. Pays-Bas*, n° 12738/10, 3 octobre 2014, §122. Lire aussi : CEDH, *arrêt Tuquabo-Tekle et autres c. Pays-Bas*, requête n° 60665/00, 1er décembre 2005.

40 Article 5 de la loi sur la tutelle spécifique pour les MENA telle que modifiée le 12 mai 2014

solution durable dans le respect de son intérêt supérieur et le droit que tout soit fait dans des délais raisonnables[41].

Ces textes définissent enfin, de manière claire et précise, les organes habilités à intervenir (il peut s'agir des organes judiciaires et/ou non judiciaires)[42], la procédure et les modalités d'identification, d'enregistrement et de prise en charge de ces enfants.

En République démocratique du Congo, l'architecture normative en faveur des ENA est constituée par des textes juridiques de portée internationale, régionale et nationale.

S'agissant des textes à portée internationale, il y a notamment la Convention relative aux droits de l'enfant dont la RDC est partie depuis 1990[43]. Pendant que les textes de portée régionale sont principalement constitués de la Charte africaine des droits et du bien-être de l'enfant dont l'article 23.2 fonde la protection en faveur des enfants non accompagnés au niveau régional africain ainsi que de l'article 9(2) de la Convention africaine sur la protection et l'assistance aux personnes déplacées en Afrique.

---

[41] C'est aussi le cas de la loi dite « accueil » du 12 janvier 2007. Lire aussi : HCR, *Vers une protection renfoncée des enfants non accompagnés et séparés en Belgique. État des lieux et recommandations*, Bruxelles, 2019, p.7.

[42] En France par exemple, c'est la Mission mineurs non accompagnés au sein de la sous-direction des missions de protection judiciaire et d'éducation ou l'OFPRA ou CNDA pour les mineurs non accompagnés demandeurs d'asile. Alors qu'en Belgique, il y a par exemple, l'Office des étrangers, Service public fédéral Justice, etc.

[43] La RDC a ratifié la Convention relative aux droits de l'enfant le 27 septembre 1990, http://www.leganet.cd/Legislation/Conventions.int/ConventionNY20.11.1989.htm, consulté le 12/04/2021.

Au niveau national, c'est l'article 41 de la loi n°09/001 du 10 janvier 2009 portant protection de l'enfant qui organise le régime juridique de protection des enfants non accompagnés et l'arrêté n° R.9C/0249/GC/CAB.MIN/AFF.SAH SN/09 du 19 novembre 2009 portant mise en application des lignes directrices nationales de protection et de prise en charge des enfants en rupture familiale.

Ces textes ne concernent pas expressément les enfants non accompagnés, mais disposent des règles qui peuvent s'appliquer aux ENA.

Cette carence normative est également comblée par les pratiques des organisations de protection des droits de l'enfant.

De plus, la production doctrinale et jurisprudentielle est très limitée. C'est ce qui ajoute de la valeur à cette étude qui se propose d'analyser le régime de protection des enfants non accompagnés : réfugiés et déplacés internes en RDC. Le sens donné au concept protection dans cette étude est celui proposé par le Comité international de la croix rouge[44] dans « Principes directeurs interagences relatifs aux enfants non accompagnés ou séparés de leur famille », qui la définit comme toutes les activités visant à garantir le plein respect des droits de la personne d'un enfant, en l'occurrence – tels qu'ils sont énoncés dans les instruments pertinents des Droits de l'Homme et du droit international humanitaire. Il s'agira plus précisément d'analyser cette protection à travers la procédure d'identification et d'enregistrement d'une part et d'autre part à travers la procédure de la réunification familiale de ces enfants.

---

[44] CICR, *Op.cit.*, p.18.

La notion d'enfant non accompagné va également inclure celle d'enfant séparé[45].

L'apport de la présente étude est double : théorique et pratique.

Du point de vue théorique, la présente étude vient combler la lacune théorique existante en RDC sur le régime de protection des ENA. Elle se propose également de comparer le régime juridique congolais de protection des ENA avec celui prévu au niveau international, régional ainsi que dans d'autres États dont la France et la Belgique. Cette démarche nous a permis de faire ressortir les similarités entre ces différents systèmes d'une part et d'autre part, d'en dégager les aspects positifs dans ces systèmes pouvant améliorer le régime congolais de protection des ENA.

Du point de vue pratique, la présente étude se propose d'adapter le régime de protection des ENA dans le cadre de la migration internationale à celle de la migration interne en République démocratique du Congo, en s'appuyant sur des avancées enregistrées en droit comparé. Plus concrètement, la présente étude a analysé les mécanismes institutionnels de protection des ENA en RDC. Elle a dégagé ses faiblesses et ses forces à la lumière du droit comparé et du droit international.

Elle a ensuite proposé l'organisation du régime congolais de protection des enfants non accompagnés à travers la mise en place d'un cadre juridique précis et clair, mais aussi l'organisation d'un cadre institutionnel

---

[45] Comité des droits de l'enfant, *Observation générale n° 6 (2005) : traitement des enfants non accompagnés et des enfants séparés en dehors de leur pays d'origine*, Genève, 2005, §7.

coordonné qui, à l'instar de la Mission « Mineur non accompagné »[46] en France et le Service des Tutelles en Belgique, s'occuperait de la stratégie nationale en faveur des enfants non accompagnés en RDC.

L'hypothèse de départ de cette étude est l'affirmation de l'existence d'un cadre juridique embryonnaire de protection des ENA en RDC, constitué des instruments juridiques régionaux et internationaux ratifiés, ainsi que l'existence d'une pluralité d'acteurs sans une véritable coordination d'action. Cette hypothèse s'inscrit de manière plus large à celle soutenue par le Comité africain d'expert sur les droits et bien-être de l'enfant en ce qui concerne la même problématique au niveau africaine. Le Comité soutenait que « (…) l'analyse réalisée dans le cadre son rapport… met en évidence un certain nombre de problèmes résultant de la faiblesse des cadres juridiques et institutionnels de protection des enfants en mouvement en Afrique »[47].

La démarche méthodologique choisie nous a permis de recourir à la méthode qualitative de collectes des données à travers la technique documentaire et l'observation indirecte en vue de collecter les données qui furent ensuite, analysées.

---

[46] La mission « mineurs non accompagnés » (MMNA) coordonne le dispositif national de mise à l'abri, d'évaluation et d'orientation des mineurs non accompagnés. Elle est placée sous-direction des missions de protection judiciaire et d'éducation (SDMPJE), de la direction de la protection judiciaire de la jeunesse (DPJJ). Le Service des tutelles est rattaché au Service public fédéral Justice. Elle s'occupe notamment de l'identification et de la prise en charge des MENA en Belgique.

[47]Comité africain d'experts sur les droits et bien-être de l'enfant, *Cartographie des enfants en mouvement en Afrique*, Addis Abeba, 2018, p.91.

L'analyse de ces données indirectes collectées s'est faite par la méthode juridique ou exégétique à travers la méthode historique, comparative et sociologique.

L'analyse des données directes ou de terrain s'est quant à elle faite grâce à la technique d'analyse de contenu. Celle-ci consiste à examiner le contenu des données en se référant à la problématique centrale de l'étude.

En plus, ces analyses se sont également inscrites dans une approche systémique qui consiste à inscrire la problématique de la protection des ENA dans le régime de protection de l'enfant de manière générale, car les ENA sont avant tout des enfants[48]. Elle s'est aussi inscrite dans le régime de protection des Droits de l'Homme en général.

En outre, l'approche comparative a consisté à comparer le régime congolais de protection des ENA avec celui prévu à la fois en droit français et belge, en droit régional et international.

Pour parvenir à ce résultat, nous avons subdivisé cet ouvrage en deux parties à savoir la consécration de la protection des droits des enfants non accompagnés (Partie 1) et la mise en œuvre effective de ce droit (Partie 2).

---

[48]M. Poncet, *La protection des mineurs non accompagné*, Mémoire de Master, Université Grenoble Alpes, Année Universitaire 2018/2019, p.64.

I[ÈRE] PARTIE : LA PROTECTION DES ENFANTS NON ACCOMPAGNÉS : UN DROIT PROCLAMÉ ?

Cette première partie se penchera sur la proclamation du droit à l'identification (chapitre 1) ainsi que sur celle du droit à la réunification familiale des enfants non accompagnés (chapitre 2).

CHAPITRE 1 : DE LA RECONNAISSANCE D'UN DROIT À L'IDENTIFICATION DES ENFANTS NON ACCOMPAGNÉS

La protection de l'enfance englobe tout un éventail de normes et de structures qui protègent les enfants contre la violence, l'exploitation et les abus[49]

D'origine récente, le droit des enfants non accompagnés est en pleine construction. Il est constitué d'un ensemble des droits spécifiques tels que le droit à une identité (Section 1) et le droit à l'identification (Section 2) dont le fondement et la portée méritent d'être précisés.

[49] Comité africain d'experts sur les droits et bien-être de l'enfant, *Cartographie des enfants en mouvement en Afrique*, Addis Abeba, 2018, p.12.

SECTION 1 : DE L'IDENTITE A UN DROIT À L'IDENTITÉ

Les enfants non accompagnés ont le droit à une identité qui leur permet d'être identifiés individuellement. De ce fait, il convient tout d'abord de définir la notion d'identité. Ensuite celle du droit à une identité, en posant ses fondements juridiques (Paragraphe 1) d'une part, et d'autre part, en précisant ses contenus, ses modalités de mise en œuvre effective et de preuve (Paragraphe 2).

Paragraphe 1 : Définition et fondement juridique

L'identité, contrairement à l'identification[50] d'un enfant non accompagné, est définie par le Vocabulaire juridique de Gérard Cornu,[51] comme un ensemble d'éléments caractéristiques de toute personne qui la rend unique par rapport à une autre. Le Dictionnaire des Droits de l'Homme[52] la définit comme l'ensemble des éléments dont le droit tient compte pour individualiser les personnes dans la société et la vie juridique. Autrement dit, l'identité est un élément d'individualisation des personnes physiques et morales dans la société. Elle peut prendre la forme juridique ou judiciaire.

---

[50] Celle-ci renvoie à un processus visant à établir, d'une part, quels enfants ont été séparés de leur famille ou d'autres personnes appelées à prendre soin d'eux et, d'autre part, où se trouvent ces enfants(CICR, *Principes directeurs inter-agences relatifs aux enfants non accompagnés ou séparés de leur famille*, Genève, 2004, p.33).

[51] G. Cornu, *Vocabulaire juridique*, 10ème édition mise à jour Quadrige, Paris, PUF, 2014, p.515, v° identité.

[52] J. Andriantsimbazovina, Helene et alii, *Dictionnaire des Droits de l'Homme*, Paris, 1ère éd., PUF, 2008, p.497, s.v. identité.

Dans sa forme juridique, elle est comprise comme un ensemble d'éléments qui, aux termes de la loi, concourent à l'identification d'une personne physique ou morale[53] ; alors que dans sa forme judiciaire, l'identité renvoie à un ensemble de moyens techniques et scientifiques propres à assurer l'identification des délinquants (fichiers dactyloscopiques, documents photographiques, élaboration de portraits-robots…)[54].

De plus, l'identité d'une personne concourt à son identification, c'est-à-dire à son individualisation par rapport aux autres personnes. Identité et identification se trouvent donc liées, la première vise à l'aboutissement de la seconde.

L'identité est reconnue comme droit tant au niveau national, régional et international.

Au niveau national, plusieurs législations consacrent ce droit. En République démocratique du Congo par exemple, le droit pour un enfant d'avoir une identité est en effet garanti[55]. Il suppose que toute personne soit identifiée par un ou plusieurs éléments, dès sa naissance par un acte de l'état civil. Ce droit est également garanti en droit comparé. L'article 57 du Code civil français par exemple dispose : « (…) l'acte de naissance, établi immédiatement après l'accouchement, doit énoncer le jour, l'heure et le lieu de la naissance, le sexe de l'enfant, les prénoms qui lui seront donnés, le nom de famille… ».[56] Ces derniers constituent les éléments d'identité de cet

---

53 G. Cornu, *Op.cit.*

54 *Idem*, p.515.

55 C'est l'article 14 de la loi n° 09/001 du 10 janvier 2009 portant protection ; c'est aussi le cas de l'article 56 de la loi n° 16/008 du 15 juillet 2016 modifiant et complétant la loi n°87 010 du 1er aout 1987 portant code de la famille.

56 Article 57 du code français, Légifrance, consulter le 09/05/2020. Lire aussi l'article 311-21 du code civil français.

enfant. Alors qu'en droit rwandais, c'est l'article 5 de la loi du 28/04/2001 relative aux droits et à la protection de l'enfant contre les violences qui constitue le fondement de ce droit. Cet article 5 dispose : « *le nom sert à désigner un individu et à le distinguer des autres. Dès sa naissance, l'enfant a droit à un nom et une nationalité pour son identification* »[57]. C'est également le cas de l'article 44 du Code civil belge qui consacre ce droit à l'identité en faveur d'un enfant dès sa naissance[58]. En droit Burkinabé, c'est l'article 3 de la loi 015-2014/AN portant protection de l'enfant en conflit avec la loi ou en danger qui consacre ce droit à une identité : « *l'enfant a droit à une identité constituée d'un nom de famille, d'un ou de plusieurs prénoms et de la date de naissance* »[59].

Il en est de même de l'article 16 de la loi congolaise (République du Congo) n°4-2010 du 14 juin 2010 portant

---

57 Article 5 de la loi du 28/04/2001 aux droits et à la protection de l'enfant contre les violences. Lire aussi : les articles 58 et 59 de la loi n° 42/1988 du 27 octobre 1988 portant Titre préliminaire et Livre premier du Code civil.

58 Article 44 du code civil Belge. Lire aussi : l'article 370/3 du code civil Belge, in [http://www.ejustice.just.fgov.be/cgi_loi/loi_a1.pl?DETAIL=1804032130%2FF&caller=list&row_id=1&numer=11&rech=14&cn=1804032130&table_name=LOI&nm=1804032150&la=F&dt=CODE+CIVIL&language=fr&fr=f&choix1=ET&choix2=ET&fromtab=loi_all&trier=promulgation&chercher=t&sql=dt+contains++%27CODE%27%26+%27CIVIL%27and+actif+%3D+%27Y%27&tri=dd+AS+RANK+&imgcn.x=34&imgcn.y=10#LNK0136], consulté le 09/05/2020.

59 Article 3 de la loi 015-2014/AN portant protection de l'enfant en conflit avec la loi ou en danger, in [http://www.ilo.org/dyn/natlex/natlex4.detail?p_isn=98010], consulté le 14/07/2020.

protection de l'enfant qui consacre aussi le droit à l'identité pour tout enfant[60].

De même, ce droit à l'identité est aussi reconnu par les différents systèmes régionaux de protection des Droits de l'Homme.

C'est le cas du système arabo-musulman des Droits de l'Homme dont l'article 7 du Convenant des droits de l'enfant en Islam stipule : « *Dès sa naissance, l'enfant a droit à un prénom, à être enregistré auprès des autorités compétentes, à la détermination de sa filiation et sa nationalité et à connaître ses parents, ses proches, ses consanguins et sa mère par allaitement* »[61]. Le système interaméricain de protection des Droits de l'Homme quant à lui, reconnaît à l'article 18 de la Convention américaine des Droits de l'Homme que « *toute personne a droit à un prénom propre et aux noms de ses parents ou de l'un d'entre eux* »[62]. Dans le système européen de protection des Droits de l'Homme, il est tiré de l'article 8 de la Convention européenne des Droits de l'Homme en rapport avec le droit à la vie privée.

C'est ce qui découle de l'analyse faite par la Cour européenne des Droits de l'Homme dans l'affaire *Niemietz*

---

60 Article 16 de la loi n° 4-2010 du 14 juin 2010 portant protection de l'enfant en République du Congo, in [http://www.ilo.org/dyn/natlex/natlex4.detail?p_isn=88295], consulté le 14/07/2020.

61 Article 7 du Convenant des droits de l'enfant en Islam, 32ème Conférence des ministres des Affaires étrangères des États islamiques qui s'est réunie du 28 au 30 juin 2005 à Sana'a (Yémen), [https://www.oic-oci.org/page/?p_id=130&p_ref=16&lan=fr], consulté le 25/06/2020.

62 Article 18 de la Convention américaine des Droits de l'Homme, 22 novembre 1989, Recueil des textes de droit international sur la protection de la personne humaine , S.l, 3ème éd., 2009, pp.224-232.

c. Allemagne[63], mais aussi dans l'affaire *Odievre c. France*. Dans cette dernière affaire, la Cour européenne avait énoncé : « *touchant à l'identité fondamentale de la personne, la question de l'accès à ses origines constitue un élément essentiel de la vie privée protégé par l'article 8 de la Convention* »[64]. Il s'agissait dans cette affaire d'une demande de lever le secret de naissance par la requérante née sous X afin de l'autoriser à se faire communiquer tous les documents tels que les pièces d'état civil, les actes civils et les extraits intégraux d'actes de naissance complets la concernant. L'article 6 de la Charte africaine des droits et du bien-être de l'enfant consacre également ce droit à l'identité dès la naissance de l'enfant[65]. Au niveau international, le droit d'un enfant à l'identité est aussi garanti. Il trouve son fondement en l'article 7 de la Convention relative aux droits de l'enfant qui stipule : « *L'enfant est enregistré aussitôt à sa naissance et a dès celle-ci le droit à un nom, le droit d'acquérir une nationalité et, dans la mesure du possible, le droit de connaître ses parents et d'être élevé par eux* »[66].

De ce fait, il est fait obligation aux États de respecter le droit d'un enfant à préserver son identité, y compris sa

63 CEDH, *Arrêt Niemietz contre Allemagne*, Requête n°13710/88, Strasbourg, 16 décembre 1992, §29.

64 CEDH, *Arrêt Odievre contre France*, Requête no 42326/98, STRASBOURG, 13 février 2003, Opinion dissidence commune, M. Wildhaber, Sir Nicolas Bratza, M. Bonello, M. Loucaides, M. Cabral Barreto, Mme Tulkens et M. Pellonpää, §3.

65 Article 6 de la Charte africaine des droits et du bien-être, juillet 1990, *J.O*, numéro spécial, septembre 2001, p.40.

66 Article 7 de la Convention relative aux droits de l'enfant, 20 novembre 1989, *J.O*, numéro spécial, avril 1999, p.50.

nationalité, son nom et ses relations familiales tels qu'ils sont reconnus par la loi, sans ingérence illégale[67].

En définitive, l'identité reste un des éléments d'identification d'une personne qui consacre son individualité, sa singularité même par rapport aux autres personnes. Plus qu'un simple élément de distinction, l'identité est aussi reconnue comme un véritable droit fondamental de la personne humaine. S'il en est ainsi, qu'en est-il alors de son contenu, de ses modalités de mise en œuvre et de son approbation ?

Paragraphe 2 : Contenu, modalités et preuve de l'identité

Selon le Dictionnaire des Droits de l'Homme sous la direction de J ANDRIANTSIMBAZOVINA et coll., l'identité est définie comme un élément d'individualisation d'une personne ; elle renferme son nom, son prénom, son domicile ou sa résidence, sa nationalité, son sexe, sa filiation… D'après le Comité des droits de l'enfant, « (…) l'identité d'un enfant concerne notamment sa nationalité, son éducation, son origine ethnique, culturelle et linguistique, ses éléments particuliers de vulnérabilité et ses besoins en matière de protection ». Cette définition du Comité élargit le contenu de l'identité de l'enfant, en prenant en compte les données culturelles, linguistiques et ethniques. En plus, d'après la Convention relative aux droits de l'enfant, ces éléments d'identité doivent être conférés à l'enfant dès sa naissance à travers un acte de naissance. Dans le but non seulement de l'identifier, mais aussi et surtout de lui conférer une

67 Article 8 de la Convention relative aux droits de l'enfant, *idem.*

existence juridique propre[68]. De plus, la reconnaissance d'une identité propre à un enfant concourt à l'exercice d'une vie privée, familiale et sociale spécifique à laquelle il se rattache par son identité[69]. Ce droit implique en plus du droit d'avoir une identité ou de la changer même.

En effet dans le cadre de la migration, le rôle de l'identité se trouve renforcé dans la mesure où, elle assure la protection d'une personne, en la catégorisant et lui permettant de jouir d'une protection plutôt que d'une autre ; d'un régime juridique plutôt que d'un autre régime. Autant l'identité joue un rôle protecteur dans ce contexte, autant son absence peut avoir des conséquences négatives graves sur la personne.

En ce qui concerne les enfants non accompagnés, les Principes directeurs interagences relatifs aux enfants non accompagnés ou séparés de leur famille[70] soutiennent que le défaut de connaissance de leur identité a de graves conséquences sur leur degré de protection. Car non seulement, il sera difficile de retrouver les membres de leur famille ou communauté, mais aussi, et surtout, ils risquent de se voir attribuer une nouvelle identité. Pire, l'absence ou le doute sur leur identité peut également conduire à ce dont ces enfants ne bénéficient pas de la protection attachée à leur statut d'enfants non accompagnés. Elle pourrait par exemple conduire au doute sur leur âge, un élément pourtant déterminant dans le choix du type de protection à offrir à une personne.

---

68 J. Andriantsimbazovina, Helene et alii, *Op.cit.*, p.497, s.v. identité
69 CEDH, *Arrêt Odievre contre France*, *Op.cit.*
[70] 70 CICR, *Principes directeurs inter-agences relatifs aux enfants non accompagnés ou séparés de leur famille*, Genève, 2004, p.33.

C'est pourquoi le Comité des droits de l'enfant recommande dans son Observation générale n°6 que l'on procède vite à l'enregistrement de l'enfant non accompagné à l'issue d'un entretien conduit dans une langue qu'il comprend bien. Ledit entretien doit tenir compte de l'âge et du sexe de l'enfant[71].

En plus, s'il n'est porteur d'aucune pièce d'identité, l'entretien devra être conduit dans un environnement amical par des professionnels aptes à « *recueillir des données biographiques sur l'enfant et sur son milieu social afin d'établir son identité et, si possible, l'identité de ses deux parents et de ses frères et sœurs, ainsi que la nationalité de l'enfant, de ses frères et sœurs et de ses parents* »[72]. C'est donc par cet entretien que les éléments d'identité d'un enfant non accompagné peuvent être recueillis et que l'on pourrait lui remettre une nouvelle pièce d'identité individuelle.

De plus, dans le cas où il est porteur de documents d'identité qui laissent subsister le doute sur sa véritable identité ou sur un des éléments de son identité tel que son âge, ce doute doit lui profiter. C'est ce qu'avait observé le Comité des droits de l'enfant dans l'affaire *M.T c. Espagne*[73] dont les pièces d'identité à la disposition du requérant, d'origine ivoirienne, laissaient subsister des doutes sur sa minorité d'âges.

Le Comité nota à cette occasion que la charge de la preuve de la minorité d'âges d'un enfant doit être partagée

---

71 Comité des droits de l'enfant, *Observation générale n° 6 : traitement des enfants non accompagnés et des enfants séparés en dehors de leur pays d'origine*, Genève, 2005, §31.

72 *Idem*

73 Comité des droits de l'enfant, *Communication M.T c. Espagne : constatations et recommandations*, 18 Septembre 2019, §14.

entre le requérant et les autorités du pays d'accueil. Qu'en cas de doute sur l'authenticité de ces pièces d'identité, ces dernières doivent être considérées comme authentiques jusqu'à la preuve du contraire[74].

En outre, le Comité international de la Croix-Rouge[75] a aussi écrit dans les Principes directeurs interagences relatifs aux enfants non accompagnés ou séparés de leur famille que « *les organisations qui s'occupent des enfants séparés doivent s'efforcer d'obtenir les documents requis pour pouvoir enregistrer l'identité et la filiation des enfants, pour autant que celles-ci soient connues* ». Autrement dit, il revient aux organisations de protection des enfants non accompagnés d'œuvrer à l'enregistrement de ces derniers.

Toutefois, l'attribution d'une nouvelle identité à l'enfant ne doit être envisagée qu'en dernier ressort[76], lorsque tous les autres moyens ont été utilisés pour ré-établir les éléments d'identité d'un enfant non accompagné sans aucun résultat positif.

Ainsi, si l'identité d'un enfant non accompagné renvoie à son état civil ou aux attributs de sa personnalité, l'identification par contre fait référence à un processus qui englobe la notion d'identité. Car elle vise à recenser les enfants non accompagnés dans un lieu donné et à un moment donné. Elle vise aussi à déterminer « *les facteurs susceptibles de provoquer de nouvelles séparations ou d'aggraver des conditions de vie des enfants déjà séparés de leur famille. Elle implique également l'opération matérielle d'enregistrement de ces enfants* »[77]. Cette opération d'identification peut donc se faire à l'aide des

---

74 Comité des droits de l'enfant, *Op.cit* .
75 CICR, *Op.cit.*, p.27.
76 CICR, *Op.cit.*, p.27.
77 CICR, *Op.cit*, p.31.

formulaires d'identification ou d'enregistrement des enfants non accompagnés et être conservée dans des bases de données en vue d'une utilisation dans le cadre de recherche des membres de la famille séparée de l'enfant.

Dans le cas spécifique de la République démocratique du Congo, le recueil d'identité d'un ENA se fait par le soin des agences de protection de l'enfant telle que l'Unicef, le HCR, les ONG comme Save The Children, War Child UK et Ciaud-Canada... Il faut toutefois admettre que depuis des années, des efforts sont fournis pour parvenir à l'harmonisation de cette opération d'identification. Cette harmonisation se fait à travers la mise en place d'un formulaire-modèle interagences d'identification/enregistrement des enfants non accompagnés dénommés : *Formulaire d'évaluation rapide de protection de l'enfance* mise en place par le Groupe de Travail des Nations Unies sur la protection de l'enfant. Celui-ci permet notamment d'obtenir les informations sur l'identité d'un ENA[78]. C'est donc à travers ce formulaire commun que chaque agence essaie d'adapter sa propre procédure d'identification des ENA.

Cependant, l'identité des ENA déplacés internes est principalement prouvée par la production d'un acte de naissance ou d'un extrait d'acte de naissance conformément à l'article 59 de la loi n°16/008 du 15 juillet 2016 modifiant et complétant la loi n°87 010 du 1er août 1987 portant code de la famille. Celle-ci admet que certains éléments d'identité peuvent être prouvés par la possession d'état d'enfant, c'est-à-dire par la présentation des témoins qui attestent de l'existence du lien entre

78 Groupe de travail sur la protection de l'enfant, *Standards minimums pour la protection de l'enfance dans l'intervention humanitaire*, Genève, 2012, p.131.

l'enfant et ses prétendus parents[79]. Alors que pour les ENA d'origine étrangère, la preuve de leur identité peut se faire par la production d'un acte de l'état civil de leur pays d'origine, d'un passeport ou de tout autre moyen de droit pouvant aider à les identifier.

Ainsi, loin d'être une simple procédure administrative d'enregistrement des étrangers sur le territoire congolais, la recherche d'identité d'un ENA, qu'il soit déplacé interne ou réfugié, n'est pas aisée. Dans la mesure où les enfants ne sont pas toujours enregistrés à la naissance et par conséquent, ne disposent pas d'actes d'état civil, tout cela dans un contexte où il n'existe pas un fichier national d'état civil ou même certains adultes ne disposent pas également d'un acte d'état civil. La preuve de cette difficulté d'enregistrement d'actes de naissance en RDC, c'est le programme d'enregistrement gratuit de naissance des enfants, soutenu par la Banque mondiale[80].

En plus, les conditions dans lesquelles ces enfants se déplacent, ne leur permettent pas souvent d'emporter toutes les pièces d'identité ou lorsqu'ils sont séparés de leurs parents ou autres membres de famille, ne gardent pas toujours sur eux ces pièces d'identité. C'est pourquoi une approche plus souple dans la production de preuve d'identité de ces enfants nous paraît la mieux indiquée.

Si les notions d'identité et du droit à une identité sont précisées, il paraît à présent nécessaire d'analyser celles d'identification et de droit à l'identification.

79 Article 633 de la loi n° 16/008 du 15 juillet 2016 modifiant et complétant la loi n°87 010 du 1er aout 1987 portant code de la famille, [https://www.leganet.cd/Legislation/Code%20de%20la%20famille/Loi.15.07.2016.html],consulté le 12/07/2020.

80 https://sosenfants.fr/rd-congo/campagne-etat-civil-rd-congo/, consulté le 18/07/2021.

SECTION 2 : IDENTIFICATION ET DROIT À L'IDENTIFICATION

La meilleure compréhension de ce droit à l'identification nécessite que l'on analyse d'abord ses fondements juridiques (Paragraphe 2), que l'on précise ensuite, son contenu et sa portée (Paragraphe 1).

Paragraphe 1 : Définition et portée de l'identification et du droit à l'identification d'un enfant non accompagné

Par identification d'un enfant non accompagné, avions-nous relevé, il faut entendre un processus visant à établir, d'une part, quels enfants ont été séparés de leurs familles ou d'autres personnes appelées à prendre soin d'eux et, d'autre part, où se trouvent ces enfants[81]. D'après le Comité international de la Croix-Rouge[82], l'identification doit être « *une priorité dans les situations d'urgence comme dans toute autre situation provoquant la dispersion des familles* ». L'identification doit alors « *faire l'objet de beaucoup de soins : il s'agit de faire en sorte que tous les cas recevables soient recensés sans, pour autant, attirer de cas non recevables ; des entretiens avec l'enfant concerné et les membres de la communauté permettront de vérifier le bien-fondé de chaque cas* »[83].

81 CICR, *Principes directeurs inter-agences relatifs aux enfants non accompagnés ou séparés de leur famille*, Genève, 2004, p.30.
[82] *Idem.*
83 *Idem*

Dans sa Note sur les politiques et procédures à appliquer dans le cas des enfants non accompagnés, le Haut-commissariat des Nations Unies pour les réfugiés[84] fait observer que l'identification des ENA présente une double importance : d'une part, elle vise à découvrir si l'enfant est accompagné ou non et d'autre part, à déterminer si l'enfant recherche ou non l'asile.

En outre, il est recommandé que l'identification d'un ENA soit faite dès son arrivée aux points d'entrée, lorsqu'il s'agit d'un enfant venu d'un autre pays ; et aux points de rassemblement ou camps des déplacés internes, lorsqu'il s'agit d'un enfant non accompagné déplacé interne[85]. En plus, lorsqu'elles sont disponibles, l'identification des ENA nécessite la participation «(…) *des personnes spécialement formées à cet effet ou bien disposant de l'expérience et des capacités nécessaires en ce qui concerne ces enfants. Il peut s'agir par exemple des interprètes, des assistants sociaux, des psychologues, des juristes… »*[86].

L'identification a en effet, pour finalité, l'enregistrement et la constitution d'un dossier pour chaque enfant identifié.

S'agissant de ces enregistrements, ils se font à travers les entretiens initiaux qui visent à recueillir des renseignements personnels et des informations sur l'historique social de l'enfant, et ce d'une façon appropriée à l'âge de l'enfant. Ces informations permettent de *« déterminer le statut de l'enfant et mettre en place des*

---

[84] HCR, *Note sur les politiques et procédures à appliquer dans le cas des enfants non accompagnés*, Genève, 1997, §5.1.
85 HCR, *Op.cit.*
86 *Idem*

solutions durables »[87]. C'est également au cours de ces entretiens qu'il peut être décidé du choix ou non d'un tuteur pour l'enfant. C'est encore au cours de ces entretiens que l'âge de l'enfant est évalué aux fins de déterminer s'il est mineur ou majeur.

Ainsi, l'identification comme processus ou procédure initiale peut être réclamée par les enfants non accompagnés comme un droit subjectif à être reconnu comme des enfants non accompagnés pour bénéficier des avantages y relatifs. Le droit d'être reconnu comme appartenant à un statut, à une communauté, c'est le premier de tous les droits écrivait Hannah Arendt, le préalable pour jouir des avantages attachés à ce statut ; le droit d'avoir des droits[88].

Ce droit concerne à la fois les enfants non accompagnés réfugiés, demandeurs d'asile ou déplacés internes[89].

En outre, ce droit s'applique, à ces enfants dès l'instant qu'ils franchissent les frontières nationales ou dès qu'ils dépassent les limites de leur région d'origine ou de résidence sans aucun accompagnement parental ou tutélaire. Dans ce cas, les services habilités doivent en urgence et en priorité, procéder à l'identification de ces enfants en vue d'une meilleure prise en charge. C'est ce qui ressort de l'analyse du Manuel de l'ONG Save the Children[90] intitulé : «*la Protection de l'Enfant dans les Situations d'Urgence Priorités, Principes et Pratiques* »

---

87 HCR, *Op.cit.*

[88] Hannah Arendt, *Les origines du totalitarisme*, trad. Coll., Paris, Gallimard, « Quarto », 2002, p.600.

89 Assemblée Générale des Nations Unies, *Résolution 57/190 : Les droits de l'enfant*, A/RES/57/190, Cinquante-septième session, New York, 18 décembre 2002, §8.

[90] Save the Children, *La Protection de l'Enfant dans les Situations d'Urgence Priorités, Principes et Pratiques*, Suède, 2009, p.11.

dans lequel, l'identification des enfants séparés, aussi bien que la recherche de leurs familles et la réunification subséquente, sont des priorités à toutes les phases de chaque urgence.

C'est aussi ce que rappellent les Lignes directrices relatives à la protection de remplacement pour les enfants[91] : « *dans toute situation d'urgence, le repérage, l'enregistrement et l'identification des enfants non accompagnés ou séparés sont des priorités et devraient être effectués le plus vite possible* ». Ce droit est aussi rappelé dans le Pacte mondial sur les réfugiés[92].

Ainsi, du point de vue temporel, le droit à l'identification doit être applicable dès que possible dans un délai raisonnable[93]. Alors que du point de vue matériel, l'identification des enfants non accompagnés en tant que droit vise à établir, d'une part, quels enfants ont été séparés de leurs familles ou d'autres personnes appelées à prendre soin d'eux et, d'autre part, où se trouvent ces enfants[94]. Autrement dit, ce droit à l'identification tend à déterminer l'identité des enfants ayant perdu tout contact avec ceux qui devraient s'occuper d'eux, mais aussi, et

---

91 AGONU, *Résolution 64/14 : Lignes directrices relatives à la protection de remplacement pour les enfants*, 18 décembre 2009, Genève, §162.

92 Assemblée générale des Nations Unies, *Deuxième partie Pacte mondial sur les réfugiés. Rapport du Haut-Commissaire des Nations Unies pour les réfugiés*, Soixante-treizième session, New York, 2018, §60.

93 Article 22 de la directive 2013/33/UE du parlement européen et du conseil du 26 juin 2013 établissant des normes pour l'accueil des personnes demandant la protection internationale (refonte), in [https://eur-lex.europa.eu/legal-content/FR/TXT/?uri=celex%3A32013L0033], consulter le 14/07/2020.

94 CICR, *Principes directeurs inter-agences relatifs aux enfants non accompagnés ou séparés de leur famille*, Genève, 2004, p.33.

surtout, déterminer les lieux exacts où ces enfants se trouvent sur son territoire national. Elle peut concerner l'âge, le sexe et la situation des enfants…

Cette identification doit faire l'objet de beaucoup de soins : il s'agit de faire en sorte que tous les cas recevables soient recensés ; des entretiens avec l'enfant concerné et les membres de la communauté permettront de vérifier le bien-fondé de chaque cas[95].

Le Comité des droits de l'enfant[96] rapporte que cette identification implique que les États s'enquièrent régulièrement du lieu où ces enfants se trouvent, mène des campagnes d'information adaptées à l'âge et au sexe des destinataires dans une langue et sur un support compréhensible pour eux.

Elle se matérialise par la procédure d'enregistrement qui consiste dans la compilation des données personnelles essentielles : nom complet, date et lieu de naissance, nom du père et de la mère, ancienne adresse et lieu de séjour actuel.

Ces données sont collectées à la fois pour établir l'identité de l'enfant, à des fins de protection, et pour faciliter le rétablissement des liens familiaux[97].

---

95 CICR, *Op.cit.*

[96] Comité des droits de l'enfant, *Observation générale no 6 (2005) : traitement des enfants non accompagnés et des enfants séparés en dehors de leur pays d'origine*, Genève, 2005, §52.

97 CICR, *Op.cit.*

Paragraphe 2 : Fondement juridique du droit à l'identification des ENA

Ce droit découle donc de la nature vulnérable des enfants non accompagnés[98] qui doivent de ce fait, bénéficier d'une protection spécifique et adaptée[99]. C'est ce qu'écrit Nicole de Moor[100] dans sa thèse de doctorat sur International Migration and Environmental Change: Legal Frameworks for International Adaptive Migration : « *des autorités indépendantes pourraient par exemple désigner un groupe vulnérable particulier, comme les familles avec de jeunes enfants ou des mineurs non accompagnés, comme personnes éligibles à la protection* ». C'est aussi ce que rappelle Michèle Morel[101] dans son article intitulé : « Environmental Displacement within Kenya: A Search for Legal Protection Frameworks », dans lequel, elle démontre le caractère vulnérable des enfants non accompagnés dans le contexte de migration.

C'est aussi ce qui ressort des analyses de Sylvie Saroléa dans son article sur asile et Union européenne face à la crise : « d'une gestion interne à une gestion externe »,[102]

---

98 Marion Blondel, *La personne vulnérable en droit international*, Thèse de doctorat, Droit, Université de Bordeaux, 2015, §59, p.55.
99 Comité des droits de l'enfant, *Observation générale n° 6 : traitement des enfants non accompagnés et des enfants séparés en dehors de leur pays d'origine*, Genève, 2005, §66-70.
100 N. Moor, *International Migration and Environmental Change: Legal Frameworks for International Adaptive Migration*, Thèse de doctorat, Université de Gand, s.d, p.178.
101 M. Morel, *Environmental Displacement within Kenya: A Search for Legal Protection Frameworks*, Allemagne, 2010, p.18.
102 S. Saroléa, « Asile et Union européenne face à la crise : d'une gestion interne à une gestion externe », in *Revue québécoise de droit international*, Hors-série, novembre 2018, p.290.

dans lequel, elle rappelle que les critères de répartition posés dans le règlement Dublin s'appliquent avant tout aux enfants non accompagnés à cause notamment de leur vulnérabilité. Il ressort aussi de l'analyse de l'article 22(1) de la Convention relative aux droits de l'enfant[103], qui fait obligation aux États partis de prendre toutes les mesures appropriées pour qu'un enfant (…) qui se trouve dans le contexte de migration *bénéficie de la protection et de l'assistance humanitaire voulues* pour lui permettre de jouir des droits que lui reconnaissent la présente Convention et les autres instruments internationaux relatifs aux Droits de l'Homme. Cette obligation d'identification est préalable à l'exercice de tout autre droit. C'est également ce que rappelle la Charte africaine des droits et bien-être de l'enfant[104], d'après laquelle « *les États partis à la présente Charte prennent toutes les mesures appropriées pour veiller à ce qu'un enfant qui cherche à obtenir le statut de réfugié, ou qui est considéré comme réfugié en vertu du droit international ou national applicable en la matière reçoive, qu'il soit accompagné ou non par ses parents, un tuteur légal ou un proche parent, la protection et l'assistance humanitaire à laquelle il peut prétendre dans l'exercice des droits qui lui sont reconnus par la présence Charte et par tout autre instrument international…* »[105]. Ce qui suppose que les États partis mettent en place des mécanismes adaptés d'identification, d'enregistrement et des prises en charge de ces enfants.

De plus, les Directives du Comité international de la Croix-Rouge relatives aux enfants non accompagnés ou

---

[103] Article 22.1 de la Convention relative aux droits de l'enfant, *Op.cit.*

[104] Article 23 de la Charte africaines des droits et du bien-être de l'enfant, *Op.cit.*

105 Article 23 de la Charte africaines des droits et du bien-être de l'enfant, *Op.cit.*

séparés de leur famille[106] notent aussi que l'identification est un des éléments de l'évaluation et doit être faite avant la recherche et le regroupement familial.

Ces Directives précisent en outre l'importance d'identifier les enfants non accompagnés en vue de leur permettre de jouir de tous les droits garantis. Elles précisent également que l'identification est préalable à toute autre initiative dans la mesure où, elle détermine le champ personnel de jouissance d'un droit garanti. Dans le même ordre d'idée, l'article 9 de la Convention de l'Union africaine sur la protection et l'assistance aux personnes déplacées en Afrique dite Convention de Kampala insiste sur les obligations des États en faveur des enfants non accompagnés à « *apporter une protection spéciale et une assistance aux personnes déplacées ayant des besoins spéciaux, notamment les enfants séparés et non accompagnés...* »[107]. Cette protection spéciale implique notamment l'identification et l'enregistrement de ces enfants, lorsqu'ils se trouvent sur les territoires des États parties à la Convention.

Même si la RDC n'est pas encore partie à cette Convention, elle l'a déjà signée depuis 2010. Conformément à l'article 18 de la Convention de Vienne sur le droit des traités, elle est tenue de s'abstenir d'actes qui priveraient cette Convention de son objet et de son

---

[106] CICR, *Principes directeurs inter-agences relatifs aux enfants non accompagnés ou séparés de leur famille, Genève,* 2004, p.30

107 Article 9 de la Convention de l'Union africaine sur la protection et l'assistance aux personnes déplacées en Afrique, Adoptée au cours d'un sommet spécial de l'Union africaine à Kampala, en Ouganda, le 23 octobre 2009, *Recueil de documents clés de l'union africaine relatifs aux Droits de l'Homme*, Pretoria University Law Press, 2013, Pp.150-162.

but[108]. Ainsi, ce droit peut se résumer à identifier pour garantir la jouissance des droits reconnus et garantis.

Comparativement au système africain, le système européen de protection des Droits de l'Homme considère les enfants non accompagnés comme faisant partie des personnes vulnérables ayant des besoins particuliers[109]. La Directive 2013/33/UE du Parlement européen et du Conseil ajoute que les États membres évaluent si le demandeur a des besoins particuliers en matière d'accueil[110]. C'est donc à l'occasion de cette évaluation que les personnes à besoins particuliers seront identifiées et prises en charge. Par conséquent, c'est l'obligation d'évaluation des personnes à besoins particuliers, dont les enfants non accompagnés, qui fonde le droit de ces derniers à l'identification.

Au niveau de la RDC, c'est l'article 41 de la Constitution congolaise qui fonde ce droit à l'identification pour les enfants non accompagnés, d'après lequel, les pouvoirs publics ont l'obligation d'assurer une protection aux enfants en situation difficile[111].

La notion d'enfant en situation difficile est définie quant à elle, par la loi portant protection de l'enfant comme celle qui « n*e jouit pas de ses droits fondamentaux*

---

108 Article 18 de la Convention de Vienne sur le droit des traités, Vienne le 23 mai 1969, Entrée en vigueur le 27 janvier 1980. Nations unies, Recueil des Traités, vol. 1155, p. 331.

109 Article 21 de la Directive 2013/33/UE du parlement européen et du conseil du 26 juin 2013 établissant des normes pour l'accueil des personnes demandant la protection internationale (refonte), *Op.cit.*

110 Article 22, *idem.*

111 Article 41 de la telle que modifiée par la loi n°11/002 du 20 janvier 2011 portant révision de certains articles de la Constitution de la R.D.C du 18 février 2006, *J.O*, 52ème année, numéro spécial, du 5 février 2011.

et qui n'a pas accès aux services sociaux de base tels que la santé, le logement, l'alimentation et l'éducation »[112]. L'article 62 de la même loi ajoute qu': «(…) *Est considéré comme en situation difficile et bénéficie d'une protection spéciale, notamment l'enfant sans soutien familial ou autre à la suite de la perte de ses parents* »[113]. C'est donc dans cette catégorie que s'inscrivent les enfants non accompagnés, dans la mesure où ils ne bénéficient plus d'un soutien familial quelconque. En tant que tel, le pouvoir public est tenu de leur garantir une protection spéciale et adaptée[114].

C'est ce qui ressort des dispositions de l'article 41 de la loi portant protection de l'enfant qui dispose : « *l'enfant déplacé, réfugié ou qui cherche à obtenir le statut de réfugié qu'il soit accompagné ou non par ses parents, un proche parent ou toute personne, a droit à la protection, à l'encadrement et à l'assistance humanitaire. L'État veille à l'exercice de ses droits* »[115].

Or, la jouissance de cette protection suppose que l'on soit d'abord reconnu comme faisant partie de ce groupe, en l'espèce les enfants non accompagnés. C'est-à-dire, être reconnu comme ayant moins de 18 ans ; et qu'ensuite, aucun contact avec ses parents ou tout autre membre de famille ne soit établi à l'instant. Dans ses Observations finales[116], le Comité des droits de l'enfant avait rapporté ses préoccupations à la RDC en ce qui concerne l'absence

---

112 Article 1 de la loi portant protection de l'enfant, 10 janvier 2009, *J.O,* Numéro spécial 25 mai 2009.

113 Article 62, *idem.*

114 Article 41, *idem.*

115 *Op.cit.*

116 Comité des droits de l'enfant, *Observations finales: République démocratique du Congo*, Cinquantième session, Genève, 10 février 2009, §74.

de données statistiques sur les enfants réfugiés ou déplacés non accompagnés. Ceci est notamment lié à un déficit dans l'identification de ces enfants par les pouvoirs publics. Il invita en conséquence l'État congolais à prendre toutes les mesures nécessaires pour assurer la protection et l'assistance à ces enfants[117]. Cette question d'identification fut encore soulevée dans le compte rendu analytique du rapport périodique[118] de la RDC au Comité des droits de l'enfant en 2017.

À l'occasion, M. Gastaud, Coordonnateur de l'équipe spéciale pour la République démocratique du Congo, interrogea la délégation congolaise sur les modalités d'identification des enfants non accompagnés en RDC sans qu'une réponse ne soit pas donnée[119].

En plus, dans son Observation générale n°6, le Comité des droits de l'enfant[120] nota que « *conformément à l'article 35 de la Convention, les États parties devraient prendre toutes les mesures appropriées sur les plans national, bilatéral et multilatéral pour empêcher la traite, notamment en identifiant les enfants non accompagnés ou séparés* ». Autrement dit, les États sont tenus d'identifier les enfants non accompagnés présents sur leur territoire en vue d'éviter tout abus tels que la traite, l'esclavage, le travail forcé, le recrutement dans des groupes armés... Ce droit trouve également son fondement dans la

117 Comité des droits de l'enfant, *Op.cit.*, §75.

118 Comité des droits de l'enfant, *Compte rendu analytique de la 2168e séance*, Soixante-quatorzième session, Genève, 30 janvier 2017, §29.

119 Comité des droits de l'enfant, *Op.cit.*

120 Comité des droits de l'enfant, *Observation générale n° 6 : traitement des enfants non accompagnés et des enfants séparés en dehors de leur pays d'origine*, Genève, 2005, §52.

jurisprudence des juridictions nationales et régionales. C'est le cas de la Cour de justice de l'Union européenne qui à plusieurs reprises s'est prononcée sur la question des enfants non accompagnés. Cela fut le cas dans l'affaire *C-648/11* qui opposait MA, BT et DA, trois enfants ressortissants de pays tiers, au Secretary of State for the Home Department (ci-après le «Secretary of State») au sujet de la décision de celui-ci de ne pas examiner leurs demandes d'asile déposées au Royaume-Uni et de proposer leur transfert vers l'État membre dans lequel ils avaient déposé en premier lieu une demande d'asile.

La Cour conclut que lorsqu'un enfant non accompagné, dont aucun membre de famille ne se trouve légalement sur le territoire de l'Union européenne, a déposé des demandes d'asile dans plus d'un État membre, l'État membre responsable pour l'examiner sera celui où le mineur se trouve, après y avoir déposé une demande[121]. Même si cette affaire n'abordait pas directement la question d'identification des ENA, elle suppose qu'elle a été préalablement réglée et acquise faute de quoi, les requêtes de requérants n'auraient pas été jugées recevables. Il en fut de même devant la Cour européenne des Droits de l'Homme dans l'affaire *Mubilanzila Mayeka c. Belgique* dans laquelle, la requérante d'origine congolaise, alors qu'elle comptait rejoindre sa mère au Canada par la Belgique, elle était retenue en Belgique et à cette occasion, séparée de son oncle qui l'accompagnait[122]. Ici, une fois encore, la Cour européenne des Droits de l'Homme avait reconnu à Mubilanzila le statut d'enfant non accompagné et l'affaire fut traitée comme telle. Il fut

121 CJUE, *Arrêt MA, BT, DA / Secretary of State for the Home Department*, affaire C-648/11, Luxembourg, le 6 juin 2013.
122 CEDH, *Arrêt Mubilanzila Mayeka et Kaniki Mitunga c. Belgique*, Requête n° 13178/03, STRASBOURG, 12 octobre 2006, §8.

de même dans l'affaire *Khan c. France* en 2019 devant la même Cour[123].

Ainsi à travers ces arrêts, ces juridictions régionales ont contribué à la construction d'un droit spécifique aux enfants non accompagnés dont le point de départ serait le droit d'être identifié comme mineurs non accompagnés.

En outre, ce droit à l'identification des enfants non accompagnés trouve aussi leur fondement dans certaines règles dites de *Soft Law* telles que les résolutions de l'Assemblée générale des Nations Unies[124].

---

123 CEDH, *Arrêt Khan contre la France*, Requête n° 12267/16, 28 février 2019, §6-13.

124 Le dictionnaire du droit international publié sous la direction de Jean Salmon définit le *Soft Law* comme étant : « *des règles dont la valeur normative serait limitée soit parce que les instruments qui les contiennent ne seraient pas juridiquement obligatoires, soit parce que les dispositions en cause, bien que figurant dans un instrument contraignant, ne créeraient pas d'obligation de droit positif, ou ne créeraient que des obligations peu contraignantes* ». Selon Alain Pellet, il s'agirait d'un « processus à finalité normative » ou de « jalons normatifs ». Pour le doyen Carbonnier, par contre, par *Soft Law* il convient « d'entendre, non pas le vide absolu de droit, mais une baisse plus ou moins considérable de la pression juridique ». Julien CAZALA quant à lui écrit que dans tous les cas, le *Soft Law* est envisagé du point de vue de ses effets normatifs actuels ou différés. Ainsi, le recours au *Soft Law* permettrait aux États de favoriser des solutions souples leur ménageant des échappatoires, mais aussi, et surtout d'inciter à une action normative de la part des États. Autrement dit, le *Soft Law* n'a pas de valeur contraignante contrairement au *Hard Law*. Il peut notamment s'agir des résolutions de l'Assemblée générale des Nations Unies dépourvues de valeurs juridiques contraignantes pour les États. Dans le système européen par exemple, Sabine Saurugger et Fabien Terpan distinguent deux types de *Soft Law*, le premier est constitué des règles contraignantes qui échappent au *hard Law* parce qu'elles ne sont pas placées sous le contrôle de la Cour (cas des décisions dans le domaine de la Politique étrangère et de sécurité commune ou du Pacte de stabilité et de

En effet, dans sa résolution 52/105, l'Assemblée générale des Nations Unies avait exprimé (...) « *l'espoir que des ressources suffisantes seraient allouées aux programmes d'identification et de recherche des enfants réfugiés non accompagnés* »[125].

Il en était de même dans sa résolution 53/122 dans laquelle, l'Assemblée générale des Nations Unies a réaffirmé qu'il fallait d'urgence « *établir l'identité des enfants non accompagnés et rassembler sans retard des informations détaillées et exactes sur leur nombre et le lieu où ils se trouvent* »[126]. Dans sa résolution n°57/190 du 18 décembre 2002, l'Assemblée générale des Nations Unies s'est déclarée « *profondément préoccupée par le nombre croissant d'enfants réfugiés ou déplacés non accompagnés ou séparés de leur famille et demande à tous les États et organes et institutions des Nations Unies ainsi qu'aux autres organisations compétentes de donner la priorité aux programmes de recherche des familles et de regroupement familial et de continuer à contrôler les dispositifs de prise en charge des enfants réfugiés et des enfants déplacés dans leur propre pays, non accompagnés*

---

croissance). Alors que le second est constitué, des règles non contraignantes sont considérées comme relevant du *Soft Law* parce qu'elles fixent des objectifs et prévoient des mécanismes permettant d'encadrer leur réalisation. Dans le cadre de ce travail, c'est le dernier sens de *Soft Law* qui doit être considéré pour analyser les résolutions de l'Assemblée générale des Nations Unies en rapport avec l'identification des enfants non accompagnés.

125 Assemblée générale des Nations Unies, *Résolution 52/105 : Assistance aux enfants réfugiés non accompagnés*, A/RES/52/105, Cinquante-deuxième session, New York, 11 février 1998, §3.

126 Assemblée générale des Nations Unies, *Résolution 53/122 : Assistance aux enfants réfugiés non accompagnés*, A/RES/53/122, Cinquante-troisième session, New York, 10 février 1999, §3.

ou séparés de leur famille »[127]. La particularité de cette résolution est qu'elle prend en compte non seulement les enfants réfugiés ou demandeurs d'asile, mais aussi, et surtout les enfants déplacés internes.

Plus récemment encore, dans sa résolution n°74/133 du 18 décembre 2019, l'Assemblée générale des Nations Unies a exhorté les États « *à protéger, à toutes les étapes de leur migration, les enfants non accompagnés ou séparés de leur famille par l'établissement de procédures spéciales permettant de les identifier, de les aiguiller, de les accompagner et d'assurer leur regroupement familial* »[128]. Cette position est maintenue également dans ses résolutions n°73/155 du 17 décembre 2018[129] et la résolution 72/245 relative aux Droits de l'enfant du 24 décembre 2017.

Enfin, toutes ces résolutions de l'Assemblée générale des Nations Unies insistent sur le fait que les États devraient aménager sur leur territoire des modalités d'identification des enfants non accompagnés, qu'ils soient demandeurs d'asile, réfugiés ou déplacés internes. En dépit de leur caractère non contraignant, ces différentes résolutions de l'Assemblée générale des Nations Unies s'inscrivent dans une volonté de codification du droit des enfants non accompagnés.

De plus, c'est dans la même logique que s'inscrivent aussi les Observations générales du Comité des droits de l'enfant en rapport avec les enfants non accompagnés,

---

127 Assemblée Générale des Nations Unies, *Résolution 57/190 : Les droits de l'enfant*, A/RES/57/190, Cinquante-septième session, New York, 18 décembre 2002, §8.

128 Assemblée Générale des Nations Unies, *Résolution 74/133 : Droits de l'enfant*, A/RES/74/133, Soixante-quatorzième session, New York, du 18 décembre 2019.

129 Assemblée Générale des Nations Unies, *Résolution 73/155 : Droits de l'enfant*, A/RES/73/155, New York, 17 décembre 2018, §34.

dont l'Observation générale n°6 relative au traitement des enfants non accompagnés, et des enfants séparés en dehors de leur pays d'origine adoptée en 2005.

Il en est de même des Observations générales conjointes n°3 et 22, sur les principes généraux relatifs aux Droits de l'Homme des enfants dans le contexte des migrations internationales. Mais aussi, de l'Observation générale n°13 relative au droit de l'enfant d'être protégé contre toutes les formes de violences. Dépourvues de valeur juridique contraignante, ces Observations générales visent à codifier le droit des enfants non accompagnés dans le contexte d'une migration internationale.

Elles précisent en outre, la portée des droits de ces enfants, les modalités de prise en charge et de garantie, déterminent la portée des obligations des États. En plus, elles aident les États à comprendre l'étendue de leurs obligations et les modalités de mise en œuvre de ces droits.

Plus encore, le cas des autres principes et directives adoptés par les organisations internationales ou agences onusiennes qui contribuent à la compréhension des droits des enfants non accompagnés. Il s'agit par exemple des Principes directeurs interagences relatifs aux enfants non accompagnés ou séparés de leur famille adoptés par le Comité international de la Croix-Rouge en 2004[130].

C'est aussi le cas des Standards minimums pour la protection de l'enfance dans l'intervention humanitaire adoptée par le Groupe de Travail des Nations Unies, sur la Protection de l'enfant, ces Standards déterminent les principes de base à observer durant l'intervention humanitaire pour la pleine protection des enfants, dont les enfants non accompagnés. Il est par exemple proposé qu'il

---

[130] HCR, *Principes directeurs du HCR relatifs à la détermination de l'intérêt supérieur de l'enfant*, Genève, 2008.

soit créé une coordination dans la gestion des données relatives aux ENA ou bien qu'il soit adopté un formulaire inter-agences d'identification et d'enregistrement des ENA[131].

C'est aussi le cas de constatations des organes de traités des Nations Unies, dont le Comité des droits de l'enfant en rapport avec les enfants non accompagnés.

Le Comité des droits de l'enfant a aussi eu l'occasion de se prononcer sur la question des enfants non accompagnés. C'est par exemple à l'occasion de l'examen de la communication *M.T c. Espagne en 2019.* Dans cette communication[132], le Comité a été appelé à se prononcer sur la situation du requérant M.T d'origine ivoirienne et demandeur d'asile en Espagne dont la minorité avait été contestée par l'Office d'aide aux réfugiés à Madrid. Il était question de l'identification du requérant comme mineur non accompagné en Espagne[133] ; ainsi, le Comité a notamment souligné que la charge de la preuve de la minorité d'âges est partagée entre le requérant et les autorités du pays d'accueil. En cas de doute sur l'authenticité des pièces d'identité, celles-ci doivent être considérées comme authentiques jusqu'à la preuve du contraire[134]. Il en est de même des Observations et

131 Groupe de travail sur la protection de l'enfant, *Standards minimums pour la protection de l'enfance dans l'intervention humanitaire*, Genève, 2012, p.131.

132 Comité des droits de l'enfant, *Communication M.T c. Espagne : constatations et recommandations*, 18 Septembre 2019, §14.

133 A. Ombeni Musimwa, « MENA : Vers l'abandon des examens médicaux de détermination de l'âge osseux ? », *Cahiers de l'EDEM*, Avril 2020.

134 *Idem.*

constatations du Comité sur les droits et le bien-être de l'enfant[135].

Ainsi, ces textes de nature *soft* interprètent le droit existant et consacrent des droits mous, non contraignants en vue d'inciter les États à adopter des textes de valeur contraignante.

Dans le cas d'espèce, ils reconnaissent des droits spécifiques aux enfants non accompagnés et précisent les obligations incombant aux États en cette matière.

Quoi qu'il en soit et contrairement au droit de tout enfant à avoir une identité dès sa naissance, le droit à l'identification en l'espèce, ne concerne que les enfants non accompagnés et vise à les catégoriser aux fins de leur offrir un régime de protection spécifique et adapté. Encore faut-il que ce droit soit effectivement mis en œuvre ?

---

135 Articles 43 à 45 de la Charte africaine des droits et du bien-être de l'enfant, *Op.cit.*

CHAPITRE 2 : A L'EXISTENCE D'UN DROIT À LA REUNIFICATION FAMILIALE DES ENFANTS NON ACCOMPAGNÉS

Le cadre familial reste le milieu privilégié pour tous les enfants et reste considéré comme un noyau vital pour le développement, le bien-être et la protection des enfants[136]. Le concept réunification familiale se rapproche du celui de regroupement familial, mais ne doit pas en être confondu. Le premier concerne les personnes bénéficiant de la protection internationale, réfugié ou bénéficiaire de la protection subsidiaire[137]. La seconde concerne quant à elle, les personnes étrangères non bénéficiaires de la protection internationale, mais en situation régulière dans un État[138]. Toutefois, dans le cadre de la présente étude, le terme réunification familiale concernera à la fois le regroupement familial et la réunification familiale au sens strict. Cette confusion sémantique se justifie par le champ matériel de cette étude, les enfants réfugiés et déplacés internes disposent de deux régimes de protection distincts, alors que du point de vue du droit de l'enfant, ils sont soumis au même régime de protection.

---

[136] Groupe de travail sur la protection de l'enfant, *Lignes directrices pour la prise en charge transitoire des enfants en RDC, Op.cit., p.5.*

[137] https://consultation.avocat.fr/blog/alexandre-gillioen/article-25136-la-reunification-familiale-differences-avec-le-regroupement-familial.html, consulté le 14/04/2021. Lire aussi : https://www.ofii.fr/procedure/regroupement-familial/, consulté le 14/04/2021. Lire aussi : https://www.france-terre-asile.org/accueil/actualites/actualites-choisies/regroupement-ou-reunification-familiale-que-prevoit-le-projet-de-loi-asile-et-immigration, consulté le 14/04/2021.

[138] *Idem.*

De ce fait, l'usage confondu de ces deux concepts nous paraît plus souple, sans méconnaître leur différence. Ainsi, cette réunification familiale est reconnue comme droit dans plusieurs textes juridiques qui protègent les réfugiés et les déplacés internes mineurs (Section 1) tant au niveau national, régional qu'international. Ces textes juridiques déterminent les contenus matériels de ce droit et les conditions de sa jouissance (Section 2) par ces enfants.

SECTION 1 : DE LA RECONNAISSANCE D'UN DROIT À LA RÉUNIFICATION FAMILIALE DES ENFANTS NON ACCOMPAGNÉS…

En République démocratique du Congo, le droit à la réunification familiale trouve sa source à la fois dans des textes de portée internationale et régionale, ayant ou non une valeur contraignante, grâce au monisme juridique qu'elle a choisi[139], d'une part et dans le cadre législatif adopté par le parlement congolais, d'autre part (Paragraphe 1). Ce droit a également connu un développement jurisprudentiel important (Paragraphe 2).

Paragraphe 1 : Différentes sources normatives du droit à la réunification familiale

La vie familiale est l'un des piliers majeurs de nos cultures et pour cela, elle influence largement la protection et le bien-être de ses membres. Le droit à la vie de famille et le principe d'unité familiale sont reconnus et protégés par plusieurs instruments juridiques nationaux, régionaux et internationaux. La vie de famille est encore plus importante en ce qui concerne les enfants, qui, en raison de leur âge et de leur développement, ont davantage besoin de soins, de soutien et de protection de la part de leurs parents et d'autres membres de la famille[140]. Le droit

[139] Article 215 de la Constitution congolaise du 18 février 2006 telle que modifiée par la loi du 20 janvier 2011.

[140] Unicef, *Le droit de l'enfant au regroupement familial*, 2016, p.1, in [https://www.unicef.be/fr/a-propos-unicef/unicef-en-belgique/defense-des-droits-de-lenfant/le-travail-dunicef-belgique-en-faveur-des-

à la réunification fait partie de ce droit à la vie familiale, il est reconnu par plusieurs textes juridiques[141].

A- Droit à la réunification familiale dans les textes internationaux et régionaux

1- Du fondement conventionnel du droit à la réunification familiale

Le droit à la réunification familiale est consacré dans une multitude des textes juridiques, à la fois dans le système des Nations Unies et dans les systèmes régionaux de protection des Droits de l'Homme. Les articles 9 et 10 de la Convention relative aux droits de l'enfant stipulent : *«(...) les États parties veillent à ce que l'enfant ne soit pas séparé de ses parents contre leur gré...si, cela arrive, que l'enfant et ses parents aient le droit de quitter tout pays et d'entrer dans le leur aux fins de la réunification familiale ou du maintien des relations entre eux »*[142].

En plus, «(…) *les États sont tenus d'assister et protéger les enfants non accompagnés dans la recherche de leurs parents ou d'autres membres de leurs familles en vue de la réunification familiale »*[143]. Autrement dit, pour maintenir l'unité familiale, les États sont tenus d'aider à la réunification des enfants séparés avec les membres de leur famille. C'est donc l'unité familiale comme principe

---

enfants-migrants/advocacy-brief-family-reunification-fr/], consulté le 12/07/2020.

141 F. Toulieux, *Le droit au respect de la vie familiale des étrangers et l'article 8 de la Convention européenne des Droits de l'Homme*, Thèse de doctorat en Droit international privé, Université Jean Moulin Lyon 3, 2008, p.347.

142 Articles 9 et 10 de la Convention relative aux droits de l'enfant, 20 novembre 1989, *J.O*, numéro spécial, avril 1999, p.50.

143 Article 22.2, *Op.cit.*

fondamental qui est ici recherchée. Ce principe est d'ailleurs rappelé dans l'article 16.3 de la Déclaration universelle des Droits de l'Homme[144], comme dans le Pacte international relatif aux droits civils et politiques[145].

Il n'a toutefois pas été reconnu dans la Convention relative au statut des réfugiés, il l'est par contre dans l'acte final de la conférence de plénipotentiaires des Nations Unies sur le statut des réfugiés et des apatrides qui *«(...) recommandait la protection de la famille du réfugié... à travers le maintien de l'unité de la famille du réfugié notamment des enfants isolés et des jeunes filles...* »[146]. Il concerne de ce fait, le regroupement des membres d'une même famille d'un réfugié reconnu. Par conséquent, au niveau international, le droit à la réunification familiale des ENA est bien garanti.

S'agissant de sa reconnaissance au niveau régional, le droit à la réunification familiale est repris dans plusieurs instruments régionaux de protection des Droits de l'Homme.

C'est le cas de la Charte africaine des Droits de l'Homme et des Peuples[147] qui stipule : « *la famille est l'élément naturel et la base de la société. Elle doit être protégée par l'État qui doit veiller à sa santé physique et morale* ». La Charte africaine des droits et du bien-être de

---

[144] Article 16.3 de la Déclaration Universelle des droits de l'homme, 10 décembre 1948, *J.O*, numéro spécial, avril 1999, p.7.

[145] Article 23.1 du Pacte international relatifs aux de droits civils et politiques, 16 décembre 1966, *J.O,* numéro spécial, avril 1999, p.21.

[146] Acte final de la conférence de plénipotentiaires des Nations unies sur le statut des refugies et des apatrides, Genève, 2 au 25 juillet 1951, in [https://www.unhcr.org/fr/protection/travaux/4b151d2421/acte-final-conference-plenipotentiaires-nations-unies-statut-refugies-apatrides.html], consulté le 31/07/2020.

[147] Article 18(1) de la Charte africaine des Droits de l'Homme et des peuples, *J.O*, numéro spécial, 26 juin 1987, p.7 ;

l'enfant[148] y fait également référence en ces termes «(…) *Les États parties aident les organisations internationales chargées de protéger et d'assister les réfugiés dans leurs efforts pour protéger et assister les enfants(…) demandeurs d'asile, réfugiés ou déplacés internes pour retrouver les parents ou les proches d'enfants réfugiés non accompagnés en vue d'obtenir les renseignements nécessaires pour les remettre à leur famille* »[149].

L'article 25 de la Charte africaine des droits et bien-être de l'enfant[150] stipule également : « Les États parties à la présente Charte s'engagent à veiller à ce que toutes les mesures nécessaires soient prises pour retrouver et réunir l'enfant avec les parents là où la séparation est causée sur un déplacement interne et externe provoqué par des conflits armés ou des catastrophes naturelles». Les États sont donc tenus de garantir la réunification familiale des enfants séparés ou non accompagnés.

Il en est de même de la Convention européenne de sauvegarde des droits et libertés fondamentales[151] qui stipule : « *Toute personne a droit au respect de sa vie privée et familiale, de son domicile et de sa correspondance. Il ne peut y avoir ingérence d'une autorité publique dans l'exercice de ce droit que pour autant que cette ingérence est prévue par la loi et qu'elle constitue une mesure nécessaire…*». Si cette disposition n'évoque en réalité pas expressément le droit à la

---

[148] Article 23(2) de la Charte africaine des droits et du bien-être de l'enfant, juillet 1990, *J.O,* numéro spécial, septembre 2001, p.40.
[149] Article 23(2), *idem.*
[150] Article 25(2) de la Charte africaine des droits et du bien-être de l'enfant, *idem.*
[151] Article 8 de la Convention européenne des Droits de l'Homme, *Recueil des textes de droit international sur la protection de la personne humaine* , S.l, 3ème éd., 2009, pp.134-140.

réunification familiale, elle est cependant considérée par la Cour européenne comme fondant ce droit à la réunification familiale dans le système européen[152]. C'est aussi le cas de la Charte des droits fondamentaux de l'Union européenne[153].

En plus, la Directive du Conseil relative au droit au regroupement familial précise le contour de ce droit dans le système européen. Il en va de même avec la Directive dite retour dont l'article 10 et l'article 17 stipulent : « *avant d'éloigner du territoire d'un État membre un mineur non accompagné, les autorités de cet État membre s'assurent qu'il sera remis à un membre de sa famille, à un tuteur désigné ou à des structures d'accueil adéquates dans l'État de retour* »[154]. C'est aussi le cas de la Directive établissant des normes pour l'accueil des personnes demandant la protection internationale[155].

Dans le système arabo-musulman, c'est plutôt l'article 33 de la Charte arabe des Droits de l'Homme qui

---

[152] F. Toulieux, *Le droit au respect de la vie familiale des étrangers et l'article 8 de la Convention européenne des droits de l'homme*, Thèse de doctorat en Droit international privé, Université Jean Moulin Lyon 3, 2008, p.32.

[153] Article 7 de la Charte des droits fondamentaux de l'Union européenne, Nice, 7 décembre 2000, modifiée à Strasbourg, 12 décembre 2007 à Strasbourg, Recueil des textes de droit international sur la protection de la personne humaine , S.l, 3ème éd., 2009, pp.535-540.

[154] Article 10 de la Directive 2008/115/ce du Parlement européen et du Conseil du 16 décembre 2008 relative aux normes et procédures communes applicables dans les États membres au retour des ressortissants de pays tiers en séjour irrégulier, [https://eur-lex.europa.eu/legal-content/FR/TXT/?uri=CELEX:32008L0115], consulté le 12/07/2020.

[155] Article 23(2.a) de la Directive 2013/33/UE du Parlement européen et du Conseil du 26 juin 2013 établissant des normes pour l'accueil des personnes demandant la protection internationale (refonte).

reconnaît l'existence de ce droit en ces termes : « *La famille est la cellule naturelle et fondamentale de la société... L'État et la société garantissent la protection de la famille, le renforcement de ses liens, la protection de ses membres...* »[156].

L'article 8 du Covenant des droits de l'enfant en Islam[157] stipule par exemple : « *les États parties assurent la protection de la famille contre toute cause d'affaiblissement et de désintégration et s'engagent à assurer autant que possible la protection de ses membres ainsi que la cohésion et l'équilibre familial* ».

Les dispositions similaires sont également posées en l'article 17 de la Convention américaine des Droits de l'Homme, ainsi que dans la Déclaration de Carthagène sur les réfugiés.

Cette dernière reconnaît que le regroupement des familles des réfugiés constitue un principe fondamental qui doit inspirer leur traitement humanitaire dans les pays d'asile[158].

Comme pour les instruments internationaux, ces textes régionaux reconnaissent également le droit à la réunification familiale en faveur des membres de famille séparés en général et les enfants non accompagnés, en particulier.

---

[156] Article 33 de la charte arabe des droits de l'homme, [https://eur-lex.europa.eu/legal-content/FR/TXT/?uri=celex%3A32013L0033], consulté le 12/07/2020.

[157] Article 8 du Covenant des droits de l'enfant en Islam, [https://www.oic-oci.org/page/?p_id=130&p_ref=16&lan=fr], consulté le 25/06/2020.

[158] *Déclaration de Carthagène relative aux réfugiés*, CARTHAGÈNE DES INDES, 1984, §13.

Cependant, il faut noter que la consécration de ce droit n'est pas expresse, elle est souvent déduite des dispositions relatives à la vie privée et familiale[159] ou bien dans celles qui proclament la valeur fondamentale de la famille dans la société et/ou de la nécessité de préserver l'unité familiale[160].

2- Droit à la réunification familiale dans les textes à valeur non contraignante

Le droit à la réunification familiale est aussi garanti dans une gamme de textes à valeur non contraignante tels que les résolutions de l'Assemblée générale des Nations Unies, les Observations générales du Comité des droits de l'enfant ainsi que dans d'autres principes et directives.

En effet, l'Assemblée générale des Nations Unies a exhorté les États à protéger, à toutes les étapes de leur migration, les enfants non accompagnés ou séparés de leur famille par l'établissement de procédures spéciales permettant de les identifier, de les aiguiller, de les accompagner et d'assurer leur regroupement familial[161].

Elle a en outre, été soulignée que dans les programmes visant la protection des enfants demandeurs d'asile, réfugiés et déplacés internes, la priorité des États doit reposer sur la recherche, la réunification des familles et la réintégration de ces enfants[162]. De son côté, le Comité des droits de l'enfant a insisté sur la nécessité de garantir le

---

[159] Dans le système européen des Droits de l'Homme.

[160] Dans les autres systèmes de protection des Droits de l'Homme.

[161] Assemblée générale des Nations unies, *Résolution 74/133 : Droits de l'enfant*, A/RES/74/133, Soixante-quatorzième session, New York, du 18 décembre 2019.

[162] Assemblée générale des Nations unies, *Résolution 73/155 : Droits de l'enfant*, A/RES/73/155, New York, 17 décembre 2018, §34.

droit à la réunification familiale des enfants non accompagnés dans ses Observations générales. C'est par exemple le cas dans l'Observation générale n°6 dans laquelle le Comité a rappelé qu'« *afin de s'acquitter pleinement de l'obligation qui leur incombe en vertu de l'article 9 de la Convention de veiller à ce qu'un enfant ne soit pas séparé de ses parents contre son gré, tout devrait être fait pour restituer à ses parents un enfant non accompagné ou séparé...* »[163].

Il est revenu encore sur cette question dans ses Observations générales conjointes n°4 (2017) et n°23 (2017) avec le Comité pour la protection des droits de tous les travailleurs migrants et des membres de leur famille sur les obligations des États en matière de Droits des enfants dans le contexte des migrations internationales dans les pays d'origine, de transit, de destination et de retour[164].

Dans le même ordre d'idée, l'on retrouve les différentes initiatives du Haut-commissariat des Nations Unies pour les Réfugiés en la matière, dont les Principes directeurs relatifs à la détermination de l'intérêt supérieur de l'enfant qui affirment : « *le regroupement familial doit en principe être considéré comme étant dans l'intérêt supérieur de l'enfant* »[165]. Ces principes considèrent en outre, la

---

[163] Comité des droits de l'enfant, *Observation générale n° 6 (2005) : traitement des enfants non accompagnés et des enfants séparés en dehors de leur pays d'origine*, Genève, 2005, §81.

[164] Comité pour la protection des droits de tous les travailleurs migrants et des membres de leur famille et comité des droits de l'enfant, *Observation générale conjointe n° 4 et 23 relative aux principes généraux relatifs aux droits de l'homme des enfants dans le contexte des migrations internationales*, Genève, 16 novembre 2017, §32.

[165] HCR, *Principes directeurs du HCR relatifs à la détermination de l'intérêt supérieur de l'enfant*, Genève, 2008, p.31.

réunification familiale comme l'une des solutions durables en faveur des enfants non accompagnés.

C'est aussi le cas des Standards minimums pour la protection de l'enfance dans l'intervention humanitaire élaborée par le Groupe de travail des Nations Unies sur la protection de l'enfant qui considèrent l'unité familiale comme finalité de la réunification familiale[166].

Il en est de même des Principes directeurs interagences relatifs aux enfants non accompagnés ou séparés de leur famille adoptés par le Comité international de la Croix rouge en 2004, qui précisent les modalités de mise en œuvre du droit à la réunification familiale des enfants non accompagnés[167]. De valeur non contraignante certes, ces textes interprètent et précisent le contenu et les modalités de mise en œuvre du droit à la réunification familiale des enfants non accompagnés. Ce droit à la réunification familiale a aussi un fondement national qu'il convient à présent d'analyser.

B- Droit à la réunification familiale dans les textes nationaux

Le droit à la réunification familiale est consacré dans les textes juridiques de plusieurs États, dont ceux de la République démocratique du Congo. Il est notamment consacré à l'article 36 de la loi n°09/001 du 10 janvier 2009 portant protection de l'enfant qui dispose : « *l'enfant séparé de sa famille a droit à la réunification familiale.*

---

[166] Groupe de travail sur la protection de l'enfant, *Standards minimums pour la protection de l'enfance dans l'intervention humanitaire*, 2012, p.11.

[167] CICR, *Principes directeurs inter-agences relatifs aux enfants non accompagnés ou séparés de leur famille*, Genève, 2004, p.30.

Cette réunification s'opère par le soin des assistants sociaux »[168]. Cette réunification est motivée par le souci de préserver l'unité familiale comme prévu à l'article 40 de la Constitution congolaise. Cet article 40 dispose : « *la famille, cellule de base de la communauté humaine, est organisée de manière à assurer son unité, sa stabilité et sa protection. Elle est placée sous la protection des pouvoirs publics* »[169]. Il résulte aussi du contenu de l'article 331 de la loi n° 16/008 du 15 juillet 2016 modifiant et complétant la loi n°87 010 du 1er août 1987 portant code de la famille qui dispose : « *dans l'interprétation et l'application de la présente loi, les cours et tribunaux auront en vue la protection du ménage fondé sur le mariage et la sauvegarde de son unité et de sa stabilité* »[170]. C'est aussi ce que dispose l'article 32 du projet de loi portant protection et assistance aux personnes déplacées internes en RDC : « *Les Ministères ayant respectivement les actions humanitaires, la famille et enfants dans leurs attributions, prennent les mesures nécessaires, y compris la mise en place de mécanismes spécialisés, pour retrouver et réunifier les familles séparées durant le déplacement, les mineurs non accompagnés de leurs*

---

[168] Article 36 de la loi n°09/001 du 10 janvier 2009 portant protection de l'enfant, *J.O*, Numéro Spécial 25 mai 2009.

[169] Article 40 de la Constitution du 18 février 2006, telle que modifiée par la loi n°11/002 du 20 janvier 2011 portant révision de certains articles de la Constitution de la R.D.C du 18 février 2006, *J.O*, 52ème année, numéro spécial, du 5 février 2011.

[170] Article 331 de la loi n° 16/008 du 15 juillet 2016 modifiant et complétant la loi n°87 010 du 1er aout 1987 portant code de la famille, [https://www.leganet.cd/Legislation/Code%20de%20la%20famille/Loi.15.07.2016.html], consulté le 12/07/2020.

familles en vue du rétablissement des liens familiaux »[171]. Ainsi le droit positif congolais, reconnaît et consacre ce droit à la réunification familiale en faveur des enfants non accompagnés. Ce droit peut être évoqué par les bénéficiaires devant les instances compétentes telles que les cours et tribunaux.

Toutefois, malgré sa consécration législative, le droit à la réunification familiale souffre d'un manque de mesures réglementaires censées organiser ses modalités d'application effective.

Quelques données embryonnaires concernant les conditions et la procédure de réunification familiale des enfants non accompagnés en République démocratique du Congo sont à retrouver dans l'arrêté n° R.9C/0249/GC/CAB.MIN/AFF.SAH SN/09 du 19 novembre 2009 portant mise en application des Lignes directrices nationales de protection et de prise en charge des enfants en rupture familiale. Il faut signaler que ces Lignes directrices ne concernent pas spécialement les enfants non accompagnés, mais s'y prolongent. Ces lignes directrices ont été élaborées avec l'objectif de guider les acteurs de protection de l'enfance (ONG nationale, internationale, agence UN, services de l'État) pour assurer une prise en charge adaptée et de qualité en faveur des enfants[172].Ces modalités d'application sont aussi reprises dans les Lignes directrices pour la prise en charge transitoire des enfants en RDC élaborées par le Groupe de Travail des Nations Unies sur la protection de l'enfant.

---

[171] Article 32 du projet de loi portant protection et assistance aux personnes déplacées internes en RDC, Kinshasa, 2014, [www.refworld.org/pdfid/5a2688fa4.pdf], consulté le 12/07/2020.

[172] Groupe de travail sur la protection de l'enfant, *Lignes directrices pour la prise en charge transitoire des enfants en RDC*, Kinshasa, 2020, p.4.

En outre, les règles relatives à l'application de la réunification familiale se retrouvent également dans les principes et procédures élaborés par le Haut-commissariat des Nations Unies tels que les Normes relatives aux procédures de détermination du statut de réfugié relevant du mandat du HCR.

Ces normes sont par exemple utilisées par le HCR et ses ONG partenaires dans les démarches tendant à la réunification familiale des ENA en RDC.

Ainsi, ces textes expliquent par exemple que la procédure de réunification familiale nécessite avant tout que l'on examine les cadres juridiques nationaux de protection de l'enfance, les systèmes communautaires de protection de l'enfance. Ils précisent également les modalités de prise en charge des enfants privés de soutien familial. Il en est de même des modalités de prévention et d'intervention en cas de séparation de ces enfants avec leurs parents. Ils recommandent enfin que l'on définisse de manière précise et claire les acteurs intervenants, leurs rôle et responsabilité ainsi que l'établissement d'un ou des formulaire(s) d'enregistrement communs et d'une base de données commune pour les activités de recherche et de réunification familiale[173].

De plus, même si certains de ces textes nationaux n'ont qu'une valeur juridique moins contraignante et/ou n'ont qu'un niveau de protection à minima comparé aux standards requis en la matière[174], cela n'empêche

---

[173] Groupe de travail sur la protection de l'enfant, *Standards minimums pour la protection de l'enfance dans l'intervention humanitaire*, Genève, 2012, p.131.

[174] En ce sens qu'ils ne définissent pas toujours de façon précise les bénéficiaires de ce droit, les modalités de leur mise en œuvre

cependant pas qu'ils soient utilisés par les acteurs tels que le CICR, le HCR, l'Unicef ou les ONG sur terrain.

En outre, le droit belge contrairement au droit congolais dispose par exemple que la solution durable en faveur d'un mineur étranger non accompagné peut consister soit : « au regroupement familial »[175], soit : « au retour vers le pays d'origine ou vers le pays où le MENA est autorisé ou admis à séjourner[176], soit enfin « à l'autorisation de séjourner en Belgique, compte tenu des dispositions prévues par la loi »[177]. Une telle disposition de loi consacre spécifiquement le droit au regroupement familial en faveur des MENA ; elle précise les modalités de sa mise en œuvre ; ce n'est pas le cas en droit congolais dont les dispositions restent laconiques.

En plus, à la suite de cette loi, plusieurs autres mesures d'application ont été prises dont la circulaire relative à la fiche de signalement des mineurs étrangers non accompagnés et à leurs prises en charge. Cette circulaire définit les modalités d'identification et de prise en charge des mineurs étrangers non accompagnés en Belgique. Elle coordonne également les activités de différents acteurs

---

[175] Conformément aux articles 9 et 10 de la Convention des Nations Unies relative aux droits de l'enfant du 20 novembre 1989, dans le pays où les parents se trouvent légalement.

[176] Avec des garanties d'accueil et de soins adéquats, en fonction de son âge et de son degré d'autonomie.

[177] Article 61/14 de la loi sur l'accès au territoire, le séjour, l'établissement et l'éloignement des étrangers du 15 décembre 1980 telle que complétée par l'arrêté royal du 7 novembre 2011 sur les mineurs étrangers non accompagnés en matière de séjour. Lire aussi : Arrêté royal sur l'accès au territoire, le séjour, l'établissement et l'éloignement des étrangers du 8 octobre 1981, [http://www.ejustice.just.fgov.be/cgi_loi/change_lg.pl?language=fr&la=F&cn=1981100831&table_name=loi], consulté le 26/06/2020.

intervenants dans la réalisation de cette tâche[178]. Il paraît donc clair que contrairement au droit congolais, le droit belge offre une garantie de protection des ENA plus détaillée et organisée. Il en est de même du droit français qui dispose d'un cadre normatif bien fourni en faveur des enfants non accompagnés[179], à la fois du point de vue des droits garantis et de la procédure à suivre. Dans sa plaquette de présentation de MNA, la Mission Mineurs non accompagnés en France, explique comment la loi du 14 mars 2016 relative à la protection de l'enfant constitue désormais une base légale au dispositif national.

Elle précise en outre que les textes réglementaires qui accompagnent cette loi permettent de tendre progressivement vers une harmonisation des pratiques des départements afin que toute personne se présentant comme mineure non accompagnée et toute personne déclarée mineur non accompagné puissent bénéficier des mêmes conditions d'accueil, d'évaluation et de prise en charge[180].

Ainsi, comparé aux autres systèmes juridiques, le système juridique congolais reste lacunaire en ce qui concerne la protection réservée aux enfants non accompagnés tant du point de vue des droits garantis que du point de vue de la procédure à suivre pour jouir de ces

---

[178] Circulaire relative à la fiche de signalement des mineurs étrangers non accompagnés et à leurs prises en charge du 8 mai 2015, Moniteur Belge, 20.05.2015, p.1.

[179] C'est par exemple le cas de la loi no 2016-297 du 14 mars 2016 relative à la protection de l'enfant dont plusieurs dispositions sont applicables aux enfants non accompagnés présents en France ou bien du Décret n° 2019-1410 du 19 décembre 2019 relatif au calcul de la clé de répartition entre les départements des mineurs privés temporairement ou définitivement de la protection de leur famille.

[180] Mission Mineurs non accompagnés, *Plaquette de présentation des mineurs non accompagnés*, France, 2020, p.1, [http://www.justice.gouv.fr/justice-des-mineurs-10042/mineurs-non-accompagnes-12824/], consulté le 12/07/2020.

droits. Quoi qu'il en soit, ce droit à la réunification familiale est reconnu en République démocratique du Congo à travers les instruments juridiques internationaux et régionaux qu'elle a ratifiés. Dans une certaine mesure, ce droit est reconnu par les dispositions législatives et réglementaires qu'elle a adoptées. Sa mise en œuvre nationale n'est pas assez développée à ce jour.

Paragraphe 2 : Reconnaissance jurisprudentielle du droit à la réunification familiale des enfants non accompagnés

Consacré à l'origine dans les textes juridiques, le droit à la réunification familiale a connu un important développement jurisprudentiel.

En effet, la Cour européenne des Droits de l'Homme s'est à plusieurs reprises prononcée sur la question de regroupement familial. À l'occasion, elle a par exemple, précisé la définition de la famille en privilégiant sa dimension fonctionnelle plutôt qu'institutionnelle, celle-ci est basée sur la réalité concrète de la vie familiale et non sur la seule réalité biologique[181]. Dans l'affaire *Tuquabo-Tekele and Others v. the Netherlands*[182], la requérante d'origine érythréenne établie aux Pays-Bas, chercha le regroupement avec ses deux enfants mineurs restés en Érythrée.

La Cour s'est alors appuyée sur les dispositions de l'article 8 de la Convention européenne des Droits de

---

[181] CEDH, *Arrêt Jeunesse c. Pays-Bas*, Strasbourg, 2014. Lire aussi : Carlier J-Y. et Saroléa S., *Droit des étrangers*, Bruylant, Bruxelles, 2016, p.342.

[182] CEDH, *Arrêt Tuquabo-Tekele and Others v. the Netherlands*, 3ème section, STRASBOURG, 1 December 2005, §52.

l'Homme relative au respect de la vie privée et familiale pour condamner les Pays-Bas en ces termes : «(…) *Compte tenu de ce qui précède, l'État défendeur n'a pas ménagé un juste équilibre entre les intérêts des requérants d'une part et son propre intérêt à contrôler l'immigration d'autre part* »[183].

En se prononçant ainsi, la Cour ne s'est pas écartée de sa jurisprudence constante en la matière[184] qui peut se résumer à «(…)*b) en vertu du droit international bien établi et sous réserve de ses obligations conventionnelles, un État a le droit de contrôler l'entrée de non-ressortissants sur son territoire; c) s'agissant de l'immigration, l'article 8 ne peut être considéré comme imposant à un État une obligation générale de respecter le choix par les couples mariés du pays de leur résidence matrimoniale et d'autoriser le regroupement familial sur son territoire* »[185].

C'est pourquoi Fabrice Toulieux[186] affirme que le principe posé par la Cour européenne des Droits de l'Homme[187], selon lequel les États ont le droit, sans préjudice des engagements découlant pour eux de traités, de contrôler l'entrée des étrangers sur leur sol n'a jamais été remis en cause. Dans le cadre de l'application de ce

---

[183] CEDH, *Arrêt Tuquabo-Tekele and Others v. the Netherlands*, 3ème section, STRASBOURG
1 December 2005, §52.

[184] C'est notamment le cas de l'affaire Abdulaziz, Cabales, and Balkandali v UK , Application nos. 9214/80; 9473/81; 9474/81 ; Kwakye-Nti et Dufie c. Pays-Bas, Hudoc – Cour EDH, 2e sect., req. n° 51431/99, 17 janvier 2006.

[185] CEDH, *Arrêt Tuquabo-Tekele and Others v. the Netherlands, op.cit., §43.*

[186] F. Toulieux, *Le droit au respect de la vie familiale des étrangers et l'article 8 de la Convention européenne*

[187] *CEDH,Op.cit.*

principe, les États parties à la Convention européenne disposent d'une marge d'appréciation[188].

La même question fut posée dans l'arrêt de la Cour du 12 octobre 2006 dans l'affaire *Mubilanzila Mayeka et Kaniki Mitunga c. Belgique*.

Dans cette affaire, l'une des deux requérantes d'origine congolaise, la mère qui vivait au Canada souhaitait faire venir sa fille âgée de 5 ans via la Belgique. Cette enfant fut retenue en Belgique et à l'occasion, séparée de son oncle qui l'accompagnait ; elle fut ensuite renvoyée dans son pays d'origine, la RDC[189]. La Cour a relevé qu'«(…) *étant donné qu'elle était une mineure étrangère non accompagnée, l'État belge avait pour obligation de faciliter la réunification familiale* »[190].

La Cour de Justice de l'Union européenne s'est également prononcée sur la question dans son arrêt du 12 avril 2018 dans l'affaire A et S c. Staatssecretaris van Veiligheid en Justitie. Ce fut pour la première fois que cette Cour s'est prononcée la question du regroupement familial des mineurs réfugiés non accompagnés avec leurs ascendants directs au premier degré[191]. À cette occasion, la Cour s'est également prononcée sur la question de

---

[188] F. Toulieux, *Le droit au respect de la vie familiale des étrangers et l'article 8 de la Convention européenne des droits de l'homme*, Thèse de doctorat en Droit international privé, Université Jean Moulin Lyon 3, 2008, p.32. Lire aussi : Conseil de l'Europe, *Guide sur l'article 8 de la Convention européenne des droits de l'homme Droit au respect de la vie privée et familiale*, Strasbourg, 2019, p.75.

[189] CEDH, *Arrêt Mubilanzila Mayeka et Kaniki Mitunga c. Belgique*, Requête no 13178/03, STRASBOURG, 12 octobre 2006, §8.

[190] CEDH, *Arrêt Mubilanzila Mayeka et Kaniki Mitunga c. Belgique, Op.cit.*, §85.

[191] Silga(J.), « Le droit au regroupement familial des réfugiés mineurs non accompagnés devenus majeurs : l'affaire A et S, entre progrès incontestable et portée relative », *European Papers*, Vol. 3, 2018, No 2, *European Forum*, *Insight* of 16 July 2018, pp. 1027-1038.

savoir du régime de protection applicable aux ENA mineurs au moment de l'introduction de la demande d'asile ; devenus majeurs au moment de la prise de décision par l'autorité nationale compétente.

En cette question, la Cour a tranché : « l'article 2, initio et sous f), de la directive 2003/86/CE du Conseil, du 22 septembre 2003, relative au regroupement familial, lu en combinaison avec l'article 10, paragraphe 3, sous a), de celle-ci, doit être interprété en ce sens que doit être qualifié de « mineur », au sens de cette disposition, un ressortissant de pays tiers ou un apatride qui était âgé de moins de 18 ans au moment de son entrée sur le territoire d'un État membre et de l'introduction de sa demande d'asile dans cet État, mais qui, au cours de la procédure d'asile, atteint l'âge de la majorité et se voit par la suite reconnaitre le statut de réfugié »[192].

La contribution de cet arrêt dans la protection des droits des ENA est incontestable d'après la doctrine.

Selon Christine Flamand, dans son arrêt, la Cour « opta pour une attitude résolument protectrice du jeune réfugié et met l'accent sur la nécessité de la famille de pouvoir se reconstruire, souvent après des années d'errances » ; elle ajouta qu'à travers cet arrêt, la Cour « opta également pour une interprétation souple de la disposition en question afin d'assurer l'effectivité du regroupement familial pour le mineur étranger non accompagné, quand bien même il devient majeur encours de procédure »[193]. Janine Silga note également : «(…) l'approche protectrice de la Cour dans cette affaire constitue un progrès incontestable pour

---

[192] Cour de justice, *Arrêt du 12 April 2018*, affaire C 550/16, A et S c. Staatssecretaris van Veiligheid en Justitie, §65.

[193] Flamand(C.), « La minorité « prolongée » du MENA reconnu réfugié pour favoriser le regroupement familial. », *Cahiers de l'EDEM*, mai 2018.

assurer une meilleure protection des droits fondamentaux des mineurs non accompagnés, dont elle met en lumière la vulnérabilité particulière.

On pourrait donc imaginer qu'une telle approche puisse être étendue à d'autres situations les concernant et que, s'inscrivant dans cette logique, l'arrêt A et S ne soit qu'une étape supplémentaire pour assurer le plein respect de ces droits »[194].

Cette question des enfants non accompagnés fut également portée devant le Comité des Droits de l'Homme dans la communication Nimo Mohamed Aden and Liban Muhammed Hassan v. Danemark [195]. Il s'agissait dans cette affaire des M. Hassan, résident au Danemark et Mme Aden, résident au Kenya. Après s'être mariée en 2012, Mme Aden sollicita auprès de l'ambassade du Danemark au Kenya le regroupement familial avec son mari, elle recevra un refus à cause du doute sur la sincérité de leur mariage. Ayant ensuite saisi le Comité, celui-ci a conclu à la violation des articles 17 et 23 du Pacte international relatif aux droits civils et politiques en ces termes: « *le Comité, agissant en vertu du paragraphe 4 de l'article 5 du Protocole facultatif, est d'avis que les faits dont il est saisi révèlent une ingérence injustifiée dans la vie familiale et une violation par l'État partie des articles 17 et 23 du Pacte à l'égard de M. Hassan. Ayant conclu qu'en l'espèce, il y a eu violation des articles 17 et 23 du Pacte à*

---

[194] Silga(J.), « Le droit au regroupement familial des réfugiés mineurs non accompagnés devenus majeurs : l'affaire A et S, entre progrès incontestable et portée relative », *European Papers*, Vol. 3, 2018, No2, European Forum, Insight of 16 July 2018, pp. 1027-1038

[195] Comité des droits de l'homme, *Communication Nimo Mohamed Aden and Liban Muhammed Hassan v. Danemark*, Genève, 20 November 2019, §11.

l'égard de M. Hassan, le Comité décide de ne pas examiner séparément la demande de son épouse »[196].

Ainsi, même si cette affaire ne concernait pas directement les enfants non accompagnés, elle a toutefois donné l'occasion au Comité d'analyser la question de l'unité familiale, qui est au centre de toute demande de réunification familiale. C'est donc à ce titre qu'elle pourrait être intéressante dans la présente étude.

Il en fut de même devant le Comité des droits de l'enfant dans le cadre de la communication Y.B. et N.S. contre Belgique.

Cette affaire concernait les requérants d'origine marocaine qui contestaient les décisions des instances belges d'asile. Ils reprochaient à celles-ci d'avoir rejeté toutes leurs demandes de visa formulées sur la base du droit à la réunification familiale en faveur d'un enfant pris en *Kafala* au Maroc, au motif qu'il n'existerait pas entre les requérants et ledit enfant une filiation biologique ou adoptive (*Kafala* n'étant pas une forme d'adoption) pouvant ouvrir la voie à la réunification.

Le Comité a observé quant à lui : «(…) *l'article 10 de la Convention n'oblige pas un État partie à reconnaître de manière générale le droit de réunification familiale aux enfants pris en charge en régime de kafala. Mais il insiste sur la nécessité de prendre en compte non seulement l'intérêt supérieur de l'enfant, mais aussi, et surtout les liens de facto existants entre l'enfant et les auteurs des liens créés par la Kafala, pour reconnaître le droit à la réunification familiale*»[197].

---

[196] Comité des Droits de l'Homme, *Op.cit.*

[197] *Y.B. and N.S. v. Belgium*, no 12/2017, UN Committee on the Rights of the Child (CRC), 27 September 2018, §8.11, in: https://www.refworld.org/cases,CRC,5c5ab7494.

Ainsi, la contribution de ces instances dans la définition et l'interprétation du droit à la réunification familiale en général et celui des enfants non accompagnés en particulier n'est pas contestable.

Il a en outre, été jugé que les parents qui prétendent à la réunification familiale doivent prouver qu'ils sont aptes à exercer leurs obligations parentales dans l'intérêt de l'enfant[198] ou bien démontrer qu'il n'existe pas un obstacle insurmontable les empêchant de bâtir une vie familiale ailleurs[199].

Il a été décidé ainsi dans l'affaire Latifa BENAMAR and Others against the Netherlands[200] dans laquelle la CEDH avait notée : «(…) *la requérante d'origine marocaine avait obtenu le droit d'asile aux Pays-Bas, alors que ses enfants étaient restés au Maroc auprès de leurs grands-parents où ils ont vécu avec l'aide de ces derniers et celle de leur mère pendant des années* ». Lorsqu'ils demandèrent l'asile aux Pays-Bas sur le fondement du droit à la réunification familiale avec leur mère, les instances internes déboutèrent ses actions. C'est pourquoi ils saisirent la CEDH qui précisa quant à elle : « (…) *qu'il n'a pas été établi qu'il serait impossible pour la mère et son mari actuel, tous deux de nationalité marocaine, de retourner au Maroc pour s'installer avec les enfants.*

De plus, la Cour n'a trouvé aucun indice d'un obstacle objectif insurmontable pour les requérants à développer

---

[198] Conseil de l'Europe et al., *Manuel de droit européen en matière de droits de l'enfant*, Strasbourg, 2015, p.177.

[199] *Idem.*

[200] CEDH, *Affaire* Latifa BENAMAR and Others against the Netherlands, décision d'irrecevabilité, n° 43786/04, 5 avril 2005.

cette vie de famille au Maroc »[201]. L'existence d'une autre possibilité de regroupement familial en dehors du pays d'accueil peut justifier le refus d'un regroupement dans ce pays.

Ce qui est en plus requis des États, c'est un juste équilibre entre le droit à la vie familiale (droit appartenant aux individus) d'une part et d'autre part, le droit d'asile (droit appartenant à l'État). Autrement dit, le droit de l'État de contrôler l'entrée des étrangers sur son territoire ne doit en aucune façon empêcher l'exercice du droit de ces derniers à une vie familiale et vice-versa.

Il a été jugé ainsi dans plusieurs décisions de la Cour européenne des Droits de l'Homme, dont l'arrêt du 03 octobre 2014, dans l'affaire Jeunesse c. Pays-Bas[202]. Il s'agissait dans cette affaire d'une femme d'origine surinamaise mariée à un ressortissant néerlandais, avec lequel elle avait eu trois enfants. Celle-ci sollicita auprès des autorités néerlandaises chargées d'immigration, le droit de séjour sur la base de la vie familiale construite aux Pays-Bas.

Dans son arrêt du 3 octobre 2014, la CEDH a certes reconnu le droit de l'État néerlandais de régler l'entrée et le séjour des étrangers sur son territoire, mais aussi, et surtout, le fait qu'il fallait aussi préserver la vie familiale de la requérante.

Elle a donc conclu : « ... *les autorités néerlandaises n'ont pas ménagé un juste équilibre entre les intérêts concurrents en jeu et qu'elles n'ont ainsi pas assuré à la requérante le droit au respect de sa vie familiale protégé*

---

[201] CEDH, *Affaire* Latifa BENAMAR and Others against the Netherlands, décision d'irrecevabilité, n° 43786/04, 5 avril 2005.

[202] CEDH, *Arrêt Jeunesse c. Pays-Bas*, n° 12738/10, 3 octobre 2014, §122.

par l'article 8 de la Convention »[203].Il en fut de même dans son arrêt du 10 octobre 2014 dans l'affaire MUGENZI c. France dans laquelle, la Cour releva : « (…) Dans le contexte des obligations positives comme dans celui des obligations négatives, l'État doit ménager un juste équilibre entre les intérêts concurrents de l'individu et de la communauté dans son ensemble » ; elle conclut qu'à l'espèce : «(…)l'État a omis de ménager un juste équilibre entre l'intérêt du requérant d'une part, et son intérêt à contrôler l'immigration d'autre part. Partant, il y a eu violation de l'article 8 de la Convention »[204].

Cette position fut également rappelée par la Cour dans son autre arrêt du 10 octobre 2014 dans l'affaire TANDA-MUZINGA c. France[205] et par la Cour de justice dans son arrêt du 6 décembre 2012 dans les affaires O et S contre Maahanmuuttovirasto ; Maahanmuuttovirasto contre L[206] dans lequel la Cour nota : « Il incombe aux autorités nationales compétentes, lors de la mise en œuvre de la directive 2003/86 et de l'examen des demandes de regroupement familial, de procéder à une appréciation équilibrée et raisonnable de tous les intérêts en jeu, en tenant particulièrement compte de ceux des enfants concernés ».

L'on peut en définitive observer à l'instar de Fabrice Toulieux que grâce à la pratique prétorienne notamment, de l'interprétation dynamique du juge européen, le contenu du droit à la réunification familiale a été défini.

---

[203] *Op.cit.*

[204] CEDH, *Arrêt MUGENZI c. France*, Requête n°52701/09, 10 Octobre 2014, Strasbourg, §42,62.

[205] CEDH, *Arrêt TANDA-MUZINGA c. France*, Requête n°2260/10, 10 Octobre 2014, §64, 82.

[206] CJUE, *Arrêt O, S et L contre Maahanmuuttovirasto*, C-356/11 et C-357/11, 6 décembre 2012, §81.

Les sources du droit à la réunification familiale étant ainsi présentées, il convient maintenant de préciser son contenu et ses modalités d'application.

SECTION 2 : DÉFINITION ET CONDITIONS DE LA RÉUNIFICATION FAMILIALE

Paragraphe 1 : Famille et réunification familiale

A- De quelle famille parle-t-on ?

Le droit à la réunification familiale comme consacré dans plusieurs instruments juridiques mérite pour sa définition que l'on revienne d'abord sur la notion de la famille, puis sur celle de la réunification familiale.

En effet, la définition de la famille varie d'un pays à un autre, d'une culture à une autre ou même d'une communauté à une autre au sein d'une même culture. Elle varie aussi dans le temps et dans l'espace ; d'une catégorie de migrants à une autre[207]. Au sein d'un même État, elle peut varier d'une communauté à une autre. Elle est une réalité sociologique qui échappe souvent à la compréhension juridique. Elle peut comprendre un ou plusieurs parents avec ses enfants, selon qu'il s'agit d'une famille monoparentale ou bi ou pluriparentale ; dans ce cas, elle est dite nucléaire. Elle peut aussi inclure d'autres membres de la famille élargie tels que les grands-parents, les cousins, les nièces, les neveux, etc., dans ce cas, elle est dite famille élargie.

Elle est définie dans le Vocabulaire juridique de Gérard Cornu[208] comme étant un ensemble de personnes qui sont unies par un lien du sang, qui descendent d'un auteur

---

[207] J-Y. Carlier et S. Saroléa, *Droit des étrangers*, Bruylant, Bruxelles, 2016, p.342.

[208] G. Cornu, *Vocabulaire juridique*, 10ème édition mise à jour Quadrige, Paris, PUF, 2014, p.721n, v° famille.

commun (famille élargie) ou bien comme un groupe restreint des père et mère et de leurs enfants vivant avec eux (famille nucléaire).

En outre, aux fins de l'article 17 du PIDCP, le terme « famille» doit être « interprétée au sens large, de manière à comprendre toutes les personnes qui composent la famille telle qu'elle est perçue dans la société de l'État partie concerné»[209]. Alors que d'après l'article 16 de la Convention relative aux Droits de l'enfant, le terme « famille» doit s'interpréter « au sens large en englobant les parents biologiques et les parents adoptifs ou les parents nourriciers, ou, le cas échéant, les membres de la famille élargie ou de la communauté, comme prévu par la coutume locale[210]. Qu'elle soit nucléaire ou élargie, la famille a pour vocation de garantir à tout enfant un cadre de développement propice.

Ainsi dans le cadre de cette étude, nous allons démontrer que la réunification familiale des ENA peut, selon le cas, concerner ces deux types de familles.

B- De quelle réunification s'agit-il ?

Par réunification familiale, il faut entendre un droit permettant aux membres de famille d'une personne reconnue comme réfugiée de la rejoindre dans son pays d'accueil[211] ou bien comme un processus visant à

---

[209] Conseil de l'Europe, *Regroupement familial pour les enfants réfugiés et migrants. Normes juridiques et pratiques prometteuses*, Strasbourg, 2020, Pp.25-26. https://rm.coe.int/regroupement-familial-pour-les-enfants-refugies-et-migrants/16809e8f72, consulté le 15/04/2021.

[210] *Idem.*

[211] S. Sarolea, « La portée du principe de l'unité familiale », *Newsletter EDEM*, décembre 2013, in

reconstituer dans l'État d'accueil une famille qui existait déjà dans un autre État[212]. Elle est définie comme l'action de regrouper, c'est-à-dire d'unir à nouveau ce qui était dispersé, en l'espèce les membres d'une même famille[213]. Plus concrètement, la réunification familiale est le fait, pour une famille, se composant de personnes vivant dans des pays différents ou des régions différentes, de se réunir dans le pays ou région dans lequel réside l'un de ses membres[214]. Fabrice Toulieux la définit comme étant : « un droit (...) qui *englobe tous les systèmes visant à assurer l'admission des membres de la famille sur le territoire d'un État en vue de garantir l'unité de la famille. Il apparaît alors comme un élément du droit à la vie privée.* »[215]. Elle vise aussi l'octroi d'un droit de séjour qui doit être sollicité par les membres de la famille, qui est soumis à certaines conditions[216] et sa mise en œuvre obéit à une procédure spécifique bien déterminée.

La réunification familiale concerne d'une part le regroupant, c'est-à-dire celui qui permet au membre de sa famille de le rejoindre et d'autre part, le regroupé, c'est-à-dire celui qui souhaite rejoindre le premier. Elle se fonde sur une obligation négative de ne pas être expulsée en vue de sauvegarder la vie familiale (pour le regroupant) et une

---

[https://uclouvain.be/fr/instituts-recherche/juri/cedie/actualites/c-c-e-arret-n-112644-du-24-octobre-2013.html#_ftn4].

212 Conseil de l'Europe, *Réaliser le droit au regroupement familial des réfugiés en Europe*, Document thématique, 2017, p.15.

213 J-Y. Carlier et S. Saroléa, *Op.cit.*, p.343

214 J-Y. Carlier et S. Saroléa, *Op.cit.*, p.343.

215 F. Toulieux, *Le droit au respect de la vie familiale des étrangers et l'article 8 de la Convention européenne des droits de l'homme*, Thèse de doctorat en Droit international privé, Université Jean Moulin Lyon 3, 2008, p.347.

216 C. Flamand, « Le droit au statut de réfugié dérivé pour les parents du mineur, reconnu comme réfugié. », *Cahiers de l'EDEM*, septembre 2018.

obligation positive d'obtenir l'accès au territoire ou séjour aux fins de la réunification (c'est de la part du regroupé)[217]. Dans le cas d'espèce, un ENA peut être soit un regroupant soit un regroupé. La réunification familiale apparaît alors comme un élément essentiel du droit au respect de la vie familiale des étrangers[218].

En outre, les bénéficiaires de la réunification familiale sont définis différemment selon les législations en vigueur. En règle générale, les bénéficiaires de la réunification familiale de l'enfant non accompagné sont en principe ses parents[219]. Toutefois, en droit de l'Union européenne[220], le regroupement familial des enfants non accompagnés concerne en principe les membres de sa famille nucléaire[221] à savoir : le conjoint du regroupant, les enfants biologiques du couple qui sont en dessous de l'âge de la majorité et célibataires ; les enfants adoptés et les enfants du ressortissant et de son conjoint sont également considérés comme des membres de la famille nucléaire tant qu'ils ont moins de 18 ans, et ne sont pas encore mariés, et demeurent sous la garde et la dépendance du ressortissant/conjoint.

---

[217] J-Y. Carlier et S. Saroléa, *Op.cit.*

[218] F. Toulieux, *Le droit au respect de la vie familiale des étrangers et l'article 8 de la Convention européenne des droits de l'homme*, Thèse de doctorat en Droit international privé, Université Jean Moulin Lyon 3, 2008, p.20.

[219] Conseil de l'Europe, *REGROUPEMENT FAMILIAL POUR LES ENFANTS RÉFUGIÉS ET MIGRANTS Normes juridiques et pratiques prometteuses*, Strasbourg, 2020, p.46. https://rm.coe.int/regroupement-familial-pour-les-enfants-refugies-et-migrants/16809e8f72, consulté le 30/04/2021.

[220] Article 4 de la directive 2003/86/ce du conseil du 22 septembre 2003 relative au droit au regroupement familial, [https://eur-lex.europa.eu/legal-content/FR/ALL/?uri=celex%3A32003L0086], consulté le 12/07/2020.

[221] Articles 4(1) et 10(3), Directive sur le regroupement familial, idem.

À ce sujet, Jean-Yves Carlier et Sylvie Saroléa ont écrit que « *la famille autorisée en se regroupant est essentiellement la famille nucléaire. Cette notion intègre les relations hors mariage et les beaux-enfants. Les membres de la famille autorisés à rejoindre l'étranger ressortissant d'un pays tiers sont, principalement, le conjoint et les enfants mineurs* »[222]. C'est à titre exceptionnel que les autres membres de la famille bénéficient du regroupement familial. C'est par exemple le cas des partenaires et des enfants non mariés, ayant moins de 18 ans et né dans ce partenariat ou bien des ascendants au premier degré en ligne directe (père et mère) quand ils sont dépendants et sans soutien approprié dans le pays d'origine[223].

En droit international avions-nous rappelé, la Convention relative aux droits de l'enfant « ici dénommée « CDE ») relève qu'un enfant séparé peut être réunifié soit avec ses pères et mères soit avec les autres membres de la famille à défaut des premiers[224].

Ainsi, selon la CDE, cette réunification familiale peut avoir lieu soit au sein de la famille nucléaire soit au sein de la famille élargie en fonction de l'intérêt supérieur de l'enfant[225].

C'est à défaut de ces membres de famille ou lorsque l'intérêt supérieur de l'enfant le justifie qu'un enfant

---

222 J-Y. Carlier et S. Saroléa, *Op.cit.*, p.363.
223 Unicef, *Op.cit.*
224 Article 22 Convention relative aux droits de l'enfant, *Op.cit.*
225 Groupe de travail sur la protection de l'enfant, *Lignes directrices pour la prise en charge transitoire des enfants en RDC*, Kinshasa, 2020, p.24.

séparé puisse bénéficier d'une protection de remplacement[226].

Cependant, les lois congolaises ne définissent pas expressément les bénéficiaires de la réunification familiale, cette définition est donc tirée des dispositions juridiques *hard* et *soft* existantes notamment la CDE.

En plus, ce sont en principe les enfants mineurs d'âge au moment de l'introduction de la demande qui bénéficient des dispositions de réunification familiale pour les enfants non accompagnés.

Toutefois, il est désormais admis que les enfants non accompagnés devenus majeurs pendant le temps de la procédure ont droit à la réunification familiale sur la base des dispositions relatives aux enfants non accompagnés[227].

En outre, il peut s'agir de la réunification d'un enfant non accompagné avec ses parents ou bien l'inverse. Dans un sens ou dans un autre, les conditions de mise en œuvre diffèrent, selon que l'on est en présence d'un ENA réfugié ou demandeur d'asile ou bien que l'on est en présence d'un ENA déplacé interne.

Ainsi, si la notion de la réunification familiale est définie, qu'en est-il du droit en question ?

C- Quel droit ?

Le droit à la réunification familiale peut être compris comme renfermant d'abord, le droit pour un enfant de ne pas être séparé de ses parents contre son gré. À moins que les autorités compétentes déterminent, conformément à la loi, que cette séparation est dans l'intérêt supérieur de l'enfant. Ensuite, que chaque enfant séparé de sa famille

---

[226] Article 22 de la Convention relative aux droits de l'enfant, *Op.cit.*

[227] C.J.U.E., 12 avril 2018, A S c. Staatssecretaris van Veiligheid en Justitie, C-550/16, ECLI:EU:C:2018:248.

maintienne des relations personnelles et des contacts directs avec ses deux parents sur une base régulière, sauf si cela est contraire à son intérêt supérieur. Enfin, le droit d'entrer et de rester sur le territoire d'un État pour que l'enfant puisse être réunifié avec ses parents ou autres personnes proches[228]. Le Comité des droits de l'enfant[229] décrit le droit à la réunification familiale des enfants non accompagnés comme étant l'une des solutions durables en faveur de ces enfants. Il requiert de la part des États, l'obligation de veiller à ce qu'un enfant ne soit pas séparé de ses parents contre son gré. Tout devrait être fait pour restituer à ses parents un enfant non accompagné ou séparé[230]. En plus, ce droit garantit à ces enfants de ne pas être systématiquement renvoyés dans leurs pays d'origine, lorsqu'il existe un risque raisonnable qu'ils soient victimes de violations de leurs droits fondamentaux ou bien lorsque cela ne présente pas un intérêt pour ces enfants[231]. Le Haut-commissariat des Nations Unies pour les réfugiés a souligné dans l'Annual tripartite consultations on resettlement : « (...) *les États prennent des mesures, y compris des efforts législatifs nationaux, pour préserver l'unité de la famille. Elle nécessite également des mesures corollaires pour réunir les familles qui ont été séparées, à travers des programmes d'admission, de réunification et*

---

228 Unicef, *Le droit de l'enfant au regroupement familial*, 2016, p.1, in [https://www.unicef.be/fr/a-propos-unicef/unicef-en-belgique/defense-des-droits-de-lenfant/le-travail-dunicef-belgique-en-faveur-des-enfants-migrants/advocacy-brief-family-reunification-fr/], consulter le 12/07/2020.

229 Comité des droits de l'enfant, *Observation générale no 6 (2005) : traitement des enfants non accompagnés et des enfants séparés en dehors de leur pays d'origine*, Genève, 2005, §81.

230 *Op.cit.*, §82.

231 *Op.cit.*

d'intégration »[232]. Il en est de même dans « Réaliser le droit au regroupement familial des réfugiés en Europe », où le Comité des droits de l'enfant avait noté que certains pays n'assurent pas le regroupement familial ou bien ne l'autorisent pas sur la base de conditions inutilement restrictives[233].

Dans tous les cas, tout processus conduisant au regroupement d'un enfant non accompagné doit tenir compte à la fois de son intérêt supérieur[234] et du risque raisonnable, lorsqu'il s'agit d'un regroupement dans le pays d'origine de l'enfant ou « simplement dans sa région d'origine ». C'est ce qui résulte de l'Observation générale n°6 du Comité des droits de l'enfant sur le traitement des enfants non accompagnés et séparés à l'extérieur de leur pays d'origine, qui relève : « *la réunification familiale dans le pays d'origine de l'enfant n'est pas dans son intérêt supérieur et ne devrait pas être imposée s'il existe un «risque raisonnable» que ce retour débouche sur la violation de droits fondamentaux de l'enfant* »[235]. Le Comité des droits de l'enfant[236] rappelle également que la détermination de l'intérêt supérieur d'un enfant suppose non seulement que l'on ait une idée précise et complète sur l'identité de l'enfant, mais aussi, et surtout que l'on

---

[232] HCR, *Annual tripartite consultations on resettlement*, Geneva, 20-21 June 2001, §1.

[233] Conseil de l'Europe, *Réaliser le droit au regroupement familial des réfugiés en Europe*, Document thématique, 2017, p.18.

[234] Conseil de l'Europe, *Regroupement familial pour les enfants réfugiés et migrants. Normes juridiques et pratiques prometteuses*, Strasbourg, 2020, p.73. https://rm.coe.int/regroupement-familial-pour-les-enfants-refugies-et-migrants/16809e8f72, consulté le 15/04/2021

[235] Comité des droits de l'enfant, *Observation générale no 6 (2005) : traitement des enfants non accompagnés et des enfants séparés en dehors de leur pays d'origine*, Genève, 2005, §81.

[236] *Idem, §20-22.*

reconnaît à l'enfant, une protection ou un traitement physique ou mental ou encore le droit à un examen périodique dudit traitement et de toute autre circonstance relative à son placement[237]. Dans le cas sous examen, l'intérêt supérieur de l'enfant doit guider les décisions des États d'accueil quand la réunification ou non d'un enfant non accompagné avec ses parents se trouvant soit dans le pays d'origine soit dans le pays d'accueil est encore dans un pays tiers. Au nom de l'intérêt supérieur de l'enfant, il peut être refusé de renvoyer un enfant dans son pays d'origine lorsqu'il risque d'être victime de violation de ses droits ou bien lorsque la prise en charge n'est pas adéquate.

Paragraphe 2 : Conditions de la réunification familiale

La mise en œuvre du droit à la réunification familiale obéit à un certain nombre de conditions liées à la fois au regroupant et au regroupé. Si en droit français et belge, ces conditions concernent uniquement les ENA réfugiés et demandeurs d'asile, la particularité du droit congolais est qu'elle peut aussi porter sur les ENA réfugiés, demandeurs d'asile que les ENA déplacés internes.

Ces conditions de la réunification familiale sont posées dans les Lignes directrices pour la prise en charge transitoire des enfants en RDC[238].

---

[237] *Idem*, §20-22.

[238] Ces directives font suite à l'Arrêté n° R.9C/0249/GC/CAB.MIN/AFF.SAH SN/09 du 19 novembre 2009 portant mise en application des lignes directrices nationales de protection et de prise en charge des enfants en rupture familiale.

En effet selon ces Lignes directrices[239], lorsqu'un enfant en rupture des liens familiaux est identifié, l'on doit procéder à une évaluation préalable pour déterminer s'il est possible de retrouver immédiatement ses parents ou autres membres de sa famille et dans le cas contraire, envisager une solution transitoire. Cette évaluation préalable porte notamment sur la détermination de la minorité ou non de l'enfant, de l'absence des liens familiaux, de l'existence ou non des besoins spécifiques pouvant justifier qu'une telle ou telle autre mesure soit prise. Les éléments ainsi déterminés, constituent les conditions pour bénéficier de la réunification familiale, autant lorsqu'un ENA est regroupant que lorsqu'il est regroupé. Toutefois, lorsqu'un ENA est un regroupé, les conditions supplémentaires s'ajoutent.

A- Les conditions de réunification familiale avec un ENA comme regroupant.

1- Condition liée à l'âge de l'enfant

La détermination de l'âge de l'enfant prend en compte plusieurs paramètres tels que, sa taille physique, son degré de maturité, les pièces d'identité nationale à sa disposition. Il est fait recours très rarement aux examens médicaux tels que le test ADN[240] pour déterminer l'âge de l'enfant. Cette évaluation doit se faire suivant une approche

---

[239] Groupe de travail sur la protection de l'enfant, *Lignes directrices pour la prise en charge transitoire des enfants en RDC*, Kinshasa, 2020, p.2.

[240] Commissaire aux droits de l'homme du Conseil de l'Europe, *Réaliser le droit au regroupement familial des réfugiés en Europe*, Strasbourg, 2017, p.7, in [https://www.coe.int/fr/web/commissioner/family-reunification], consulter le 12/07/2020.

globale, note le Comité des droits de l'enfant en ce sens : «(…) l'évaluation de l'âge de l'enfant ne doit pas se fonder uniquement sur l'apparence physique de l'individu, mais aussi sur son degré de maturité psychologique. En plus, cette évaluation doit être menée scientifiquement, dans le souci de préserver la sécurité de l'enfant, de manière adaptée à son statut d'enfant et à son sexe…»[241].

En droit de l'Union européenne par exemple, cette exigence est posée à l'article 25.5 de la Directive sur la procédure d'asile en droit européen qui dispose : « Les États membres peuvent procéder à des examens médicaux afin de déterminer l'âge d'un mineur non accompagné dans le cadre de l'examen d'une demande de protection internationale, lorsqu'ils ont des doutes à ce sujet après avoir pris connaissance de déclarations générales ou de tout autre élément pertinent »[242]. Autrement dit, les États doivent recourir à toute autre technique pouvant aider à déterminer l'âge de l'ENA avant de pouvoir envisager le recours à l'examen médical. Cette exigence est également rappelée par l'Assemblée parlementaire du Conseil de l'Europe dans sa résolution sur Enfants migrants non accompagnés en ces termes : « (…) la détermination de l'âge de l'ENA doit se faire dans une approche globale et adaptée à l'enfant telle que l'examen des aspects sociaux de sa vie ; des considérations ethniques et culturelles, etc. »[243]. Cette approche est également soutenue par le Commissaire aux Droits de l'Homme du Conseil de

---

[241] Comité des droits de l'enfant, *Observation générale no 6 : traitement des enfants non accompagnés et des enfants séparés en dehors de leur pays d'origine*, Genève, 2005, §31.

[242] Article 25.5 de la Directive sur la procédure d'asile, *Op.cit.*

[243] Assemblée parlementaire du Conseil de l'Europe, *Résolution 2195 : résolution sur Enfants migrants non accompagnés: pour une détermination de l'âge adaptée*, Strasbourg, 2017, §6.

l'Europe qui admet l'utilisation d'une approche pluridisciplinaire dans l'évaluation de l'âge de l'ENA[244].

De plus, la CEDH s'est également prononcée sur la question dans son arrêt du 22 novembre 2016 dans l'affaire Abdullahi Elmi and Aweys v. Malta.

Cette affaire concernait spécifiquement la question du délai d'évaluation de l'âge d'un ENA[245].

La Cour a relevé que le retard dans la procédure d'estimation de l'âge et dans la communication des résultats aux requérants, son placement en rétention avaient violé l'article 5.1 de la CEDH[246]. Ce fut aussi le cas dans un autre arrêt de la Cour du 01 mai 2011, dans l'affaire YAZGÜL YILMAZ c. TURQUIE dans laquelle la Cour avait rappelé, la nécessité de respecter les garanties procédurales lorsque des enfants sont soumis à des examens physiques. Il s'agissait dans cette affaire d'une mineure de 16 ans qui contestait la manière dont les examens médicaux et gynécologiques s'étaient déroulés pendant la garde à vue[247].

En droit belge, lorsque l'Office des étrangers ou les services de police doutent de l'âge du jeune, il est procédé à un test médical afin de déterminer si le jeune est bien

---

244 Commissaire aux Droits de l'Homme du Conseil de l'Europe, *Les Méthodes d'évaluation de l'âge des migrants mineurs doivent être améliorées*, Strasbourg, 2011, in https://www.coe.int/en/web/commissioner/blog/-/asset_publisher/xZ32OPEoxOkq/content/methods-for-assessing-the-age-of-migrant-children-must-be-improv-1?_101_INSTANCE_xZ32OPEoxOkq_languageId=fr_FR

245 CEDH, *Arrêt Abdullahi Elmi and Aweys Abubakar v. Malta, STRASBOURG*, 22 November 2016, §146.

246 *Op.cit.*

247 CEDH, *arret Yazgül Yilmaz c. Turquie*, Strasbourg, 01/05/2011, §38.

âgé de moins de 18 ans[248]. Ce test consiste en une triple radiographie des dents, de la clavicule et du poignet[249].

En France par contre, l'évaluation de la minorité d'un mineur non accompagné implique de confronter l'apparence physique de la personne évaluée, son comportement, sa capacité à être indépendante et autonome, sa capacité à raisonner et à comprendre les questions posées, avec l'âge qu'elle allègue[250].

Ce n'est qu'en cas de doute persistant que l'on peut recourir à un examen médical dont les tests osseux. C'est d'ailleurs ce qu'avait décidé le Conseil constitutionnel français[251] : « Les examens radiologiques osseux aux fins de détermination de l'âge, en l'absence de documents d'identité valables et lorsque l'âge allégué n'est pas vraisemblable, ne peuvent être réalisés que sur décision de l'autorité judiciaire et après recueil de l'accord de l'intéressé ». C'est aussi ce qu'avait recommandé la Commission nationale consultative des Droits de l'Homme de France dans son avis du 26 juin 2014 sur la situation des mineurs isolés étrangers présents sur le

---

[248][https://justice.belgium.be/fr/themes_et_dossiers/enfants_et_jeunes/mineurs_etrangers_non_accompagne/service_des_tutelles/identification_d_un_mineur_etranger_non_accompagne], consulté le 26/06/2020.

[249] *Idem.*

[250] Article 5 de l'arrêté du 17 novembre 2016 pris en application du décret no 2016-840 du 24 juin 2016 relatif aux modalités de l'évaluation des mineurs privés temporairement ou définitivement de la protection de leur famille. Lire aussi : Circulaire interministérielle du 25 janvier 2016 relative à la mobilisation des services de l'État auprès des conseils départementaux concernant les mineurs privés temporairement ou définitivement de la protection de leur famille et les personnes se présentant comme telles, BOMJ n°2016-01 du 29 janvier 2016 – JUSF1602101C.

[251] Conseil constitutionnel, *Décision n° 2018-768 QPC du 21 mars 2019*, §1.

territoire national[252] en ces termes : « ... détermination de l'âge : - soit réalisée, de manière pluridisciplinaire, par des professionnels expérimentés, spécialement formés, indépendants, impartiaux et sans préjugés sur la personne du jeune »[253].

En définitive, il est aujourd'hui admis que la détermination de l'âge de l'enfant se base sur une approche pluridisciplinaire et globale, respectueuse des règles de procédure et des droits fondamentaux de l'enfant. Le recours aux moyens médicaux doit intervenir en dernier lieu, lorsque le doute subsiste malgré l'utilisation des autres moyens.

La pratique congolaise en la matière ne déroge pas non plus à cette exigence de détermination de l'âge de l'enfant même si elle recourt plus aux documents d'identité, aux déclarations de l'ENA et celles de membres de communautés de laquelle il pourrait être issu (niveau de maturité, sa taille physique), plutôt qu'aux examens médicaux qui ne sont pas souvent physiquement ni financièrement accessibles et requièrent plus de temps.

---

252 Avis sur la situation des mineurs isolés étrangers présents sur le territoire national. État des lieux un an après la circulaire du 31 mai 2013 relative aux modalités de prise en charge des jeunes isolés étrangers (dispositif national de mise à l'abri, d'évaluation et d'orientation.

253 CNCDH, *Avis sur la situation des mineurs isolés étrangers présents sur le territoire national. État des lieux un an après la circulaire du 31 mai 2013 relative aux modalités de prise en charge des jeunes isolés étrangers (dispositif national de mise à l'abri, d'évaluation et d'orientation*, Paris, 2014, p.23.

2- Lien familial entre le regroupant et le regroupé comme condition de réunification familiale

Il peut s'agir de la filiation biologique, de la filiation adoptive ou même de la « filiation communautaire » (dans le cas des enfants non accompagnés qui sont réunis avec les membres de leur communauté et non ceux de leur famille directe).

La preuve de ces liens familiaux est faite soit par la présentation d'une pièce d'identité soit par les témoignages des autres membres de la communauté soit encore par le recours au test d'ADN. Ce dernier cas est plutôt rare dans le cas de la République démocratique du Congo.

Conformément à la loi portant code de la famille, ce lien juridique peut également être prouvé par la possession d'état d'enfant, c'est-à-dire par des allégations des témoins qui attestent de l'existence de ce lien[254].

C'est aussi le cas en droit belge qui admet le recours au test d'ADN pour déterminer le lien familial, lorsqu'il existe un doute sur les documents présentés ou si aucun document n'a pu être présenté[255].

---

[254] Article 633 de la loi n° 16/008 du 15 juillet 2016 modifiant et complétant la loi n°87 010 du 1er aout 1987 portant code de la famille, *Op.cit.*

[255] Réseau européen des migrations, *Mineurs non accompagnés en Belgique*, Bruxelles, 2009, p.49.

3- Les conditions supplémentaires lorsqu'il s'agit de la réunification de l'ENA avec ses parents

La demande de la réunification familiale des membres de famille de l'ENA avec celui-ci suppose en plus des conditions analysées ci-dessus qu'il soit évalué le bien-fondé de la réunification par rapport à l'intérêt supérieur de l'enfant ; la volonté de sa famille de pouvoir l'accueillir et de leur capacité à bien s'occuper de lui[256]. Si vis-à-vis de l'enfant mineur, la condition relative à la capacité n'est pas requise, il n'en est pas de même pour les membres de la famille qui prétendent à la réunification familiale avec un ENA.

Il faut donc pour cette famille qu'elle justifie à la fois de sa volonté et de sa capacité à accueillir cet enfant. Il lui faut par exemple justifier de la capacité juridique à recevoir l'enfant, c'est-à-dire du lien juridique qu'il entretient avec l'enfant. Cette capacité juridique peut notamment se prouver par la présentation d'un acte de l'état civil ou d'un jugement du Tribunal pour enfants accordant la tutelle. Celui-ci doit établir le lien entre la famille demanderesse et l'enfant non accompagné.

Le droit belge prévoit quant à lui que, lorsque les parents d'un mineur (qui serait ou non un ENA dans un État tiers) souhaitent procéder à la réunification familiale avec celui-ci, ils doivent remplir certaines conditions notamment disposer d'un logement et de ressources suffisantes ; disposer d'un titre de séjour valide ; que ces enfants aient moins de 18 ans et qu'ils soient toujours célibataires[257]. C'est aussi le cas en droit français qui, en

---

[256] Groupe de travail sur la protection de l'enfant, *Lignes directrices pour la prise en charge transitoire des enfants en RDC*, *Op.cit.*, p.23.

[257] Réseau européen des migrations, *Mineurs non accompagnés en Belgique*, Bruxelles, p.48.

plus des conditions énoncées ci-dessus, dispose que les parents qui souhaitent faire appel à leur enfant sur la base de réunification familiale doivent entre autres justifier d'un titre de séjour valide (avec un séjour sur le territoire français de plus de 12 mois), de ressources stables et suffisantes et d'un logement adapté[258].

Toutefois, lorsqu'il s'agit d'un ENA déplacé interne, la condition relative au titre de séjour est inopérante. Mais les parents doivent malgré tout justifier qu'ils sont économiquement et matériellement aptes à recevoir l'enfant non accompagné.

Ils doivent également démontrer qu'ils disposent d'un environnement protecteur dans lequel va évoluer cet enfant.

Ainsi, qu'elle émane d'une famille d'un ENA réfugié ou IDPS, ou qu'elle émane directement de l'ENA, la demande de réunification familiale requiert fondamentalement la preuve des liens familiaux entre le regroupant et le regroupé. Ces liens peuvent être *de facto* ou *de jure.*

Ce qu'il faut, c'est juste prouver son existence. Il faut en plus prouver l'obtention du statut de réfugié ou de la capacité d'accueillir l'enfant selon le cas.

---

[258] [http://accueil-etrangers.gouv.fr/regroupement-familial/vous-avez-un-titre-de-sejour-temporaire-d-une-duree-de-validite-d-au-moins-un/article/les-conditions-a-remplir], consulté le 26/06/2020.

IIème PARTIE : PROTECTION DES ENFANTS NON ACCOMPAGNÉS : UN DROIT EFFECTIF ?

Si la proclamation du droit à l'identification (Chapitre 1) et à la réunification familiale (Chapitre 2) des enfants non accompagnés ne soulève pas assez de problèmes, la mise en œuvre effective de ces droits mérite qu'on s'y attarde.

CHAPITRE 1 : DE LA MISE EN ŒUVRE DU DROIT À L'IDENTIFICATION DES ENFANTS NON ACCOMPAGNES

Si la consécration d'un droit est bien, sa mise en œuvre effective l'est davantage

De l'établissement d'une norme à sa mise en œuvre effective, il y a un grand écart qui sépare. Car, l'engouement qui accompagne l'adoption d'une norme se heurte le plus souvent aux impératifs qu'impose sa réalisation effective. Cette dernière nécessite par exemple la mise en place des cadres institutionnels, des programmes et bien d'autres mécanismes. Une architecture qui coûte énormément cher du point de vue des ressources humaines, matérielles et financières. Plus concrètement, dans le cas des droits des enfants non accompagnés, plusieurs acteurs interagissent pour parvenir à sa réalisation. Ces acteurs proviennent des milieux divers, qu'il soit étatique (Section 1) ou non étatique (Section 2). Qu'ils soient spécialisés sur la question de migration ou simplement sur celle de protection des droits de l'enfant. La particularité de ces droits des ENA est que tous ces acteurs cohabitent, interagissent et se concertent dans un but commun : la protection de ces droits. Toutefois, cet effort d'harmonisation des pratiques n'écarte cependant pas les particularités de chaque acteur intervenant dont la disposition des ressources peut rendre performant son travail.

SECTION 1 : ROLE DES ACTEURS ETATIQUES DANS L'IDENTIFICATION DES ENA

Plusieurs acteurs étatiques peuvent jouer un certain rôle dans la mise en œuvre des droits des enfants non accompagnés en RDC. Mais dans le cadre de cette étude, nous nous limiterons seulement à l'analyse du rôle de la Commission Nationale des Droits de l'Homme (Sous-section1), mais aussi, et surtout de celui de la Commission Nationale pour les Réfugiés d'autre part (Sous-section 2). Le choix du premier acteur se justifie par le fait qu'il dispose d'une sous-commission spécifique aux questions des enfants et par le fait qu'il est spécialisé sur les questions des Droits de l'Homme en RDC. À ce titre, il peut ou devrait jouer un rôle essentiel dans la mise en œuvre des droits des ENA, surtout des ENA déplacés internes. Alors que le choix du second acteur se justifie quant à lui, par le fait qu'il est spécialisé sur la question des réfugiés et déplacés internes. À ce titre, il est le bras du gouvernement congolais en matière de la politique migratoire. Il participe pour cela dans la coordination des actions humanitaires avec les autres acteurs pour le compte de la RDC.

SOUS-SECTION 1 : RÔLE DE LA COMMISSION NATIONALE DES DROITS DE L'HOMME, (CNDH-RDC) DANS LA MISE EN ŒUVRE DE CES DROITS

Entant qu'institution nationale de protection des Droits de l'Homme en République démocratique du Congo (Paragraphe 1), la CNDH-RDC est compétente pour identifier les ENA (Paragraphe 2) sur toute l'étendue du pays. Cette identification se fait dans le but de préserver tous leurs droits fondamentaux et d'assurer qu'ils bénéficient d'une procédure appropriée.

Paragraphe 1 : Commission Nationale des Droits de l'Homme-RDC ce qu'il faut savoir

La meilleure compréhension de cette Commission nationale nous oblige à revenir succinctement sur son organisation(A) au fonctionnement (B). Pour nous permettre de démontrer ensuite comment elle intervient ou peut intervenir dans l'identification de ces enfants non accompagnés.

A- De l'organisation de la CNDH-RDC

La Commission Nationale des Droits de l'Homme est une des quatre institutions d'appui à la démocratie en RDC, à côté de la Commission électorale nationale indépendante, du Conseil Supérieur de l'audiovisuel et de la communication et du Conseil national de Suivi de l'Accord et du processus électoral. Elle a été créée par une loi organique[259], et elle est chronologiquement le quatrième mécanisme de promotion et de protection des Droits de l'Homme[260]. Elle a remplacé à cet effet,

---

259 Loi organique n°13/011 du 21 mars 2013 portant institution, organisation et fonctionnement de la CNDH-RDC, *J.O*, numéro spécial, 2013.

260 P-F. Kandolo On'ufuku wa Kangoo, *Du système congolais de promotion et de protection des Droits de l'Homme. Contribution pour une mise en œuvre du mécanisme institutionnel spécialisé*, Mémoire défendu pour l'obtention du Diplômé d'Études Approfondies en Droit, Université de Lubumbashi, 2010/2011.

« l'Observatoire national des Droits de l'Homme » (en sigle ONDH)[261]. Ce dernier a été dissous en 2006 à la fin de la période de transition conformément à la Constitution congolaise[262].

En outre, l'ONDH était précédé d'un autre mécanisme de protection dénommée : « *Ministère des droits humains* », créé en 1998 qui à son tour, était précédé par le *Département des droits et libertés du citoyen* »[263].

Ainsi dans sa mission de promotion et de protection des Droits de l'Homme, la CNDH-RDC est composée de onze commissaires, des personnels politiques ainsi que des personnels administratifs (1) ; et dispose pour son fonctionnement quotidien, d'organes permanents (2) à la fois au niveau national que provincial.

1- CNDH-RDC : Une institution quasi juridictionnelle composée de commissaires et non de juges

La CNDH-RDC est composée de 9 commissaires, tous issus de la société civile. Ils sont proposés par ces différentes composantes : les Organisations non gouvernementales, les ordres professionnels ; les syndicats ; les universités ; les confessions religieuses ; les personnes vivants avec handicap ; les ONG de défense des

---

261 Créé le 9 avril 2002 par une Résolution des participants au Dialogue inter- Congolais, tenu à Sun-City, en République sud-africaine en 2002

262 Article 222 al.2 de la Constitution du 18 février 2006, telle que modifiée par la loi n°11/002 du 20 janvier 2011 portant révision de certains articles de la Constitution de la R.D.C du 18 février 2006, *J.O*, 52ème année, numéro spécial, du 5 février 2011.

263 Ce Département du Conseil Exécutif National (entendez Gouvernement) a été créé par l'Ordonnance n° 86-268 du 31.10.1986 modifiée par l'Ordonnance n° 87-034 du 22.01.1987 in *Journal Officiel de la République du Zaïre,* n° 4, du 4.2.1987, p. 21.

droits de la femme et des personnes vivants avec le VIH/SIDA. Ils sont ensuite, désignés par l'Assemblée nationale[264], prêtent serment devant la Cour constitutionnelle [265]et sont investis par le Président de la République[266] pour un mandat de 5 ans renouvelables une seule fois[267].

Toutefois, il faut signaler que les membres de la CNDH-RDC n'ont pas la qualité de juges en vertu de sa nature quasi juridictionnelle[268]. Car en vertu de la loi[269], la CNDH a une nature plutôt technique et consultative, et non juridictionnelle[270].

C'est aussi ce qui ressort de l'analyse des principes de Paris sur les Institutions nationales des Droits de l'Homme[271]. C'est cette nature qui fait de ses membres des commissaires et non des juges, avec comme conséquences que ses décisions n'ont pas de valeur juridique

---

264 Article 16 de la loi du 21 mars 2013, *Op.cit.*

265 Article 22, *idem.*

266 Article 21, *idem.*

267, Article 19, *idem.*

268 Article 4, *idem. Lire aussi : KANDOLO 20. KANDOLO ON'UFUKU WA KANDOLO (P-F), Droit des réparations, Volume 1 : Droit général, droits de la personne et droit international humanitaire, Paris, Edilivre, 2020, p.322.*

269 *Op.cit.*

270 *Idem. Lire aussi : KANDOLO ON'UFUKU WA KANDOLO (P-F), Droit des réparations : Vol.2 : Mécanismes pour l'accès des victimes à la justice, Paris, Edilivre, 2020, §189, p.232.*

271 Centre pour les Droits de l'Homme, *Principes de paris principes concernant le statut et le fonctionnement des institutions nationales pour la protection et la promotion des Droits de l'Homme*, Paris, 1991, D. Voir aussi : Commission des Droits de l'Homme, *Résolution 1992/54*, 1992 et Assemblée Générale des Nations u nies, *Résolution A/RES/48/134* du 20 décembre 1993.

contraignante comparable à celles des cours et tribunaux[272].

De plus, à l'instar des juridictions, la CNDH compte en son sein des agents administratifs qui se chargent de son fonctionnement quotidien. Mais à la différence de celles-ci, elle dispose en plus, des agents politiques dont le mandat est lié à celui des commissaires. Il s'agit des membres du cabinet de chacune des neuf sous-commissions permanentes à savoir les conseillers et les chefs de cabinets[273]. Qu'en est-il de ses organes ?

2- Esquisse sur les organes de la CNDH-RDC

La CNDH-RDC a son siège à Kinshasa et dispose de représentations provinciales d'une part, d'autre part, elle dispose d'organes politiques et techniques ou administratifs.

En effet, sur le plan national, la CNDH-RDC est composée d'une Assemblée plénière, d'un bureau, d'un secrétariat technique et de sous-commissions permanentes[274]. Sur le plan provincial, elle dispose des représentations dans chaque province, ville et territoire de la RDC[275].

Concernant l'Assemblée plénière, celle-ci comprend l'ensemble des membres de la CNDH, c'est-à-dire les neuf commissaires. Elle est l'organe de conception, d'orientation, de contrôle et de décision ; et elle délibère par consensus ou à défaut, par vote majoritaire[276] ; elle est

---

[272] Les arrêts ou jugements.
273 *Article 14 de la loi du 21 mars 2013.*
274 Article 8 *idem* et l'article 10 de son règlement intérieur
275 Article 10 du règlement intérieur de la CNDH.
276 Article 10 de *la loi du 21 mars 2013, Op.cit.*

l'organe suprême de la commission composée de neuf (9) commissaires[277]. C'est elle par exemple qui adopte le règlement intérieur de la commission ; crée des sous-commissions *ad hoc*, des Départements Techniques et/ou des Directions ; c'est encore elle qui approuve le plan d'action, adopte le rapport annuel d'activité, les prévisions budgétaires, le calendrier de ses travaux et l'ordre du jour des sessions ; plus encore, elle se prononce sur le remplacement d'un Membre, adopte les Rapports spécifiques et contextuels sur la situation des Droits de l'Homme en RDC[278]. Elle se réunit deux fois par an, en session ordinaire, au mois de février et d'août ; elle peut aussi convoquer des sessions extraordinaires[279].

Ces sessions sont convoquées par le président de la CNDH sur décision du Bureau et nécessitent un quorum d'au moins 2/3 des membres à défaut, un procès-verbal de carence doit être dressé[280].

En ce qui concerne le bureau, celui-ci est composé d'un président, d'un vice-président, d'un rapporteur et d'un rapporteur adjoint[281] ; tous élus parmi les neuf commissaires. Il est un organe de gestion et de coordination de la CNDH. Il est chargé de l'exécution des décisions de l'Assemblée plénière et de la gestion quotidienne de la Commission[282].

---

277 Article 11 du règlement intérieur de la CNDH-RDC,

278 Article 30, *idem.*

279 Article 32, *idem.*

280 Article 34, *Op.cit.*

281 Article 11 de la loi sur *du 21 mars 2013 portant institution, organisation et fonctionnement de la CNDH.*

282 Article 61 du règlement intérieur.

Concernant enfin les sous-commissions permanentes, créées par la loi[283], elles comprennent la sous-commission des droits civils et politiques ; la sous-commission des droits économiques, sociaux et culturels; la sous-commission des droits de femmes et enfants ; la sous-commission des droits des personnes vivants avec handicap et autres personnes vulnérables; la sous-commission des droits collectifs. Ainsi, chacune de ces sous-commissions est composée des personnels politiques et administratifs concourant à son bon fonctionnement. Il faut signaler que les agents administratifs sont placés sous la direction d'un secrétariat technique. Ces sous-commissions ont pour mission d'examiner toutes les questions qui rentrent dans leur champ de compétence spécifique.

C'est pour cela qu'elles reçoivent et examinent des plaintes sur des allégations des violations des Droits de l'Homme. Elles ont donc un rôle d'instruction des dossiers particuliers rentrant dans leurs champs de compétence.Par exemple, la sous-commission des droits de femmes et enfants s'occupe de toutes les questions relatives aux droits des femmes et des enfants, dont les enfants non accompagnés. Kandolo Félix, rappelle également que « (…) selon la loi qui crée la CNDH, celle-ci a, entre autres attributions..., de veiller au respect des droits des réfugiés, des déplacés de guerre »[284].

---

[283] *Loi du 21 mars 2013 portant institution, organisation et fonctionnement de la CNDH*

[284] Kandolo On'ufuku wa Kangoo (P-F.), *Réparations en droits de la personne et en droit international humanitaire : problèmes et perspectives pour les victimes en République démocratique du Congo*, Thèse de doctorat, Université de Montréal, Faculté des études supérieures et postdoctorales, Montréal, 2017, p.503.

En plus, il existe des représentations de la CNDH au niveau des provinces, territoires et villes[285]. Ces organes constituent l'épine dorsale du fonctionnement de la Commission.

B- Au fonctionnement de la Commission nationale des Droits de l'Homme de la RDC

Dans l'accomplissement de sa mission de promotion et de protection des Droits de l'Homme, la CNDH peut réaliser une série de tâches[286].

En effet, la mission de promotion et de protection de la Commission consiste à veiller au respect des Droits de l'Homme et des mécanismes de garantie des libertés fondamentales ; d'enquêter sur tous les cas de violation des Droits de l'Homme ; d'orienter des plaignants et victimes, les aider à ester en justice sur toutes les violations avérées des Droits de l'Homme…

Concrètement, la CNDH-RDC réalise effectivement des activités de promotion et de protection. C'est dans le cadre de sa mission de protection qu'elle a par exemple enquêté en 2018 sur la situation des réfugiés congolais revenus de l'Angola ; les conditions de détention des enfants dans la prison de Ndolo et CPRK, Makala[287]. C'est également dans le cadre de sa mission de protection qu'elle reçoit et examine des plaintes portant sur les allégations de violations des Droits de l'Homme. Ce fut le cas depuis 2015 à 2020, où la CNDH a reçu plus de 229

---

285 Articles 85 à 88, *idem.*

286 Articles 4 et 6 de la loi du 21 mars 2013 et l'article 3 et 7 de son règlement intérieur.

287 CNDH, *Troisième Rapport d'activités de de la Commission Nationale des Droits de l'Homme*, Kinshasa, Janvier à Décembre 2018, p.33.

plaintes provenant des ONG et des individus en 2016 ; 4194 plaintes entre 2017 à 2018[288]. Ces plaintes peuvent être déposées au secrétariat du président ou dans les représentations provinciales soit par les personnes physiques victimes soit par un groupe de personnes collectivement soit encore par les organisations légalement constituées ayant la défense et la promotion des Droits de l'Homme dans leurs missions en lieu et place des victimes. Alors que ses activités de promotion ont notamment porté sur l'organisation des conférences et ateliers des vulgarisations des Droits de l'Homme à savoir : des ateliers organisés le 23 juin 2018 à l'occasion de la journée des réfugiés et le 10 décembre, à l'occasion de la journée des Droits de l'Homme[289]…

Par conséquent, qu'il s'agisse de la promotion que de la protection, la Commission a exercé effectivement ses activités depuis 2015 à ce jour 2020 en dépit de ses difficultés relatives aux ressources humaines et financières[290].

Ainsi, après avoir présenté brièvement la Commission nationale, il convient à présent de démontrer dans quelle

---

288 CNDH, *Troisième Rapport d'activités de de la Commission Nationale des Droits de l'Homme*, Kinshasa, Janvier à Décembre 2018, p.35. Lire aussi : CNDH, *Rapport d'activités de de la Commission Nationale des Droits de l'Homme*, Kinshasa, Janvier à Décembre 2016, p.76.

289 CNDH, *Op*.cit.

290 *Op.cit.* Lire aussi : J. Kambale Bira'mbovote, « La Commission Nationale des Droits de l'Homme - Un job ou un organe de promotion et de protection de droits de l'homme ? », in *Cahiers Africains des Droits de l'Homme et de la démocratie*, 20ème année N°050 VOL. II Janvier - Mars 2016, Kinshasa, pp 99-111. Lire aussi : B. Kagina Senga, *Obstacles à la justiciabilité des Droits économiques, sociaux et culturels en RDC*, Mémoire de Licence, Université de Kinshasa, Année académique 2015/2016, pp.102-110.

Article 33 de la loi organique

mesure elle peut contribuer à la protection des droits des enfants non accompagnés en général et spécifiquement à l'identification de ces enfants en vue de garantir la jouissance de leurs droits.

Paragraphe 2 : Rôle de la Commission dans l'identification des enfants non accompagnés en RDC

A- De la reconnaissance du rôle de la Commission dans l'identification…

Réunis à Vienne à l'occasion de la Conférence mondiale sur les Droits de l'Homme en juin 1993, les participants ont adopté une résolution reconnaissant aux institutions nationales des Droits de l'Homme (ici dénommée « INDH ») la mission de promotion et de protection des Droits de l'Homme[291]. Elle leur assigne le pouvoir de conseiller les autorités compétentes, ainsi que de remédier aux violations des Droits de l'Homme ; la diffusion d'informations sur les Droits de l'Homme et l'éducation en la matière[292]. Cette mission de promotion et de protection confiée aux INDH trouve également leur fondement dans plusieurs autres instruments juridiques[293].

291 Conférence Mondiale sur les Droits de l'Homme, *Déclaration et Plan d'Action de Vienne*, Vienne, Juin 1993, §36

292 *Idem.*

293 Il s'agit par exemple des Principes concernant le statut des INDH dit Principes de Paris adoptés en 1991, repris ensuite dans la résolution 1992/54 de la Commission des Droits de l'Homme de l'ONU, enfin repris, dans la résolution 48/134 adoptée par l'Assemblée générale de l'ONU le 20 décembre 1993.

En effet, d'après ces instruments[294], les INDH disposent des missions de promouvoir et de protéger tous les Droits de l'Homme. Celles-ci consistent entre autres à recevoir des plaintes ou requêtes, les transmettre à toute autre autorité compétente dans les limites fixées par la loi ; rechercher un règlement à l'amiable par la conciliation ou, dans les limites fixées par la loi, par des décisions contraignantes[295]. En plus dans son Observation générale n°2, le Comité des droits de l'enfant[296] a noté que les INDH sont chargées entre autres de surveiller, promouvoir et protéger les droits de l'enfant. Le Comité a en outre rappelé que l'efficacité et la légalité d'une INDH dans la promotion des droits de l'enfant doivent s'asseoir sur une base constitutionnelle et/ou législative ; un mandat clair ; une dotation adéquate en infrastructures, en ressources financières et humaines[297].

Ainsi, en tant qu'institution nationale des Droits de l'Homme, la CNDH-RDC a un rôle à jouer dans la protection et la promotion des droits de l'enfant, dans la mesure où la RDC est non seulement partie à la Convention relative aux droits de l'enfant depuis le 27

---

[294] Assemblée Générale des Nations Unies, Principes concernant le statut des institutions nationales pour la promotion et la protection des droits de l'homme (les Principes de Paris), *Résolution 48/134, New York, 20 décembre 1993, §3. Lire aussi :* Conférence Mondiale sur les Droits de l'Homme, *Op.cit.* ; Comité des Droits de l'enfant, *Le rôle des institutions nationales indépendantes de défense des droits de l'homme dans la protection et la promotion des droits de l'enfant*, Observation Générale n°2 (2002), Genève, 2002, §7 ; Loi *du 21 mars 2013 portant institution, organisation et fonctionnement de la CNDH.*

295 Assemblée Générale des Nations Unies, Principes concernant le statut des institutions nationales pour la promotion et la protection des Droits de l'Homme (les Principes de Paris), Résolution 48/134, New York, 20 décembre 1993, §3.

[296] Comité des droits de l'enfant, *Op.cit.*, §7.

297 *Idem*, §10.

septembre 1990, mais aussi, et surtout, qu'elle a expressément adopté des lois qui protègent les enfants et qu'elle a institué cette Commission précisément dans le but de garantir la mise en œuvre de ces Droits de l'Homme.

C'est par exemple le cas de l'article 41 de la loi portant protection de l'enfant et de l'article 2 du projet de loi portant protection et assistance aux personnes déplacées internes qui disposent que les enfants réfugiés ou déplacés internes, accompagnés ou non, ont droit à la protection spéciale, à l'encadrement et à l'assistance humanitaire[298]. Cette mission de protection est confiée à une panoplie d'organes dont les cours et tribunaux[299], les ONG ou organisations intergouvernementales ...

Mais la CNDH-RDC est plus concernée dans la mise en œuvre de ce droit dans la mesure où durant la migration, plusieurs droits fondamentaux des enfants sont menacés, et comme garante des droits fondamentaux, la CNDH-RDC devra davantage s'impliquer pour les préserver. D'autant plus qu'elle dispose d'une sous-commission relative aux droits des femmes et des enfants[300]. Celle-ci reçoit des plaintes sur les allégations des violations des droits de l'enfant ; enquête sur les atteintes ou violations des droits de l'enfant ; veille à la vulgarisation des droits de l'enfant à travers l'organisation de conférences, ateliers de formation, de sensibilisation et vulgarisation ; veille à l'harmonisation de la législation nationale avec les

298 Article 41 de la loi n°09/001 du 10 janvier 2009 portant protection de l'enfant et l'article 2 du projet de loi portant protection et assistance aux personnes déplacées internes.
299 Article 150 de la Constitution du 18 février 2006 telle que modifiée en 2011.
300 Article 4 de la loi n°13/011 du 21 mars 2013 portant Institution, organisation et fonctionnement de la Commission Nationale des Droits de l'Homme.

instruments internationaux relatifs aux droits de l'enfant (dans ce cadre, elle peut proposer l'amendement des textes de loi, l'adoption d'une nouvelle loi ou textes réglementaires ou la mise en place d'un programme en faveur des enfants)[301].

Dans le cas spécifique des enfants non accompagnés, la Commission peut intervenir dans l'identification de ces enfants en vue de contrôler le respect de leurs droits fondamentaux pendant la période de pré identification, la période d'identification jusqu'à celle de réunification ou d'admission à une protection de remplacement. Elle peut par exemple veiller à ce que la procédure d'identification se fasse dans le strict respect du principe de non-discrimination et de l'intérêt supérieur de l'enfant ; ou bien servir de recours pour les enfants qui se sentiraient lésés dans la jouissance de leurs droits fondamentaux pendant cette période.

De plus, le droit à l'identité en tant que Droit de l'Homme est garanti et comme organe protecteur des Droits de l'Homme, la CNDH-RDC est censée veiller à son application effective même pendant la période de migration. La nécessité de protéger les droits fondamentaux qui entourent la procédure d'identification des enfants non accompagnés est aussi reconnue. Dans ce même ordre d'idées, le rapport annuel de la Commission nationale rwandaise des Droits de l'Homme[302] de 2015, insistait d'ailleurs sur la protection spéciale qu'il faudrait accorder aux enfants réfugiés…

---

301 Articles 4 et 6 de la loi portant création de la CNDH-RDC et l'article 3 et 7 du règlement intérieur.

[302] National Commission for Human Rights-Rwanda, *Rapport annuel d'activités Juillet 2014- Juin 2015*, Kigali, p.109.

Le Conseil National des Droits de l'Homme algérien[303] s'occupe également, à l'instar de la CNDH-RDC, des enfants non accompagnés[304].

C'est aussi le cas de la Commission nationale consultative des Droits de l'Homme qui s'occupe également des enfants non accompagnés[305]. C'est aussi le constat fait par Christine Lazerges : « La Commission nationale consultative des droits de l'homme (CNCDH) s'est à plusieurs reprises penchée sur la situation trop souvent dramatique des mineurs isolés étrangers (MIE) qualifiés aujourd'hui des mineurs non accompagnés (MNA) »[306]. Ainsi, étant donné qu'elle fait partie du Groupe de Travail des Nations Unies sur la protection de l'enfant, rien ne l'empêche d'utiliser le formulaire interagences d'identification des enfants non accompagnés mise en place par cet organe pour identifier les ENA en RDC.

Il a d'ailleurs été jugé par la Cour européenne des Droits de l'Homme dans l'affaire H.A. et autres c. Grèce[307] que « *les autorités nationales ne s'étaient pas penchées sur la question de l'intérêt supérieur du requérant en tant que mineur ou sur sa situation particulière de mineur non accompagné* ».

---

303 Conseil National des Droits de l'Homme, *Rapport Annuel sur la Situation des Droits de l'Homme de l'Année 2018*, Alger, 2018, §50.

304 Il rappelait dans l'un de ses rapports, la présence des ENA venus du Sahel et insistait sur la nécessité de leur garantir une protection adaptée.

305 Commission Nationale Consultative des Droits de l'Homme, *Rapport d'activités 2019*, 2019, p.41.

306 C. Lazarges, « Les droits fondamentaux des mineurs non accompagnés », in Lilia Ait Ahmed et alii (dir.), *Quelle protection pour les mineurs non accompagnés ?* , Actes du colloque du 21 juin 2018, IRJS, paris, 2019, pp.15-24.

307 CEDH, *Arrêt H.A. et autres c. Grèce,* Requête n° 19951/16, STRASBOURG, 28 février 2019, §206.

Autrement dit qu'il faille privilégier le statut d'enfant à celui de mineur étranger isolé en situation irrégulière en ce qui concerne l'application automatique des mesures de détention[308]. Puisqu'il en est ainsi, la sous-commission chargée des enfants au sein de la CNDH ne saurait exclure de son champ de compétence les enfants non accompagnés.

Qu'en est-il alors dans la pratique ?

B- À l'exercice effectif de l'identification par la Commission

Si théoriquement la compétence de la Commission de s'occuper de l'identification des ENA n'est pas contestée, l'on constate cependant dans la pratique une absence remarquable dans la prise en charge de ce problème. Alors que le Groupe du Travail des Nations Unies sur la protection de l'enfant rapporte chaque année, la présence des ENA en RDC, aucune référence n'est faite dans les différents rapports de la sous-commission chargée des enfants à ce sujet.

En effet, l'Unicef rapporte qu': « *En réponse à l'insécurité persistante à travers la RDC, l'UNICEF a fourni des soins temporaires, une protection et des services de recherche des familles à 6.044 ENA ou séparés en RDC...* »[309].

Le CICR à son tour, s'est depuis longtemps impliqué dans la réunification familiale (qui suppose une phase

---

308 C. Flamand, « Primauté du statut de l'enfant sur le statut du mineur étranger isolé en situation irrégulière : oui, mais … », *Cahiers de l'EDEM*, avril 2019.

309 Unicef, *UNICEF RDC en 2018*, Kinshasa, 2018, p.10, in [www.unicef.org/.../media/2521/file/COD-COAR-2018.pdf], consulté le 14/07/2020.

préalable d'identification), de plus de 838 ENA, dont plus de 390 sortis des forces et groupes armés[310]. En 2019 par exemple, pour la seule province du Nord-Kivu, le CICR a dénombré plus de 281 ENA à la suite des guerres[311]. Cela démontre que ce phénomène n'est ni nouveau ni inconnu en RDC.

Toutefois pendant cette même période, aucun rapport de la CNDH n'y a fait référence[312]. Pourtant, elle dispose bien d'une représentation dans les 25 provinces de la RDC conformément à l'article 8 de la loi de 2013 portant sa création. Cela, alors même qu'il existe au sein de cette Commission, une sous-commission chargée spécifiquement de la question des enfants. Qu'est-ce qui peut alors justifier cette défaillance ? Nous situons quant à nous le problème à deux niveaux : d'une part, structurel et conjoncturel d'autre part.

S'agissant des causes structurelles, elles sont liées à l'existence même de cette institution. Le travail de la CNDH-RDC souffre de maux liés à sa naissance : elle paraît plus comme fruit d'un « vouloir plaire » plutôt qu'un « vouloir-être ».

Pour s'en convaincre, il suffit d'observer le maigre budget qui lui est annuellement réservé par les pouvoirs publics[313] pour son fonctionnement; l'environnement du

---

310 CICR-RDC, *Communiqué de presse*, Kinshasa, 2011, repris par [https://afriquinfos.com/reste-du-monde/reste-du-monde-196248/]. Consulté le 28/03/2020.

311[https://www.icrc.org/fr/document/republique-democratique-du-congo-situation-humanitaire-critique-pour-des-centaines-de], consulté 28/03/2020.

312 Entretien avec Conseillère chargée de la promotion, protection des droits de la femme, enfant et intégration du genre de la CNDH-RDC, réalisé le 26 mars 2020, par appel téléphonique.

313 CNDH, *Deuxième Rapport d'activités de la Commission Nationale des Droits de l'Homme*, Kinshasa, Janvier à Décembre

travail non adapté; l'insuffisance du personnel administratif et politique[314].

Cette situation ne manque pas d'influer sur la qualité de travail de cette institution, mais aussi, et surtout sur son efficacité. Alors qu'elle est appelée à être partout dans le pays et répondre aux nombreux cas des violations graves des droits de l'enfant dans le contexte spécifique de la migration, cette Commission n'est établie que dans certaines régions seulement et relègue cette question des enfants non accompagnés au second rang de ses préoccupations[315].

C'est dans ce sens que le Comité des droits de l'enfant a souligné que l'efficacité et le bon fonctionnement d'une institution nationale des Droits de l'Homme dépendent d'une dotation adéquate en infrastructures, en ressources humaines et financières[316].

Or, ces éléments font justement défaut en ce qui concerne la CNDH-RDC. C'est donc ce qui nous conduit à

2017, p.24. Lire aussi : CNDH, *Troisième Rapport d'activités de la Commission Nationale des Droits de l'Homme*, Kinshasa, Janvier à Décembre 2018, p.16.

314 C'est qui conduisit la Commission à fustiger le maigre budget de fonctionnement alloué annuellement par l'État et son faible taux d'exécution (41% seulement du taux d'exécution) et cela conduit à des retards de paiement pour ses personnels et insuffisance de dotation de certains meubles

315 J. Betu, *Rapport de Stage académique à la CNDH-RDC*, inédit, Université de Kinshasa, Kinshasa, 2016. Lire aussi : B. Kagina, *Rapport de stage académique*, inédit, Université de Kinshasa, Kinshasa, 2016.

316 Comité des droits de l'enfant, *Le rôle des institutions nationales indépendantes de défense des droits de l'homme dans la protection et la promotion des droits de l'enfant*, Observation générale no 2 (2002), Genève, 2002, §10.

nous interroger avec Jacques KAMBALE sur les réelles motivations de la création de cette Commission[317].

En ce qui concerne les causes conjoncturelles, elles sont à retrouver dans son fonctionnement ; et elles sont inéluctablement liées aux causes précédentes.

En effet, les imperfections de la CNDH-RDC sont certes graves, mais compréhensibles. Elle se résume par une énorme attente face à un faible budget entrainant un déficit des ressources financières et humaines. Dans ce contexte, la CNDH-RDC est obligée de prioriser certaines régions au détriment d'autres ; prioriser certains programmes au détriment des autres, jugés moins importants ou moins urgents ou prise en charge par d'autres acteurs. C'est également ce que soutient Patient Mpunga Biayi : « le second déficit auquel se trouve butée la CNDH dans son fonctionnement s'avère être le déficit des moyens financiers et matériels »[318].

C'est donc dans cette logique que les programmes visant à protéger les ENA, alors même qu'ils ont besoin d'intervention urgente de cette institution, ne sont pas pensés ni mis en œuvre par la Commission.

Par conséquent, si du point de vue textuel, rien n'empêche à la CNDH-RDC d'exercer la mission d'identification directe ou indirecte des ENA, dans la pratique plusieurs facteurs ne permettent pas son effectivité.

---

317 J. Kambale Bira'mbovote, « La Commission Nationale des Droits de l'Homme - Un job ou un organe de promotion et de protection de droits de l'homme ? », in *Cahiers Africains des Droits de l'Homme et de la démocratie*, 20ème année N°50 VOL. II Janvier - Mars 2016, Kinshasa, pp 99-111.

318 P. Mpunga Biayi, *La protection des droits de l'homme en République démocratique du Congo. Quelle effectivité*, L'Harmattan, Paris, 2021, p.204.

Toutefois, il faut noter que si cette identification doit se faire par la CNDH, elle l'aurait été par l'entremise de ses agents de protection présents dans des zones qui comportent les ENA. Elle se ferait aussi à l'aide du formulaire interagences d'identification des ENA et suivant les règles de procédure élaborées par le Groupe de Travail des Nations Unies sur la protection de l'enfant dont elle fait partie intégrante.

SOUS-SECTION 2 : RÔLE DE LA COMMISSION NATIONALE POUR LES REFUGIES DANS L'IDENTIFICATION DES ENA EN RDC

Créée en 2005, comme mécanisme national de protection des réfugiés et déplacés internes (Paragraphe 1), la CNR est aussi chargée d'identifier les ENA (Paragraphe 2). Comme pour la CNDH-RDC, il sera question d'une brève présentation de la Commission nationale pour les réfugiés, avant de démontrer dans quelle mesure elle peut contribuer à l'identification des enfants non accompagnés.

Paragraphe 1 : La Commission Nationale pour les Réfugiés : ce qu'il faut savoir

Pour mieux comprendre la Commission nationale pour les réfugiés, il convient de revenir succinctement sur son organisation(A) d'une part, et d'autre part sur son fonctionnement (B). Cela dans le but de démontrer plus tard comment elle intervient ou peut intervenir dans l'identification des enfants non accompagnés.

A- De l'organisation de la Commission nationale pour les réfugiés de la RDC…

La Commission nationale pour les réfugiés (ici dénommée « CNR ») a le statut d'un service public placé sous l'autorité du ministre de l'Intérieur. Elle est dotée de l'autonomie administrative et financière[319]. Elle dispose d'un siège dans la capitale de la RDC et des antennes dans des provinces et/ou villes. Elle est une Commission interministérielle composée de représentants de plusieurs Ministères, dont celui de l'intérieur ; de la Défense nationale ; des Droits humains ; des Affaires sociales et de la famille ; de la Justice ; de la Santé, des affaires étrangères ; de la Police nationale congolaise ; de la Direction générale, de Migrations et de l'Agence Nationale de Renseignements[320].

En outre, dans l'accomplissement de ses missions, la CNR coopère étroitement avec le Haut Commissariat des Nations Unies pour les Réfugiés[321]. De plus, la Commission nationale pour les réfugiés est composée d'une Commission d'éligibilité, d'une Commission de recours ainsi que d'un Secrétariat permanent[322]. Alors

---

319 Article 2 de la loi n° 021/2002 du 16 octobre 2002 portant statut des réfugiés en République démocratique du Congo, 43ème Année, Numéro spécial, 1er novembre 2002. Lire aussi : article 2 du Décret n° 03/014 du 5 août 2003 portant organisation et fonctionnement de la Commission Nationale pour les réfugiés et de la commission des recours, *J.O*, 44ème année, n°16, Kinshasa, 15 aout 2003.

320 Article 10, de la loi n° 021/2002 du 16 octobre 2002, *Op.cit.*

321 Article 8 de la Convention de l'OUA régissant les aspects propres aux problèmes des réfugiés, *Recueil de documents clés de l'union africaine relatifs aux Droits de l'Homme*, Pretoria University Law Press, 2013, Pp.74-76.

322 Article 8 et 14 de la loi n°021/2002 du 16 octobre 2002, *Op.cit.*

qu'au niveau provincial, elle dispose d'une ou plusieurs antennes[323].

B- …Au fonctionnement de la Commission nationale pour les réfugiés

D'après l'article 9 de la loi n°021/2002 du 16 octobre 2002 portant statut des réfugiés, la CNR est chargée d'assurer la protection juridique et administrative des réfugiés et, en collaboration avec les ministères concernés, de veiller à l'exécution de la Convention de Genève du 28 juillet 1951 relative au statut des réfugiés, de la Convention de l'OUA du 10 septembre 1969 régissant les aspects propres aux problèmes des réfugiés en Afrique ainsi que de tout accord ou arrangement concernant la protection des réfugiés en RDC. Elle a également comme mission de statuer sur les demandes de statut des réfugiés conformément aux articles 1 à 3 de la présente loi[324], ainsi que sur toute situation d'afflux de réfugiés ou demandeurs d'asile vers la République démocratique du Congo, de décider de la cessation ou la perte du statut des réfugiés selon les conditions définies aux articles 4 et 6 de la loi[325]. Ces fonctions peuvent se résumer à trois à savoir les fonctions administratives, socio-économiques et diplomatiques.

Sa fonction administrative consiste dans la reconnaissance du statut de réfugié aux demandeurs d'asile, dans l'attribution des cartes de réfugiés, et toutes autres facilités administratives à accorder à ceux-ci. Sa fonction socio-économique consiste quant à elle, en la

---

323 Article 4 de Décret n° 03/014 du 05 août 2003, *Op.cit.*

[324] Loi n° 021/2002 du 16 octobre 2002 portant statut des réfugiés en République démocratique du Congo, 43ème Année, Numéro spécial, 1er novembre 2002.

[325] *Op.cit.*

prise en charge des logements, nourriture, éducation et santé en faveur des réfugiés et déplacés internes. Sa fonction diplomatique renvoie aux différents partenariats en faveur des réfugiés et déplacés internes qu'elle noue. Ces différentes fonctions s'exercent tant au niveau provincial, national et international.

C'est donc dans le cadre de ces fonctions que la Commission nationale pour les réfugiés fait partie du Groupe de Travail des Nations Unies sur la protection de l'enfant en RDC. À cet effet, elle dispose d'un formulaire d'identification interagences pour l'identification des ENA, d'une expertise dans les modalités et procédures d'identification des ENA. Elle dispose en outre, d'un mandat de protection des réfugiés et des déplacés internes en RDC avec un accent particulier sur la protection des ENA qui font partie des groupes les plus vulnérables.

C'est pourquoi, à travers ses agents de protection disséminés à travers le pays, et son partenariat avec le Haut-commissariat des Nations Unies pour les Réfugiés, la CNR est régulièrement informée de l'existence des ENA et s'empresse à les prendre en charge.

Paragraphe 2 : Rôle de la CNR dans l'identification des enfants non accompagnés

A- De la reconnaissance du pouvoir de la Commission nationale pour les réfugiés dans l'identification

L'enfant qui cherche à obtenir le statut de réfugié ou les enfants dans le contexte de migration forcée ont droit à une protection spéciale consistant notamment en leur identification. Ce droit a comme fondement l'article 22 de la CIDE qui stipule : « *Les États parties prennent les mesures appropriées pour qu'un enfant qui cherche à obtenir le statut de réfugié ou qui est considéré comme réfugié en vertu des règles et procédures du droit international ou national applicable, qu'il soit seul ou accompagné de ses père et mère ou de toute autre personne, bénéficie de la protection et de l'assistance humanitaire voulues pour lui permettre de jouir des droits...* »[326]. Le principal organe de mise en œuvre du droit à l'identification des enfants non accompagnés : réfugiés et déplacés en RDC est la Commission nationale pour les réfugiés.

En effet, la Commission est notamment chargée de la réception et de l'enregistrement des demandes du statut de réfugiés sur toute l'étendue de la RDC[327]. Ces demandes sont introduites par le requérant, soit directement auprès du Secrétariat permanent de la Commission, soit par l'intermédiaire du HCR qui les transmet soit au secrétariat permanent, soit aux antennes de la Commission en Province. Elle peut prendre la forme d'une demande individuelle ou d'une demande collective dite procédure *prima facie*. Selon Mutoy Mubiala, en règle générale, la détermination du statut de réfugié se fait sur une base individuelle, le requérant d'asile devant justifier de la cruauté de sa persécution.

Dans certaines situations toutefois, spécialement en cas d'afflux massif, les autorités nationales procèdent à la détermination *prima facie* pour les personnes appartenant

---

326 Article 22 de la Convention relative aux droits de l'enfant, *Op.cit.*
327 Article 11 du Décret n°03/014 du 05 août 2003 portant organisation et fonctionnement de la Commission Nationale pour les réfugiés et de la commission des recours.

au groupe concerné, lorsque l'événement à la base de cet afflux est vérifié[328].

De plus, cette opération d'enregistrement des demandeurs d'asile peut concerner à la fois les personnes adultes et les mineurs.

Pour ce qui est des mineurs, l'article 3 de la loi de 2002 sur le statut des réfugiés dispose : « *Les dépendants et membres de famille qui rejoignent ou vivent avec le réfugié, chef de famille, bénéficient du même statut que ce dernier à moins qu'il s'avère nécessaire d'appliquer l'article 2 ci-dessus.*

Dans ce cas, l'examen du dossier se fera selon les mérites de chacun »[329]. Autrement dit, tous les dépendants du réfugié chef de famille, qu'il soit mineur ou non, bénéficient du statut de réfugié. Mais qu'en est-il des ENA, qui par définition ne dépendent de personne ?

La CNR étant le seul organe habilité à reconnaître le statut de réfugié en RDC, tous les ENA demandeurs d'asile recueillis sont conduits auprès de ses agents de protection ou des assistants sociaux et humanitaires[330] aux fins de leur enregistrement et du déclenchement de la procédure d'asile.

Elle peut aussi se rendre dans les camps de réfugiés ou déplacés internes pour enregistrer tous les demandeurs d'asile y compris les enfants non accompagnés. Dans le

---

328 Mutoy Mubiala, *La mise en œuvre du droit des réfugiés et des personnes déplacés internes en Afrique. Problématique et perspectives*, Academia-Bruylant, Bruxelles, 2006.

329 Article 3 de la loi de 2002 sur le statut de réfugié, *Op.cit.*

330 Rashidi (D.), *Rapport de stage effectué à la Commission Nationale pour les réfugiés de Baraka en RDC du 23 janvier 2013 au 21 février 2013*, Institut supérieur pédagogique de Baraka, Graduat, Baraka, 2013. https://www.memoireonline.com/09/13/7347/m_Rapport-de-stage-effectue--la-Commission-Nationale-pour-les-Refugies-de-Baraka-en-RDC-du-23-jan9.html, consulté le 14/05/2021.

cas de déplacés internes, ces agents de protection se rendent dans des camps ou dans des familles d'accueil pour pouvoir évaluer leurs besoins de protection et proposer éventuellement une assistance. C'est donc dans ce cadre, qu'elle peut identifier les enfants non accompagnés et proposer une procédure adaptée.

En outre, elle peut aussi indirectement être impliquée dans la procédure d'identification enclenchée par une autre agence de protection de l'enfant, lorsque sa présence en tant qu'organe étatique est requise ou lorsque l'intérêt de l'enfant le justifie.

C'est par exemple lorsque l'ENA est un demandeur d'asile ou lorsqu'il y a lieu de lui offrir un autre type de protection reconnue aux étrangers.

Ainsi, il ressort de tout ce qui précède que le droit à l'identification pour les ENA est reconnu en RDC, et que sa mise en œuvre effective est principalement assurée par la CNR et subsidiairement par les autres acteurs humanitaires : HCR, CICR, ONG.

B- … À l'exercice effectif de ce pouvoir d'identification par la Commission nationale pour les réfugiés

Si le droit à l'identification des ENA est garanti, et que le rôle de la CNR dans la mise en œuvre de ce droit ne fait aucun doute, son effectivité mérite d'être analysée.

En effet, d'après le Comité des droits de l'enfant[331], la protection effective d'un ENA suppose non seulement qu'il bénéficie d'une procédure accélérée ; qu'il lui soit

---

[331] Comité des droits de l'enfant, *Observation générale nº 6 (2005) : traitement des enfants non accompagnés et des enfants séparés en dehors de leur pays d'origine*, Genève, 2005, §66-70.

assigné un tuteur pour l'assister dans ses différentes procédures ; mais aussi qu'il soit organisé une procédure simple, souple et adaptée à sa situation.

L'effectivité de ce droit passe par la mise en place d'un meilleur cadre normatif et institutionnel, qui nécessite une dotation adéquate en infrastructures, en ressources financières comme ce fut le cas pour les INDH[332].

Dans la pratique, la CNR assure bien ce rôle d'identification des ENA sur toute l'étendue de la RDC[333]. Cela à travers l'enregistrement des réfugiés et/ou des déplacés internes, qui donne l'occasion aux agents de protection de la CNR de constater parmi les demandeurs d'asile ou déplacés internes, la présence des enfants non accompagnés. Dans ce cas et par une procédure spéciale et rapide, ils procèdent à la prise de leur identité, celle de leurs parents ou autres membres de famille ou communauté, des informations en rapport avec leur âge, sexe, cause de la séparation. Cette collecte d'informations se fait dans une procédure d'entretien individuel avec ces enfants[334]. Il faut également noter que durant l'entretien, l'identification se fait à l'aide d'un formulaire d'enregistrement interagences des enfants non accompagnés. C'est également pendant cet entretien et dans l'intérêt supérieur de l'enfant qu'une solution provisoire ou définitive peut être choisie.

---

332 Comité des droits de l'enfant, *Le rôle des institutions nationales indépendantes de défense des Droits de l'Homme dans la protection et la promotion des droits de l'enfant*, *Observation Générale n° 2 (2002)*, Genève, 2002, §10.

333 Entretien avec l'Assistant à la protection au Siège de la CNR à Kinshasa, réalisé le 23 mars 2020, par appel téléphonique.

334 *Idem.*

Il peut s'agir soit d'une prise en charge transitoire, c'est-à-dire celle qui consiste à placer ces enfants dans des familles ou structures d'accueil provisoire en l'attente d'une solution durable, soit de la remise de ces enfants à leurs parents ou autres membres de famille s'ils sont retrouvés[335].

Il a par exemple été observé par le Comité des droits de l'enfant[336] que «(...) *la protection de remplacement en faveur des ENA peut prendre la forme de placement dans une famille, du Kafalah de droit islamique, de l'adoption ou, en cas de nécessité, du placement dans un établissement pour enfants approprié* »[337] conformément à l'article 20(3) de la Convention relative aux droits de l'enfant. Le Comité a aussi rappelé que le choix d'une option de placement plutôt que d'une autre, doit tenir compte non seulement des éléments de vulnérabilité particuliers de l'enfant considéré du fait qu'il a perdu le contact avec sa famille et se retrouve en dehors de son pays d'origine, mais aussi et surtout de son âge et de son sexe[338].

Dans le cas de la CNR, le choix du placement dans une famille d'accueil résulte du constat d'absence ou de rupture de tout lien familial pour l'enfant.

Cette solution se fonde sur les exigences de l'article 62 de la loi portant protection de l'enfant qui dispose : « (...)

---

335 Entretien avec l'Assistant à la protection au Siège de la CNR à Kinshasa, réalisé le 23 mars 2020, par appel téléphonique.

336 Comité des droits de l'enfant, *Observation générale n° 6 (2005) : traitement des enfants non accompagnés et des enfants séparés en dehors de leur pays d'origine*, Genève, 2005, §40.

337 *Idem.*

338 *Idem.*

Est considéré comme en situation difficile et bénéficie d'une protection spéciale, l'enfant sans soutien familial ou autre à la suite de la perte de ses parents ; cette protection se réalise à travers les mécanismes de tutelle de l'État comme prévu par la loi, le placement social et autres mécanismes de prise en charge appropriés »[339].

De plus, cette protection spéciale s'inscrit dans la protection de remplacement organisée dans les Lignes directrices 64/14 relatives à la protection de remplacement pour les enfants qui recouvre notamment le placement en famille d'accueil, ou en institution[340]. Dans la Directive, la protection de remplacement doit bénéficier autant aux enfants de nationalité du pays d'accueil que ceux des étrangers non accompagnés ou séparés étrangers[341]. Par famille d'accueil en effet il faut entendre, une structure à caractère familial qui prend en charge de façon temporaire aux maximums deux enfants, sauf en cas de fratrie[342]. Alors que le placement social s'effectue soit dans une famille élargie, soit dans une famille d'accueil, soit au sein d'une institution publique ou privée agréée à caractère social ou encore en foyer autonome. Dans ce dernier cas, l'enfant est âgé au minimum de quinze ans révolus.

Il s'effectue pour une période ne dépassant pas 6 mois[343]. Cette protection peut aussi se faire par le mécanisme de tutelle de l'État[344].

Ainsi, toutes ces formes de protection spéciale en faveur des ENA en RDC nécessitent un choix judicieux

---

339 Article 62 et 63 de la loi portant protection de l'enfant, *Op.cit.*

340 Assemblée générale des Nations Unies, *Résolution 64/14 : Lignes directrices relatives à la protection de remplacement pour les enfants*, 18 décembre 2009, Genève, §117.

341 Assemblée Générale des Nations Unies, *Op.cit.*, §142.

342 Article 65 de la loi portant protection de l'enfant, *Op.cit.*

343 Article 64, de la loi portant protection de l'enfant, *Op. cit*

344 *Idem.*

qui tient compte de la situation particulière de chaque enfant et privilégie son intérêt supérieur[345].

En définitive, l'identification des ENA par la CNR se fait souvent pendant la procédure d'asile ou d'enregistrement des IDPS, au cours d'un entretien individuel et grâce à un formulaire interagences d'enregistrement. La réussite de cette opération nécessite que les instances de la CNR soient bien formées sur la procédure d'identification et d'accompagnement des enfants non accompagnés, ce qui est loin d'être un acquis dans le cas d'espèce.

345 Comité des droits de l'enfant, *Op.cit.*, §142.

SECTION 2 : ROLE DES ACTEURS NON ETATIQUES DANS L'IDENTIFICATION DES ENA

Il convient d'analyser le rôle, d'une part des organisations non gouvernementales et religieuses (Section 1) et d'autre part du Comité international de la Croix-Rouge et du Haut-commissariat des Nations Unies pour les réfugiés (Section 2), dans l'identification des enfants non accompagnés en RDC.

SOUS-SECTION 1 : RÔLE DES ORGANISATIONS NON GOUVERNEMENTALES ET DES ORGANISATIONS RELIGIEUSES DANS L'IDENTIFICATION DES ENFANTS NON ACCOMPAGNÉS

Ce droit à l'identification leur est formellement reconnu (§1), mais aussi effectivement exercé (§2).

Paragraphe 1 : De la reconnaissance de compétence des ONG et des organisations religieuses...

Depuis plusieurs décennies, les organisations non gouvernementales (ici dénommée « ONG ») jouent un rôle essentiel dans la promotion et la défense des Droits de l'Homme[346]. Elles sont créées sur la base des statuts, actes

346 J. Andriantsimbazovina, Helene ET alii, *Dictionnaire des Droits de l'Homme*, Paris, 1ère éd., PUF, 2008, p.727, s.v. Organisation non gouvernementales.

juridiques entre personnes privées[347] et s'occupent de diverses tâches comme les Droits de l'Homme (tel est le cas d'Amnesty International, avocat sans frontières, médecins sans frontières…), la protection de l'environnement (telle est le cas de l'ONG Green Peace), la liberté du commerce, le maintien de la paix, l'aide au développement, l'aide humanitaire[348]. En plus, il n'y a pas de consensus sur la définition et l'origine des ONG.

Son fondement international se retrouve dans l'article 71 de la Charte des Nations Unies qui stipule : « *Le Conseil économique et social peut prendre toutes dispositions utiles pour consulter les organisations non gouvernementales qui s'occupent de questions relevant de sa compétence* »[349]. Cette reconnaissance par les Nations Unies se cristallise par la mise en place des mécanismes consultatifs au sein du Conseil économique et social de l'ONU dans les années 1950, entraînant comme effet l'attribution du statut consultatif aux ONG. Ce statut leur permet de prendre part à certaines activités de l'ONU d'une part et d'autre part, de s'afficher davantage sur la scène publique interne et internationale. La naissance des « sans frontièristes » autour de 1967, à la suite de la guerre du Biafra au Nigeria, en est la parfaite illustration.

En outre au fil des années, ces ONG ce sont les plus illustrées dans la promotion et la défense des Droits de

---

347 G. Cornu, *Vocabulaire juridique*, 10ème édition mise à jour Quadrige, Paris, PUF, 2014, p.721n, v° Organisation non gouvernementale

348 J. Andriantsimbazovina, *Op.cit.*

349 Article 71 de la Charte des Nations Unies, Signée à San Francisco le 26 juin 1945 par les représentants de 50 États, la Charte est entrée en vigueur le 24 octobre de la même année, Recueil des textes de droit international sur la protection de la personne humaine , S.l, 3ème éd., 2009, pp.25-41.

l'Homme[350]. Elles ont pour cela, joué un rôle important dans l'adoption des différents instruments internationaux des Droits de l'Homme. Tel est le cas de l'Union Internationale de Secours de l'Enfant, dans l'adoption en 1924 de la Déclaration des droits de l'enfant ; ou de Défense des Enfants international dans l'adoption de la Convention relative aux droits de l'enfant en 1989.

En plus du rôle que jouent ces ONG dans le développement des systèmes régionaux de protection des Droits de l'Homme.

Tel est le cas du Conseil de l'Europe pour le système européen[351]; c'est aussi le cas de la Commission internationale des Juristes dans le développement du système africain de protection des Droits de l'Homme[352]ou du Conseil islamique d'Europe dans le développement du système arabo-musulman des Droits de l'Homme[353]. Plus encore, ce rôle des ONG fut aussi rappelé lors de la conférence mondiale sur les Droits de l'Homme, tenue à Vienne en juin 1993. La résolution 38 de ladite conférence soulignait : « *Tout en reconnaissant que la responsabilité essentielle de l'élaboration de normes revient aux États, elle se félicite de la contribution apportée en la matière par ces organisations. À cet égard,*

---

350 J. Andriantsimbazovina, *Op.cit.*

351 Il faut noter que dans ses débuts, le conseil de l'Europe était une organisation non gouvernementale.

352 Mutoy Mubiala, *Système régional africain de protection des droits de l'homme*, Bruylant, Bruxelles, 2005, p.29.

353 Son apport dans l'adoption de la Déclaration islamique universelle des Droits de l'Homme, 1981. M. Amin AL-Midani, *Les Droits de l'Homme et l'islam. Les Textes des organisations arabes et islamiques*, 2e édition revue et dotée de nouveaux textes, Strasbourg, Association Orient-Occident. Lire aussi : M. Amin Al-Midani, *Les Déclarations islamiques des droits de l'homme*, in [https://acihl.org/article.htm?article_id=5], consulté le 2 avril 2020.

elle souligne l'importance de la poursuite du dialogue et de la coopération entre gouvernements et organisations non gouvernementales. Les organisations non gouvernementales et leurs membres qui œuvrent véritablement en faveur des Droits de l'Homme... »[354].

Ainsi, les participants à cette conférence mondiale ont aussi reconnu ce rôle aux ONG. Il en a été de même dans le Pacte sur les Grands Lacs et les droits des personnes déplacées : « *Les ONG et les organisations de la société civile auront un rôle à jouer pour demander des comptes aux gouvernements quant au respect de leurs obligations et pour veiller à ce que la participation des personnes déplacées soit effectivement prévue dans ces cadres institutionnels* »[355].

S'agissant spécifiquement de la protection des droits de l'enfant, le Comité des droits de l'enfant a rappelé que les ONG y jouaient un rôle crucial[356]. Ces ONG ont notamment pour tâches, l'identification des enfants ayant des besoins de protection ; de les accompagner médicalement, socialement, psychologiquement, juridiquement ou judiciairement ; ou de collaborer avec les autres acteurs spécialisés pour une meilleure prise en charge. Dans ce dernier cas, le Comité souligna la nécessité de collaborer avec les INDH à cet effet. C'est donc sur la base de cette compétence générale de promotion et de défense des Droits de l'Homme que les

354 Conférence mondiale sur les Droits de l'Homme, *Déclaration et Programme d'action de Vienne*, le 25 juin 1993, à Vienne, §38.
355 Internal Displacement Monitoring Centre et al., *Pacte sur les Grands Lacs et les droits des personnes déplacés. Guide pour la société civile*, Genève, 2008, p.14.
356 Comité des droits de l'enfant, *Le rôle des institutions nationales indépendantes de défense des droits de l'homme dans la protection et la promotion des droits de l'enfant*, Observation Générale no 2 (2002), Genève, 2002, §26.

ONG peuvent identifier et/ou accompagner les enfants non accompagnés présents en RDC.

En ce qui concerne les organisations religieuses, celles-ci sont créées conformément à la loi n°004/2001 du 20 juillet 2001 portant dispositions générales applicables aux associations sans but lucratif et aux établissements d'utilité publique.

D'après cette loi, l'association sans but lucratif est de par sa nature et son objet soit une association à caractère culturel, social ou éducatif ou économique ; une organisation non gouvernementale; une association confessionnelle[357]. Cette dernière catégorie a pour but l'organisation et/ou la pratique du culte[358]. Subsidiairement, elles peuvent aussi bien organiser des activités sociales ou humanitaires[359].

C'est pourquoi ces églises organisent à travers le pays des cultes, disposent de structures sociales telles qu'écoles, hôpitaux, terrains de jeu… Plus concrètement, ces structures concourent au bien-être spirituel et physique de ses fidèles. C'est donc dans le cadre de ces activités humanitaires qu'elles identifient les ENA présents dans la sphère de leur compétence. C'est par exemple ce qui avait été fait par l'Église catholique congolaise en créant l'ONG Caritas[360] qui a pour mission de répondre aux crises

357 Article 2 de loi n° 004/2001 du 20 juillet 2001 portant dispositions générales applicables aux associations sans but lucratif et aux établissements d'utilité publique.

358 Article 47, *idem.*

359 Article 1, *idem.*

360 Caritas RDC a créé en 1960, l'ONG Caritas RDC et celle-ci jouit d'une personnalité civile depuis 1964.

humanitaires créées par les catastrophes naturelles, les conflits et les effets du changement climatique[361].

Dans son article intitulé « Young and separated from their families in eastern Congo », Gloria Lihemo illustre bien ce rôle des confessions religieuses en relevant qu'« (...) environ 62 jeunes âgés de 7 à 22 ans, tous séparés de leurs familles, vivent actuellement dans une église communautaire dans la ville d'Ango dans l'est de la République démocratique du Congo. »[362]. Murhega Mashanda, Patrick Milabyo Kyamusugulwa et autre, rappellent quant à eux la place des églises dans la protection des déplacés forcés dans les provinces du Sud-Kivu et Haut-Uélé[363].

Ainsi, les ONG et les organisations religieuses disposent bien des compétences dans l'identification des ENA. Qu'en est-il de son exercice effectif ?

---

361 [https://www.caritas.org/qui-sommes-nous/mission/?lang=fr], consulté le 03/04/2020.

362 Gloria Lihemo, « Young and separated from their families in eastern Congo », *Forced migration review*, Oxford, n°40, Aout 2012, p.10-11. https://search.proquest.com/openview/674d0310b61b7c7a528bf57ed1765cea/1?pq-origsite=gscholar&cbl=55113&casa_token=cDN7i21PpoUAAAAA:cdAOfa5GAJaMtIEcH4DXvYPjKi4tftHkhtI68805GHSNiq42oYA-WhfxbCW9o76o89HX3l5elQ, consulté le 01/05/2021.

363 Murhega Mashanda et alii, « Analyse comparative : accès à la justice dans le Sud-Kivu et dans le Haut-Uélé », in *CAHIER DU CERPRU*, Bukavu, Numéro spécial, 25ème année, No 24, avril 2017, p.139.

Paragraphe 2 : … À l'effectivité de cette compétence par ces ONG et Organisations religieuses

Depuis son accession à l'indépendance le 30 juin 1960, la RDC s'est toujours appuyée sur certaines structures privées dont les ONG pour faire face aux effets des crises auxquelles elle s'est confrontée tant au niveau économique qu'humanitaire. Au point que dans certains domaines, ces structures privées ou non étatiques deviennent plus importantes que l'État. STACEY WHITE le rappelle également : « depuis longtemps, le gouvernement est critiqué pour son manque de capacités techniques, de ressources et de volonté politique pour faire face aux besoins des personnes qui dans le pays subissent un déplacement chronique » et elle renchérît qu'«(…) il convient de remarquer qu'à toutes fins pratiques le CNR fonctionne comme un partenaire de mise en œuvre du HCR plutôt que comme un organisme gouvernemental indépendant et financièrement autonome. Ses activités sont intégralement soutenues par le HCR et les contributions financières du gouvernement destinées à répondre à la situation du déplacement interne, restent, le cas échéant, purement symboliques »[364].

---

[364] STACEY WHITE, *La réponse internationale face au déplacement interne en République Démocratique du Congo. Et maintenant, quoi ? La réponse internationale face au déplacement interne en République démocratique du Congo*, Washington, 2014, pp.12-14. https://www.brookings.edu/wp-content/uploads/2016/06/La-reponse-internationale-face-au-deplacement-interne-en-Republique-Democratique-du-Congo.pdf, consulté le 14/05/2021.

En effet, pour agir au Congo, les ONG sont tenues de se faire enregistrer au Ministère de la Justice aux fins d'obtenir la personnalité juridique[365].

Pour les ONG internationales, elles doivent en outre, obtenir une autorisation présidentielle[366], un agrément du Ministère de tutelle[367] et signer un accord-cadre[368].

Cependant, depuis quelques années, l'on assiste à la prolifération des ONG en RDC dont certaines ont comme seul but l'obtention du financement[369]. C'est ce qui ressort du constat du Ministère de la Justice, autorité habilitée à accorder la personnalité juridique à ces ONG, lors de la présentation du projet de révision de la loi de 2001 sur les ASBL au Parlement. Celui-ci avait rappelé que la RDC comptait plus de 14.000 ASBL non confessionnelles. Mais aussi 300 établissements et plus de 11.000 églises de droit congolais. Cela sans compter 1073 autres associations de droit étranger et des milliers autres associations non déclarées[370].

---

365 Article 3 de la loi n° 004/2001 du 20 juillet 2001 portant dispositions générales applicables aux associations sans but lucratif et aux établissements d'utilité publique, in [http://leganet.cd/Legislation/Droit%20Public/loi0042001.20.07.2001.asbl.htm], consulter le 14/07/2020.

366 Article 30, *idem.*

367 Article 31, *idem*

368 Articles 30 et 37, *idem.*

369 *RDC : quelle est la procédure à suivre pour créer une ONG ?*, Émission diffusée sur la Radio Okapi, in [https://www.radiookapi.net/emissions-2/okapi-service/2009/12/22/rdc-quelle-est-la-procedure-a-suivre-pour-creer-une-ong/], consulter le 03/04/2020.

370 Assemblée Nationale, présentation du projet de loi de révision de la loi n° 004/2001 du 20 juillet 2001, Kinshasa, 2017 ; Cité par [http://www.congodurable.net/2017/11/01/plus-de-25000-associations-rdc-loi-repression/], consulter le 03/04/2020.

La plupart de ces ONG s'occupent des questions des Droits de l'Homme en général et des questions humanitaires en particulier. C'est donc dans ce dernier cas que des actions en faveur des ENA sont menées. Plus concrètement, l'identification des ENA par ces ONG se fait conformément au modèle et procédure prévus dans les Lignes directrices nationales de protection et de prise en charge des enfants en rupture familiale. Mais aussi selon les Standards minimums pour la Protection de l'enfance dans l'intervention humanitaire élaborée par le Groupe de Travail des Nations Unies sur la protection de l'enfant et le Comité international de la Croix-Rouge.

D'après ces instruments, les standards minimaux requis dans l'identification des ENA supposent l'existence d'un formulaire interagences d'enregistrement, mais aussi l'organisation d'entretiens individuels avec ces enfants.

Ces règles sont également respectées par ces ONG dans le processus d'identification.

De plus, la plupart de ces ONG sont partenaires à des agences des Nations Unies qui s'occupent de l'enfance et/ou des réfugiés et déplacés internes. À ce titre, elles interviennent dans le respect des termes définis par ces agences Onusiennes et elles adhèrent aux règles énoncées ci-dessus. C'est par exemple le cas de l'ONG War Child Uk qui est en partenariat avec le HCR dans un projet visant entre autres à l'identification des enfants non accompagnés dans la région du Kasaï[371].

L'identification des ENA par cette ONG se fait au moyen des outils mis en sa disposition par le HCR notamment le formulaire d'identification interagences,

---

371 *Avenant au projet WAR CHILD-HCR*, Kinshasa, 2019, inédit, p.4. Mais aussi : Entretien avec le Moniteur de protection de l'ONG WAR CHILD UK basé au Kasai(RDC), réalisé le 26 mars 2020, par appel téléphonique.

mais aussi grâce au travail des Moniteurs de protection de cette ONG et des Comités locaux de protection. Sur la base d'alertes des membres des comités locaux de protection, des organisations religieuses ou toute autre personne, les Moniteurs de protection de l'ONG War Child UK, reçoivent dans leurs bureaux ou dans certains cas, s'approchent de familles d'accueil, pour s'entretenir directement avec ces enfants non accompagnés et ainsi, les identifier. C'est donc dans ce cadre que plus de 350 ENA ont été identifiés en 2018 par cette ONG, puis signalés au HCR[372].

S'agissant de l'apport des organisations religieuses dans l'identification des ENA, celui-ci est tout autant essentiel que la place qu'occupent ces églises dans la vie des Congolais. Toutefois, leur intervention reste indirecte, c'est-à-dire qu'elle consiste à recueillir physiquement ces enfants, pour ensuite les présenter aux Organisations non gouvernementales habilitées ou bien aux agences des Nations Unies compétentes en cette matière.

En effet, la société congolaise est majoritairement croyante. Elle croit à la fois à Dieu et aux ancêtres. La religion majoritaire au Congo est la religion chrétienne dont la majorité est catholique. Cette dernière représente 40 à 50 % de la population contre 40 à 50 %(protestants), 5 à 10 % (musulmans), 5 à 10 %(kimbanguistes)[373].

Ces églises sont à la fois des lieux de culte, des bureaux de psychologues, des hôpitaux, des écoles, des familles de

---

372 *Op.cit.*

373 https://www.diplomatie.gouv.fr/fr/dossiers-pays/republique-democratique-du-congo/presentation-de-larepublique-democratique-du-congo/, consulter le 03/04/2020. Lire aussi : Cabinet d'étude Target, *RDC- religion 2019 : Les Congolais croient à une providence divine, Kinshasa*, 2019, in [https://www.target-sarl.cd/fr/content/rdc-religion-2019-les-congolais-croient-une-providence-divine], Consulté le 03/04/2020.

remplacement, bref les réponses sociales aux crises socio-économiques que traverse ce pays.

C'est ce qui accroît leur influence dans la société congolaise. C'est ainsi que Lison Guignard a démontré combien l'Église catholique garde encore aujourd'hui une forte influence en Afrique et spécifiquement en RDC[374]. Abondant dans le même sens, Alexis Matangila résume les discours des églises en RDC en ces termes : « *Ces discours (...) sont remplis de promesses quant au salut de l'âme, à la santé du corps, à la protection contre les mauvais esprits et au bien-être matériel* »[375]. C'est ce qui justifie l'adhésion rapide des fidèles en perte de tout repère et complètement désespérés. Cette emprise de la société par des églises, qui promettent ciel et terre à leurs fidèles, est présente presque dans toutes les sociétés africaines à des proportions différentes[376]. C'est pourquoi dans des parties reculées de la RDC, en l'absence de structures étatiques, les églises remplacent certains services étatiques en fournissant à la fois tout et rien : structures sanitaires, scolaires, « judiciaires » (j'attends par-là, les structures des règlements pacifiques des différends)[377]. C'est pourquoi encore qu'à l'absence ou

---

374 L. Guignard, « Résistances catholiques au protocole de Maputo. Mobilisations et controverses autour de la libéralisation de l'avortement en Afrique », in *Genre, sexualité & société*, no 18, 2017, pp.7, 8, 9.

375 A. Matangila, « Pour une analyse du discours des Églises de réveil à Kinshasa Méthode et contexte », in Civilisations 2006/1 (54-1), pages 77 à 84.

376 M. Mebiame Zomo, J. Tonda, J-P. Missie, (dirs.), *Les églises et la société congolaise d'aujourd'hui*, Paris, Le Harmattan, coll. « Études africaines », 2006, p.193, Archives de sciences des religions, avril-juin 2008, consulter le 03/04/2020.

377 Flaam (H.) et alii, « Accès à la justice en RDC », in *CAHIER DU CERPRU*, Bukavu, Numéro spécial, 25ème année, No 24, avril 2017, P.48.

faiblesse de structures étatiques, telles que les antennes de la CNR, les églises identifient les ENA, les accueillent provisoirement ou définitivement ou les accompagnent dans leurs démarches administratives[378]. C'est par exemple le cas des commissions justice et paix de l'Église catholique ou des départements des affaires sociales dans les Églises dites de réveil.

C'est donc comme des structures sociales que les organisations religieuses sont régulièrement informées par leurs fidèles ou tout autre membre de la communauté, de l'existence des enfants non accompagnés et sont invitées à les accueillir provisoirement en attendant une prise en charge adaptée par les organes habilités.

Il n'existe donc pour cela aucun formulaire ou modèle fixe d'enregistrement des ENA par ces structures. Car non seulement elles n'ont pas par essence cette vocation, mais qu'en plus elles n'ont pas toujours les ressources financières et humaines nécessaires.

En plus, la manière dont elles sont informées varie d'une organisation religieuse à une autre, d'une communauté à une autre ou même de la situation d'un enfant à un autre enfant.

Parallèlement, leur façon de signaler ces enfants aux ONG ou agences Onusiennes dépend aussi des usages et varie d'une organisation religieuse à une autre.

Quoi qu'il soit, ces organisations jouent souvent le rôle d'intermédiaires entre le moment d'accueil de ces enfants et celui de leur identification effective par les organes compétents.

---

[378] Bureau international catholique pour l'Enfance, *La protection légale et judiciaire des enfants en RDC Problèmes centraux et propositions*, Kinshasa, 2004, P.6. https://www.refworld.org/pdfid/46caab0e4.pdf, consulté le 28/04/2021.

Dans certaines circonstances, elles sont même parmi les premières à prendre connaissance de l'existence de ces enfants et à leur offrir les premières assistances.

SOUS-SECTION 2 : RÔLE DU HAUT-COMMISSARIAT POUR LES RÉFUGIÉS ET DU COMITÉ INTERNATIONAL DE LA CROIX ROUGE DANS L'IDENTIFICATION

En République démocratique du Congo, l'identification des enfants non accompagnés est aussi faite par le HCR (Paragraphe 1) et par le CICR (Paragraphe 2).

Paragraphe 1 : Rôle du Haut-Commissariat des Nations Unies pour les réfugiés

Ce droit à l'identification leur est formellement reconnu (§1), et il est aussi effectivement exercé (§2).

A- De la reconnaissance de la compétence du HCR …

L'agence des Nations Unies pour les réfugiés (ici dénommée « HCR ») créée en 1950[379], cinq après la fin de la Seconde Guerre mondiale pour venir en aide aux millions d'Européens qui avaient fui ou perdu leur foyer, pour une durée initiale de trois ans ; mais son mandat sera ensuite renouvelé jusqu'à un mandat illimité

379 Assemblée Générale des Nations Unies, *Résolution n° 428 (v)*, 14 décembre 1950.

temporellement[380]. Cette agence fut précédée par l'organisation internationale des réfugiés en sigle OIR, créée en 1946 pour une durée déterminée[381].

D'après l'article 2, elle était chargée d'identifier, d'inscrire, de rapatrier et de classer les personnes relevant de son mandat (les réfugiés et déplacés internes)[382]. Toutefois, compte tenu de son échec à remplir ses missions, elle fut remplacée par le HCR en 1950[383].

En effet selon son statut et d'autres textes postérieurs, le HCR est notamment chargé de la protection internationale des réfugiés, demandeurs d'asile, rapatriés, apatrides et déplacés internes. Cette protection peut consister en la reconnaissance du statut de réfugié ou d'apatridie ; dans la réinstallation, le renforcement de capacités, l'assistance socio-économique. C'est donc dans l'exercice de sa mission de protection que s'inscrit son pouvoir d'identifier et d'accompagner les ENA. Celle-ci consiste à admettre et enregistrer les demandeurs d'asile ; s'assurer que les réfugiés ne soient pas renvoyés de force vers leur pays d'origine où leur vie serait menacée[384] ; recenser et satisfaire les besoins en protection spécifiques de certains hommes, femmes, garçons et filles ; veiller à ce

380 J-Y Carlier et S. Sarolea, *Droit des étrangers*, Bruylant, Bruxelles, 2016, p.405.

381 Assemblée Générale des Nations Unies, *Résolution 62 (I)* du 15 décembre 1946

382 Article 2 de la *résolution 62 (I)* du 15 décembre 1946, Assemblée Générale des Nations Unies.

383 G. Jaegher, « Les Nations Unies et le droit des réfugiés" », *Revue Belge de droit international*, 1989.1, §93.

384 CEDH, *Arrêt SOERING c. Royaume-Uni*, Requête no14038/8, 07 juillet 1989, §111. Lire aussi : article 3 de la Convention contre la torture ; et de convention européenne des Droits de l'Homme. Mais aussi : Comité des Droits de l'Homme, *Communication no 1465/2006 : Kaba c. Canada, 25 mars 2010, §10.1.*

que les Droits de l'Homme des personnes relevant de son mandat soient respectés ; collaborer avec les pays pour trouver et proposer des solutions durables aux réfugiés et autres personnes relevant de la compétence du HCR[385]. Toutefois, la responsabilité première en matière de protection incombe aux États, le HCR ne vient qu'à l'appui aux États.

En plus, dans l'accomplissement de son mandat de protection, le HCR est soutenu par les ONG[386]. Autrement dit, c'est à travers le partenariat avec les ONG que le HCR développe ses projets. Dans NGO Partnerships In Refugee protection, le HCR note: «(…) *Le HCR travaille depuis longtemps avec les ONG… Les ONG jouent un rôle de plus en plus important dans la protection des réfugiés. En tant que partenaires d'exécution, les ONG contribuent à un large éventail d'activités de protection; par exemple, la prévention et la réponse à la violence sexuelle et sexiste, et la satisfaction des besoins des femmes et des enfants* »[387]. C'est aussi ce qui avait été rappelé dans Protecting Refugees A Field Guide For Ngos : «(…) *En raison de leur statut indépendant, les ONG sont souvent les premières agences à arriver et à fournir une assistance en cas d'urgence. Les ONG peuvent utiliser leur présence et leur implication directe auprès des individus pour aider à protéger les réfugiés en alertant le public et les médias sur ces préoccupations; signaler les problèmes de protection; promouvoir les normes internationales auprès des autorités gouvernementales et*

385 CEDH, *Op.cit.*

386 HCR, *Protection internationale. Programme d'information à la protection*, 1re édition, Genève, 2006, p.14.

387 HCR, *NGO Partnerships In Refugee protection. Questions and Answers*, Genève, 2007, p.12.

locales; offrir des conseils juridiques et sociaux, des programmes d'éducation et de formation aux réfugiés; et surveiller les droits de l'homme à la fois dans le pays d'origine et dans le pays d'asile»[388].

Par conséquent, les ONG aident le HCR dans la réalisation de son mandat relatif à l'identification des ENA. C'est aussi ce que rapporte Mariame SIDIBÉ[389] dans sa thèse de doctorat : «*…le HCR accorde une attention particulière(...) aux enfants isolés et non accompagnés* ».

B- … À l'exercice effectif de ce pouvoir d'identification

Le HCR est présent en RDC depuis le 1er avril 1975 grâce à l'accord de siège signé entre le HCR et le gouvernement zaïrois[390].

En effet, aux termes de l'article 1 dudit accord, la délégation régionale du HCR en RDC devrait exercer ses fonctions conformément à son statut ainsi qu'avec les résolutions subséquentes de l'Assemblée générale de l'ONU.

En plus, les fonctions de cette délégation sont les mêmes que celles reconnues au HCR analysé ci-dessus[391].

---

388 HCR, *Protecting Refugees A FIELD GUIDE FOR NGOS*, Genève, 1999, p.15.

389 M. Sidibé, *Une approche sociopolitique de la question des réfugiés dans la crise de l'état au mali Cas des réfugiés maliens de la région de Tillabéri au Niger*, Université de Bordeaux, 7 juin 2019, p.163.

390 Accord de siège entre le conseil exécutif de la République du Zaïre et le Haut-commissariat des Nations Unies pour les réfugiés.

Ces missions peuvent être exercées soit directement par le HCR soit par ses ONG partenaires.

C'est pour cela que le HCR-RDC a conclu de nombreux partenariats avec des ONG pour développer certains projets.

C'est par exemple le cas de son partenariat avec l'ONG international Committe for Emergency Aid and Development en 2017. Ce partenariat fut conclu dans le contexte d'une guerre interethnique dans la région du Kasaï. Il avait pour but de faire du monitoring sur la protection des déplacés internes avec notamment comme activités, l'identification des ENA. Ce partenariat a été ensuite, repris par l'ONG War Child Uk en 2018, avec l'extension dans deux autres provinces[392]. C'est ainsi qu'à travers des fiches d'identification et de référencement, les ENA sont identifiés par les Moniteurs de protection de l'ONG War Child UK et par les membres de comités locaux de protection, constitués des membres des communautés locales. C'est également le cas de son partenariat avec l'ONG Actions et Interventions pour le développement et l'encadrement social pour couvrir la région du Kivu[393]. Il ressort de ce qui précède que l'identification des ENA par le HCR en RDC se fait principalement grâce à ses ONG partenaires présentes sur le terrain. Puis, le HCR les accompagne dans la procédure de reconnaissance du statut des réfugiés, lorsqu'il s'agit d'ENA demandeurs d'asile. Il les réfère à d'autres agences de protection de l'enfance regroupées dans le sous-

---

391 Article 1, §2, *de l'*Accord de siège entre le conseil exécutif de la République du Zaïre et le Haut-commissariat des Nations Unies pour les réfugiés.

392 *Avenant au projet WAR CHILD-HCR*, Kinshasa, 2019, inédit, p.4.

393 [https://www.aidesong.org/projects], consulté le 03/04/2020.

cluster sur la protection de l'enfance, lorsqu'une protection spécifique est requise.

Paragraphe 2 : Rôle du Comité international de la Croix-Rouge

A- De la reconnaissance de la compétence du CICR …

Depuis sa fondation en 1863, le Comité international de la Croix-Rouge (ici dénommé « CICR »)[394] a grandi et s'est développé jusqu'à former l'organisation internationalement reconnue[395]. Son statut juridique reste très singulier ; bien qu'il soit, en droit suisse, une association ordinaire composée entièrement de citoyens suisses. Il a néanmoins reçu des pouvoirs exceptionnels de la communauté internationale[396]. C'est ce qui ressort de l'analyse de l'article 2 des statuts du CICR qui dispose : «(…) *Le CICR est constitué en association régie par les articles 60 et suivants du Code civil suisse. Toutefois, afin de pouvoir remplir son mandat et sa mission humanitaires, le CICR bénéficie d'un statut équivalent à celui d'une organisation internationale et possède une personnalité juridique internationale dans l'exercice de ses fonctions* »[397]. Ainsi, il apparaît comme une organisation nationale de par ses structures et compositions et, comme une organisation internationale par ses activités.

---

394 A. Bouvier, *Droit international Humanitaire et Droit Des Conflits armés*, Williamsburg, 2008, p. 147

395. *Idem.*

396 *Idem.*

397 Article 2 des statuts du CICR, adoptés le 21 décembre 2017 et entrés en vigueur le 1er janvier 2018.

S'agissant de ses fonctions, le CICR est principalement chargé de protéger et d'assister les victimes de conflits armés et d'autres situations de violence.

Pour cela, il dispose des tâches générales et spécifiques, édictées par les conventions de Genève, ses protocoles additionnels et ses statuts.

En effet, la tâche générale du CICR dans le contexte d'un conflit armé est non seulement de servir d'intermédiaire neutre entre les parties au conflit, afin d'apporter protection et assistance aux victimes de la guerre[398]. Mais aussi et surtout de prendre toute initiative humanitaire qui entre dans son rôle d'institution et d'intermédiaire neutre et indépendant, et d'étudier toute question dont l'examen par une telle institution s'impose[399]. Autrement dit, grâce à sa neutralité par rapport aux belligérants, le CICR assiste indistinctement les victimes. Ses tâches spécifiques quant à elles, consistent entre autres à visiter et s'entretenir, sans témoins, avec les prisonniers de guerre et les civils protégés, particulièrement quand ils sont internés ou détenus[400] ; rechercher les personnes manquantes et retrouver la trace des prisonniers de guerre et des civils et transmettre leurs messages aux familles…[401].

En plus de ces tâches, les statuts du CICR prévoient qu'il est également le gardien des Conventions de Genève ; qu'il a le pouvoir de prendre toute initiative

398 *Op.cit.* Lire aussi : Article 9 commun aux 4 conventions de Genève, 12 Aout 1949.

399 Article 4.2 des statuts du CICR.

400 Article 126 Convention de Genève III pour les prisonniers de guerre, 12 Aout 1949.

401 Article 123 de la Convention de Genève III, 12 Aout 1949.

humanitaire qui entre dans son rôle d'institution et d'intermédiaire spécifiquement neutre[402].

Concrètement, cette dernière compétence donne une large aptitude au CICR de prendre toutes initiatives qu'il juge essentielles dans l'accompagnement de sa mission humanitaire. Ces initiatives peuvent consister par exemple en une assistance médicale aux victimes de conflit ; une aide alimentaire dans les situations de conflit ; des visites dans les camps de prisonniers de guerre; dans le travail de l'Agence centrale de renseignement; dans l'assistance aux personnes déplacées par les conflits…[403]. Le rôle du CICR en faveur des déplacés internes ou externes comprend entre autres aide alimentaire, soins et travail de recherche pour réunir les membres des familles séparées par les conflits[404]. Cette dernière tâche en implique une autre : celle d'identification des différents membres d'une famille ayant perdu tout contact à cause de la guerre. Ces membres de famille peuvent être des personnes adultes comme mineures. C'est donc dans ce cadre que le CICR identifie les ENA, qu'il s'agisse des ENA réfugiés, demandeurs d'asile ou déplacés internes. Romuald Likibi a aussi soutenu par exemple que le CICR joue un rôle essentiel dans la mise en œuvre de la Convention de Kampala sur les Déplacés internes[405].

---

402 Article 4.3 des statuts du CICR, adoptés le 21 décembre 2017 et entrés en vigueur le 1er janvier 2018.

403 A. Bouvier, *Droit international Humanitaire et Droit Des Conflits armés*, Williamsburg, 2008, p. 149. Lire aussi : CICR, *Le CICR sa mission et son action*, Genève, 2009, pp.18-24.

404 *Idem.*

405 R. Likibi, *Les personnes déplacées internes en Afrique : repères juridiques et réalités. Contribution à l'étude de la Convention de Kampala*, Publibook, Saint-Denis, 2018, p.299.

B- … À l'exercice effectif de ce pouvoir en RDC

Le CICR est établi en RDC depuis le 27 février 1982 grâce à la signature d'un accord de siège avec le gouvernement congolais[406]. Il dispose de bureaux dans différentes provinces de la RDC touchées par les conflits armés, dont la province du Kivu, Kasaï, Maniema, Haut-Katanga, Ituri…

En effet, la délégation du CICR en RDC exerce toutes les tâches relevées ci-dessus notamment celle d'assistance aux personnes déplacées. C'est donc dans ce cadre qu'il avait en 2018 réunifié plus de 430 familles et que plus de 28 900 ENA avaient été identifiés, puis réunifiés en 2019[407].

En ce qui concerne spécifiquement les ENA, le CICR-RDC a rapporté l'identification en 2007 de plus de 852 enfants non accompagnés dont 473 avaient bénéficié de la réunification[408]. Alors qu'en 2016, plus de 330 ENA avaient été réunifiés par le CICR[409]. L'Unicef et l'ONG Save The Children ont aussi rapporté l'existence en RDC en 2020, de plus de 11 700 ENA dont seulement 1040 ont bénéficié d'une assistance transitoire contre 888 ENA qui ont bénéficié d'une réunification familiale ou

---

406 Il s'est établi au Zaïre grâce à l'Ordonnance loi n°83/014 du 1er avril 1983

407 CICR, *République démocratique du Congo focus 2018*, Kinshasa, 2019, p.1.

408 CICR, *Les activités du Comité international de la Croix-Rouge (CICR) en République démocratique du Congo*, Kinshasa, Janvier – décembre 2007, p.1.

409 CICR, *Faits essentiels 2016 : le CICR en République démocratique du Congo*, Kinshasa, 1er janvier – 31 décembre 2016, p.1.

communautaire[410]. Ces données du sous-Cluster protection de l'enfance proviennent de plusieurs agences membres dont le CICR.

Les standards minimaux pour la protection de l'enfance dans l'intervention humanitaire imposent une certaine harmonisation dans l'enregistrement des ENA ou du moins, l'existence d'une base commune pour tous les acteurs humanitaires[411].

Les Principes directeurs interagences relatifs aux ENA ou séparés de leur famille rappellent également la nécessité de mettre en place un mécanisme coordonné et adapté d'identification des ENA[412]. C'est ainsi qu'en 2019, le Groupe de Travail sur la Protection de l'Enfant avait adopté un formulaire d'évaluation rapide de protection de l'enfance, en sigle GTPE – RDC dont la matrice est aussi utilisée par le CICR pour identifier les ENA.

De plus, à l'instar des autres organismes qui interviennent dans la protection de l'enfant, le CICR recourt également à la procédure d'entretien individuel avec l'enfant non accompagné. Il peut aussi recourir à d'autres types de recherches toujours dans le but de recueillir les informations nécessaires à son identification et éventuellement à celle de ses parents ou autres membres de famille.

En outre, il peut aussi être informé soit directement de l'existence des enfants non accompagnés dans une région donnée par ses agents de protection de terrain soit par les

---

410 GTPE National, *Bulletin d'information sous cluster protection de l'enfance*, Kinshasa, Février 2020, p.1.

411 Groupe de travail sur la protection de l'enfant, *Standards minimums pour la protection de l'enfance dans l'intervention humanitaire*, 2012, p.131.

412 CICR, *Principes directeurs inter-agences relatifs aux enfants non accompagnés ou séparés de leur famille*, Genève, 2004, p.30.

organisations religieuses ou non gouvernementales ou parfois par les membres de communautés locales ou des déplacés forcés.

Dans tous les cas, lorsqu'il est informé, il enclenche directement le processus de recueil des données nécessaires à l'identification de ces enfants et organise une prise en charge provisoire s'il y a lieu.

De tout ce qui précède, le droit à l'identification des ENA est en gestation ; sa mise en œuvre effective est assurée par plusieurs acteurs avec un effort d'harmonisation. Qu'adviendra-t-il alors à ces enfants après leur identification ?

CHAPITRE 2 : DU DROIT À LA RÉUNIFICATION FAMILIALE DES ENFANTS NON ACCOMPAGNÉS

Dès qu'un enfant en rupture familiale est pris en charge, tous les efforts devraient être entrepris pour rechercher sa famille et rétablir les liens familiaux, lorsque cela est dans l'intérêt supérieur de l'enfant et ne met pas en danger les personnes concernées[413].

Ce chapitre nous donnera l'occasion de revenir sur les modalités de mise en œuvre du droit à la réunification en faveur des enfants non accompagnés (sous-chapitre 1), mais aussi et surtout sur un certain nombre des difficultés que rencontre cette mise en œuvre (sous-chapitre 2).

---

[413] Groupe de travail sur la protection de l'enfant, *Lignes directrices pour la prise en charge transitoire des enfants en RDC*, Kinshasa, 2020, p.23.

SOUS-CHAPITRE 1 : MISE EN ŒUVRE DU DROIT À LA RÉUNIFICATION FAMILIALE : CE QU'IL FAUT RETENIR

Le droit à la réunification familiale des enfants non accompagnés est mis en œuvre sur la base des conditions bien déterminées et suivant une procédure précise, qu'il convient à présent d'analyser (Section 1).

Il convient en outre d'analyser les différents organes qui interviennent dans le cadre de la réunification familiale en République démocratique du Congo (Section 2).

SECTION 1 : REUNIFICATION FAMILIALE : QUELLE PROCÉDURE ?

En République démocratique du Congo, la procédure de réunification familiale est organisée dans les Lignes directrices pour la prise en charge transitoire des enfants en RDC.

Celles-ci organisent d'abord, une phase préalable *d'évaluation ou de vérification* visant à déterminer si la réunification est dans l'intérêt supérieur de l'enfant et si la famille a la volonté et la capacité de s'occuper de l'enfant.

Elle consiste en outre, à vérifier que la réunification n'aura pas pour effet d'exposer l'enfant à la maltraitance ou à la négligence, à vérifier si la famille de l'enfant vit dans un environnement susceptible de l'exposer à un préjudice physique ou émotionnel ou encore à vérifier si la famille dans laquelle il vit actuellement n'est pas plus protectrice que celle dans laquelle il serait intégré[414]. Pendant cette phase, la volonté de l'enfant est prise en compte en fonction de son degré de maturité. Sont aussi pris en compte ses opinions et besoins spécifiques. À la fin de cette phase, une décision sera prise soit positivement soit négativement par l'organisme qui facilite cette réunification. Cette phase se fait notamment à travers une série d'entretiens avec ou sans l'enfant non accompagné.

Toutefois, dans le cas où il s'avère que la réunification familiale n'est pas dans l'intérêt de l'enfant, la décision à prendre doit se faire dans le cadre d'une plateforme constituée des agences de protection de l'enfance,

414 Groupe de travail sur la protection de l'enfant, *Lignes directrices pour la prise en charge transitoire des enfants en RDC*, Kinshasa, 2020, p.13.

Division des affaires sociales des Ministères des Affaires sociales et de l'Unicef[415].

Par ailleurs, s'il est admis que la réunification est dans l'intérêt supérieur de l'enfant, il est alors procédé à la phase de préparation à la réunification.

Celle-ci consiste d'abord à préparer l'enfant qui doit être réinséré dans sa famille. Il sera question par exemple de l'informer sur tout changement au sein de la famille : naissance, mariage, décès et nouveaux membres du ménage, s'il est parti depuis longtemps. L'aider à réapprendre à connaître ses parents, ses frères et sœurs, les habitudes de la famille.

Ensuite, il sera nécessaire de préparer également la famille qui doit l'accueillir. Celle-ci doit prendre toutes les mesures nécessaires telles que l'aménagement du cadre socio-économique de la famille (logement, restauration, soutien scolaire ou psychologique).

Enfin, la communauté dans laquelle sera réinséré l'enfant doit aussi être préparée pour prévenir tout risque de stigmatisation ou d'exclusion.

Il revient donc à l'agent de protection qui facilite la réunification de veiller au respect de ces conditions avant de ramener l'enfant dans sa famille.

Ainsi, le but de cette première phase est d'évaluer le besoin de protection de l'enfant en vue de lui proposer une solution adaptée.

La deuxième phase de la procédure de réunification est plus matérielle : c'est la réunification familiale *proprement dite*.

---

415 *Op.cit.*

Elle consiste à réunir un enfant avec sa famille ou avec la personne qui s'occupait précédemment de lui, dans le but d'assurer, ou de rétablir, sa prise en charge à long terme[416]. Elle suppose non seulement le remplissage d'une fiche de réunification à la Division des Affaires Sociales du Ministère des Affaires sociales par les membres de la famille de l'enfant à regrouper ; mais aussi et surtout la remise d'un ensemble d'objets tels que les vêtements, les chaussures, l'argent, etc. à l'enfant à réunifier pour faciliter sa réintégration dans sa famille. Après cette phase, les visites seront organisées, le suivi post réunification en vue d'évaluer et de renforcer l'intégration de l'enfant dans la famille et dans la communauté[417].

Cependant, lorsqu'il s'agit de la réunification familiale d'un enfant réfugié ou demandeur d'asile dont les membres de la famille sont à l'étranger et qui comptent le rejoindre, cette réunification doit aussi prendre en compte les conditions posées pour l'entrée et le séjour en RDC. Il peut s'agir d'une demande préalable d'un titre de séjour sur la base du regroupement familial auprès du consulat ou de l'ambassade de la RDC à l'étranger. Si l'enfant est reconnu réfugié ou s'il est en procédure d'asile, cette démarche est facilitée par le Haut-commissariat des Nations Unies pour les réfugiés, par le Comité international de la Croix rouge ou par le Fonds de Nations Unies pour l'enfance. Dans ce dernier cas, c'est-à-dire d'un enfant réfugié, la réunification familiale se fait en principe automatiquement sur la base du principe de l'unité familiale qui conduit à la reconnaissance du statut dérivé des réfugiés.

---

416 CICR, *Principes directeurs inter-agences relatifs aux enfants non accompagnés ou séparés de leur famille*, Genève, 2004, p.37.
417 Groupe de travail sur la protection de l'enfant, *Lignes directrices pour la prise en charge transitoire des enfants en RDC, Op.cit.*

Dans le cas contraire, l'Organisation internationale de Migration, le Fonds des Nations Unies pour l'enfance ou le CICR peuvent concourir soit à son rapatriement vers son pays d'origine soit à l'obtention d'un titre de séjour en RDC. Dans tous les cas, les efforts sont déployés pour parvenir à une solution adaptée et favorable à l'intérêt supérieur de l'enfant.

En droit européen par exemple, dans le cas d'un réfugié reconnu, le droit à la réunification familiale ne se limite pas à la famille nucléaire, avions-nous rappelé.

S'il s'agit d'un ENA, le droit à la réunification familiale est reconnu à sa mère et son père, sans aucune exigence de dépendance financière, à défaut son tuteur légal ou tout autre membre de la famille[418]. En outre, ces ENA n'ont pas non plus à prouver leurs capacités financières ni l'intégration de membres de leurs familles dans le pays d'accueil comme c'est le cas pour les autres demandes de regroupement familial. Comme rappelé précédemment, cette question a été posée devant le Conseil du contentieux des étrangers en Belgique dans l'affaire *C.C.E.* du 30 avril 2018, n° 203 297 dont la requérante d'origine congolaise sollicitait la reconnaissance du statut de réfugié, statut dérivé sur la base du principe de l'unité familiale dans la mesure où sa fille âgée de 3 ans, avait le statut de réfugié en Belgique. Le Conseil avait rejeté sa demande au motif que ce droit n'est accordé qu'aux dépendants du réfugié chef de

418 Unicef, *Le droit de l'enfant au regroupement familial*, 2016, p.7, in [https://www.unicef.be/fr/a-propos-unicef/unicef-en-belgique/defense-des-droits-de-lenfant/le-travail-dunicef-belgique-en-faveur-des-enfants-migrants/advocacy-brief-family-reunification-fr/], consulté le 12/07/2020.

famille et non l'inverse. Car dans le cas d'espèce, la requérante ne saurait prétendre dépendre économiquement de sa fille de 3 ans[419]. Cette décision qui érige la dépendance économique comme l'une des conditions pour bénéficier du statut dérivé ne saurait s'appliquer en l'espèce. Car, il s'agissait dans cette affaire d'un enfant accompagné et non d'un enfant non accompagné.

En plus, même s'il en était autrement, la dépendance économique érigée en condition ne saurait pas non plus être retenue, dans la mesure où elle se fonde sur une approche dépassée de la notion de dépendance. Ce qui est aujourd'hui recherché, c'est plus une dépendance affective ou sociale et non une dépendance économique[420].

Ainsi, pour l'application du droit à la réunification familiale des ENA, l'article 10(3.a) de la Directive du Conseil souligne : « (…) *si le réfugié est un mineur non accompagné, les États membres : autorisent l'entrée et le séjour aux fins du regroupement familial de ses ascendants directs au premier degré sans qu'il ne soit obligé de justifier qu'ils sont à sa charge et qu'ils soient privés du soutien familial* »[421]. En droit congolais par contre, ce droit n'est pas bien élaboré, encore moins la procédure de la réunification famille des ENA d'origine étrangère. C'est aussi le cas de la définition des organes habilités à faciliter cette procédure et les documents requis

419 C.C.E., 30 avril 2018, n° 203 297, Belgique.

420 HCR, *Note d'orientation sur les demandes d'asile relatives aux mutilations génitales féminines*, Genève, 2009, p.9. Lire aussi: HCR, *Guidelines on international protection: Child Asylum Claims under Articles 1(A) 2 and 1(F) of the 1951 Convention and/or 1967 Protocol relating to the Status of Refugees*, Genève, 2009.

421 Article 10 de la Directive 2003/86/ce du Conseil du 22 septembre 2003 relative au droit au regroupement familial, *Op.cit.*

pour formuler cette demande… Ce qui laisse place aux habitudes aussi disparates qu'incohérentes des organes qui travaillent dans ce domaine, qu'il convient à présent d'analyser.

SECTION 2 : LES MÉCANISMES DE MISE EN ŒUVRE DE LA REUNIFICATION FAMILIALE

La mise en œuvre effective de la réunification familiale implique d'une part que l'on recherche les membres de famille et d'autre part, que ces derniers soient mis en contact. Pour cela, différents acteurs interviennent durant ces phases soit pour rechercher les membres de famille séparés (Paragraphe 1), soit pour faciliter la mise en contact de ces derniers, lorsqu'ils sont retrouvés (Paragraphe 2) dans le pays d'accueil, dans le pays d'origine ou bien dans un pays tiers.

Paragraphe 1 : La recherche des membres de la famille des ENA : Le rôle primordial du CICR et des organisations religieuses

La recherche des membres de famille séparés consiste à tenter de retrouver les traces des membres de la famille d'un enfant ou des personnes initialement chargées, par la coutume ou par la loi, de s'occuper de lui. Elle peut se dérouler soit dans l'enceinte d'un camp de réfugiés ou de déplacés internes, soit entre plusieurs camps ou zones géographiques du pays d'asile soit encore entre plusieurs pays constituant le chemin d'asile parcouru par un enfant. Ce processus est pris en charge principalement par le Comité international de la Croix rouge et les organisations de la société civile.

S'agissant du Comité international de la Croix rouge, il recourt à plusieurs méthodes dans la recherche des membres de famille disparus. Il peut s'agir des méthodes basées sur la recherche de masse (basée sur des procédés physiques) ou celles basées sur la recherche par internet. Parfois, la méthode de recherche basée sur la communauté ou celle basée sur le dossier des enfants est utilisée. Ces méthodes de recherche se recoupent souvent ; elles ne sont pas employées de manière exclusive et varient d'une situation de recherche à une autre, d'une région à une autre.

En effet, le Comité international de la Croix rouge dispose du mandat pour rétablir les liens familiaux rompus à la suite d'une séparation résultant d'un conflit armé ou d'autres situations de violence, d'une détention, des catastrophes naturelles ou humaines, ou des migrations[422].

Dans le besoin de savoir rétablir les liens entre les membres de familles dispersées, le CICR rappelle son rôle dans la recherche des membres de famille des enfants non accompagnés en ces termes : « (…) *Le CICR, les Sociétés nationales et ses partenaires, enregistrent les enfants non accompagnés où qu'ils se trouvent et suivent leur dossier. Ils relèvent l'identité de chaque enfant et recueillent toutes les informations qui pourraient faciliter la localisation de sa famille. Ensuite à travers ses collaborateurs, il se rend dans les villes et les villages d'origine des enfants dans l'espoir d'y trouver des membres de leur famille, ainsi que pour consulter les autorités et diverses personnes qui pourraient leur fournir des informations utiles* »[423]. Cela est également rappelé dans les Principes directeurs interagences relatifs aux enfants non accompagnés ou séparés de leur famille[424] : « *Le CICR et les Sociétés*

---

422 HCR, *Recherche et réunification de la famille*, in [https://www.refworld.org/cgi-bin/texis/vtx/rwmain/opendocpdf.pdf?reldoc], *consulté le 1 Mai 2020.*
423 CICR, *Le besoin de savoir rétablir les liens entre les membres de familles dispersées*, Genève, 2018, p.10.
424 CICR, *Principes directeurs inter-agences relatifs aux enfants non accompagnés ou séparés de leur famille*, Genève, 2004, p.38.

nationales de la Croix-Rouge et du Croissant Rouge ont le mandat d'effectuer des recherches au travers des frontières internationales ». Il arrive en outre, qu'il placarde les photos de ces enfants, dans les bureaux des sections des Sociétés nationales et dans des endroits qui attirent les foules, dans l'espoir de retrouver les personnes qui les connaissent ou connaissent les membres de leur famille ou communauté. C'est l'exemple parfait d'une recherche de masse. De plus, il peut recourir au support internet pour rechercher les membres de famille de l'enfant non accompagné. Cette méthode a été rappelée dans le document intitulé : « les activités en faveur des migrants »[425] selon lequel, « le Réseau des liens familiaux, composé du CICR et des 189 Sociétés nationales, s'efforce de rétablir le contact entre les différents membres de famille séparés par la mise à disposition de téléphones. Ce rétablissement de contact peut aussi se faire par l'échange de messages écrits et par le site web dédié au rétablissement des liens familiaux; de la collecte et du traitement centralisé des demandes de recherche ; de l'enregistrement et des suivis des personnes vulnérables en particulier, tels que les enfants non accompagnés ».

S'agissant de ces sites internet, il peut s'agir soit de www.tracetheface.org mis en place pour retrouver les membres de famille séparés dans le cadre de la migration en Europe ou celui de familylinks.icrc.org. Ces sites internet aident le CICR à retrouver les membres de famille séparés. Même s'ils nécessitent que ces personnes séparées se retrouvent dans la base de données du CICR. Cela suppose en outre que ces membres aient accès à l'internet et au téléphone portable.

---

[425] CICR, *Activités en faveur des migrants que Le Réseau des liens familiaux*, Genève, 2016, p.6.

Or, dans la plupart des cas, il n'est pas aisé, surtout dans des régions reculées du pays, de disposer d'un téléphone portable ou d'avoir accès à l'internet. Lorsqu'il s'agit des enfants, les Standards minimums pour la protection de l'enfance dans l'intervention humanitaire du Groupe de Travail des Nations Unies sur la Protection de l'enfant insistent sur la nécessité d'adopter des mesures de recherche rapide et de procéder à la recherche de manière prioritaire[426] et le plus tôt possible[427]. Cette obligation de célérité est soutenue par le Comité des droits de l'enfant dans son Observation générale n°6 portant sur le traitement des enfants non accompagnés et des enfants séparés en dehors de leur pays d'origine ; en ce sens: «*l'intérêt supérieur de l'enfant doit également être un principe directeur dans la détermination du degré de priorité des besoins en matière de protection et du calendrier des mesures à appliquer à l'enfant non accompagné ou séparé* »[428].

La recherche peut également se faire soit en utilisant un ensemble de moyens modernes et traditionnels disponibles tels que courriels, téléphones portables, réseaux du clan ou de la tribu. Dans ce cas, elle est dite : « Recherche basée sur la communauté » ; soit encore sur dossier de chaque enfant, elle est alors qualifiée de recherche par dossier. Elle est menée sur le nom de l'enfant ou des parents par une organisation qui en a le mandat.

---

426 Groupe de travail sur la protection de l'enfant, *Standards minimums pour la protection de l'enfance dans l'intervention humanitaire*, 2012, p.141.

427 CICR, *Principes directeurs inter-agences relatifs aux enfants non accompagnés ou séparés de leur famille*, Genève, 2004, p.35.

428 Comité des droits de l'enfant, *Observation générale no 6 (2005) : traitement des enfants non accompagnés et des enfants séparés en dehors de leur pays d'origine*, Genève, 2005, §31.

Elle implique que les recherches soient faites au dernier endroit où l'enfant et sa famille étaient vus ensemble pour la dernière fois, près de leur lieu d'origine, ou dans d'autres endroits déterminés par l'histoire de la séparation[429]. C'est par exemple ce type de recherche que font le CICR et les autres organisations.

En définitive, les activités du CICR dans la recherche des membres de famille des ENA se font soit par des rencontres directes avec les membres du village, des communautés dont les enfants feraient partie soit par le support internet chargé du rétablissement des liens familiaux soit encore par des affiches dans des lieux publics ou accessibles au public. Elles dépendent du contexte, de la situation particulière de chaque enfant ou famille, et de l'impératif d'efficacité.

Ces différentes méthodes de recherche des membres de famille séparés sont également utilisées par le CICR-RDC pour retrouver les traces des membres de la famille des enfants non accompagnés identifiés aux fins d'une réunification.

C'est pourquoi les données du CICR-RDC nous révèlent qu'il y avait en 2016 plus de 330 enfants non accompagnés réunifiés[430], contre plus de 473 en 2007[431].

De plus, les moyens utilisés par le CICR pour identifier les membres de famille des ENA varient selon qu'il s'agit

---

429 HCR, *Recherche et réunification de la famille*, in [https://www.refworld.org/cgi-bin/texis/vtx/rwmain/opendocpdf.pdf?reldoc], *consulté le 1 Mai 2020.*

430 CICR, *Faits essentiels 2016 : le CICR en République démocratique du Congo*, Kinshasa, 1er janvier – 31 décembre 2016, p.1.

431 CICR, *Les activités du Comité international de la Croix-Rouge (CICR) en République démocratique du Congo*, Kinshasa, Janvier – décembre 2007, p.1.

des ENA demandeurs d'asile ou réfugié ou des ENA déplacés internes.

Dans le premier cas, il est appelé à recourir à l'assistance des autorités du pays d'origine des ENA, des sociétés nationales de la Croix-Rouge de ces pays ou tout autre service pouvant concourir à obtenir des informations indispensables, avec comme conséquence, le rallonge du délai pour retrouver les membres de la famille ; des difficultés administratives pour effectuer ces recherches ; tout cela parfois dans un pays qui est encore en crise.

Le recours au support internet paraît alors le mieux indiqué pour ce type de recherche. Alors que pour les ENA déplacés internes, c'est plutôt le recours à des contacts directs avec les membres de villages ou communautés d'où ils seraient issus qui semble le mieux indiqué.

À cause non seulement de la faible couverture en internet dans les zones rurales de la RDC, mais aussi du faible niveau de vie des communautés locales qui ne permet pas à tout le monde d'avoir un téléphone portable ou de pouvoir le recharger régulièrement[432]. En dépit de ces préoccupations, le support internet reste essentiel dans l'identification rapide des membres de communautés dont est issu l'enfant. C'est par exemple le cas de la tablette numérique mise en place en 2019 par le CICR, en collaboration avec les Croix-Rouge de la RDC et du Rwanda. Avec cette tablette, les volontaires du CICR parcourent des villages à la recherche des membres de famille séparés, dont ceux des enfants non

---

432 GSMA, *Une société connectée Étendre la couverture en milieu rural : permettre une expansion commercialement viable du réseau mobile*, Shanghai, 2017, p.26.

accompagnés[433]. Cette technique s'adapte bien au contexte spécifique de la RDC et aide à retrouver les membres de la famille, présents en RDC et exceptionnellement dans les pays voisins dont le Rwanda.

En outre, la recherche des membres de la famille séparés peut également être faite par les organisations de la société civile. Celles-ci ont l'avantage d'être ancrées dans les communautés locales.

En effet, pour réaliser ces activités de recherche, le Groupe de Travail des Nations-Unies sur la protection de l'enfant a mis à la disposition des acteurs qui travaillent dans ce secteur, un formulaire d'évaluation rapide de protection de l'enfant en RDC.

Ce formulaire aide ces organisations à obtenir des informations essentielles relatives à l'origine, des informations sur les parents ou les autres responsables, celles sur les causes de la séparation, au moment de l'identification de ces ENA. Ces informations sont donc essentielles pour parvenir à la réunification familiale. En plus, certaines organisations disposent des relais locaux appelés par exemple communautés locales de protection. Ces relais jouent un rôle essentiel dans la recherche des traces des membres de la famille séparés au sein de la communauté ou dans des villages avoisinants. Il en est de même des organisations religieuses qui, à travers leurs messages œcuméniques, peuvent aider à identifier les membres de famille des enfants non accompagnés. Dans la mesure où ces confessions religieuses occupent une place de choix dans la société congolaise et peuvent être présentes dans plusieurs villages : elles servent de relais potentiel.

433 [https://www.icrc.org/fr/document/rdcongo-rwanda-25-ans-apres-le-genocide-zawadi-retrouve-ses-parents], consulté le 01/05/2020.

Toutefois, la faiblesse de ces mécanismes de recherche réside non seulement dans le fait qu'ils sont souvent limités dans l'espace et dans le temps, mais aussi, et surtout que les ressources financières et humaines à leurs dispositions sont limitées ou peu qualifiées. Si pour certaines ONG (celles bénéficiant d'un financement), certains de ces obstacles peuvent être dérisoires, il n'en est pas de même pour d'autres qui n'ont pas de financement. Il faut aussi noter que même pour ces ONG qui bénéficient d'un financement, elles n'ont pas toujours la main libre pour agir. Dans la mesure où elles sont soit limitées par leurs statuts soit par les termes de référence du projet de financement.

De telle sorte qu'elles ne s'occupent que rarement de recherches en dehors du territoire congolais. Par conséquent, elles ne prennent pas souvent en charge les ENA demandeurs d'asile ou réfugié dont les parents sont restés dans un autre pays.

S'agissant des organisations religieuses, la plupart disparaissent aussi rapidement qu'elles ont été créées, soulevant ainsi la problématique de la stabilité et la coordination de certaines recherches qui nécessitent plus de temps.

En ce qui concerne les organisations locales de relais, elles sont liées à des ONG qui exécutent des projets et sont soumises aux mêmes difficultés relevées pour les ONG.

Par conséquent, ces organisations de la société civile, contrairement au CICR ne s'occupent en principe que des ENA déplacés internes ou bien des ENA réfugiés déplacés internes, c'est-à-dire dont les membres de famille sont bien présents en RDC et non ceux dont les parents se retrouvent à l'étranger.

Il faut également signaler que les agences onusiennes telles que le HCR ne recherchent les membres de famille des ENA que de façon indirecte, à travers leurs ONG partenaires présentes sur le terrain.

Ainsi, la recherche des membres de famille des ENA se fait principalement par le CICR lorsqu'il s'agit des ENA réfugiés ou demandeurs d'asile, alors que les autres organisations ne s'occupent que des ENA déplacés internes. À la fin de cette étape, et si les membres de famille sont bien retrouvés, il est alors procédé à la réunification familiale proprement dite.

Paragraphe 2 : La mise en œuvre effective de la réunification familiale : une multitude d'acteurs

Plusieurs organes interviennent dans la mise en œuvre du droit à la réunification familiale en faveur des ENA en République démocratique du Congo. Chacun intervient *parfois* de manière autonome ou de manière coordonnée avec les autres structures. Cela se fait à des stades différents de la procédure de réunification : évaluation ou réunification proprement dite. Selon qu'il s'agit de la réunification dans le cadre de la migration interne ou celle dans la migration internationale. Il peut s'agir soit du Comité international de la Croix rouge, soit des ONG soit encore de l'Unicef soit enfin de la Commission nationale pour les Réfugiés.

En effet, lorsqu'il s'agit de la réunification des ENA déplacés internes, ces structures procèdent par la vérification du bien-fondé de la réunification dans l'intérêt supérieur de l'enfant après avoir retrouvé les membres de famille de ce dernier[434].

La réunification familiale des enfants non accompagnés ne commence donc qu'après avoir jugé de son bien-fondé, dans le cas contraire, d'autres types de solutions peuvent être envisagés.

De plus, bien qu'existe une pluralité d'acteurs dans la mise en œuvre effective du droit à la réunification, un effort d'harmonisation a été fait depuis 2009 avec l'adoption des Lignes directrices nationales sur la protection et la prise en charge des enfants en rupture familiale, puis celles de 2020 sur *la prise en charge transitoire des enfants en RDC.* D'après ces Lignes directrices, chaque acteur de protection, chargé de la réunification familiale des ENA doit recourir à trois fiches à savoir : une fiche d'identification, une fiche d'évaluation et celle de réunification ou un certificat de réunification familiale. La première fiche consiste à enregistrer l'enfant non accompagné et créer son dossier de réunification. La seconde fiche vérifie quant à elle, si la réunification familiale est dans l'intérêt de l'enfant. Ce qui est recherché dans ce cas, c'est l'assurance que la famille ou la communauté dans laquelle l'on veut réintégrer l'enfant sont bien protectrices de ses droits fondamentaux. La troisième fiche pour sa part, dit certificat de réunification familiale, certifie ~~de~~ la réunification familiale de l'enfant avec les membres de sa famille.

Cette dernière est en principe établi par la Division des Affaires sociales du Ministère ayant les Affaires sociales

434 Groupe de travail sur la protection de l'enfant, *Lignes directrices pour la prise en charge transitoire des enfants en RDC*, Kinshasa, 2020, p.23.

dans ses attributions[435]. Celle-ci apparaît alors comme la plaque tournante de l'aboutissement de la procédure de réunification familiale en RDC.

Toutefois, même si ces structures ont la liberté d'action en ce qui concerne la réunification familiale, elles sont tenues de se concerter chaque fois que la réunification ne présente pas d'intérêt pour l'enfant et qu'une solution de remplacement devrait être trouvée.

Dans ce cas, un cadre de discussion constitué des autres agences de protection de l'enfance, de la Division des Affaires Sociales du Ministère des Affaires Sociales et de l'Unicef est mis en place afin de déterminer ce qui doit être considéré comme intérêt supérieur de l'enfant[436]. En dehors de ce cadre de concertation, il existe un autre cadre qui est le sous-cluster chargé de la protection de l'enfant. Celui-ci regroupe tous les acteurs qui s'occupent de la question de la protection de l'enfant en RDC, qu'ils soient acteurs gouvernementaux ou non gouvernementaux.

Il a pour but de coordonner les actions dans ce secteur pour plus d'efficacité. Les membres de ce sous-cluster se réunissent une fois par mois.

Cependant dans la pratique, chaque structure essaie de développer des modèles propres et simplifiés de réunification familiale. Le Comité international de la Croix rouge en RDC par exemple, recourt à une application mobile pour faciliter la réunification familiale des ENA dans la partie orientale du Pays.

---

435 Groupe de travail sur la protection de l'enfant, *Lignes directrices pour la prise en charge transitoire des enfants en RDC, Pp.30-31. Lire aussi :* Ministère Affaires Sociales, Actions humanitaires et solidarité nationale, *Lignes directrices nationales sur la protection et la prise en charge des enfants en rupture familiale*, Kinshasa, 2009.
436 *Op.cit.*, p.24.

Cette application permet d'identifier les différents membres d'une même famille séparée et de les mettre en contact avant de procéder à la réunification[437].

Lorsqu'il s'agit des membres qui sont présents en RDC, le CICR aide au déplacement des enfants vers des endroits où se retrouvent les membres de la famille et vice-versa. Alors que, lorsqu'il s'agit des ENA réfugiés ou demandeurs d'asile, il les dirige vers les autres acteurs compétents pour l'introduction d'une demande d'asile ou de toute autre facilité administrative nécessaire. Il peut aussi concourir avec ces acteurs au rapatriement de ces enfants vers leurs pays d'origine ou bien faciliter la venue des membres de leur famille dans le pays d'accueil.

Cela se passe dans le respect de l'intérêt supérieur de l'enfant et après avoir évalué le risque raisonnable en cas de retour dans le pays d'origine[438].

C'est par exemple ce qui a été fait depuis 2015 entre le CICR, le HCR et le CNR dans le rapatriement de 80 enfants non accompagnés et 873 enfants séparés, d'origine rwandaise, présents en République démocratique du Congo[439].

Cette nécessité de coordination entre les différentes structures telles que posée dans l'Observation générale n°6 du Comité des droits de l'enfant[440], lorsqu'il s'agit d'une réunification en dehors des frontières nationales, est aussi rappelée dans les Standards minimums pour la protection

---

437[https://www.icrc.org/fr/document/rdcongo-rwanda-25-ans-apres-le-genocide-zawadi-retrouve-ses-parents], consulté le 01/05/2020.

438 Comité des droits de l'enfant, *Observation générale n° 6 : traitement des enfants non accompagnés et des enfants séparés en dehors de leur pays d'origine*, Genève, 2005, §31.

439 Commission Nationale pour les réfugiés, *Enfants non accompagnés et séparés des réfugiés rwandais rapatriés au Rwanda,* inédit, *Goma, 2020.*

440 Comité des droits de l'enfant, *Op.cit.*

de l'enfance dans l'intervention humanitaire selon lesquels : « (…) *Quant à la réunification familiale d'enfants réfugiés à travers des frontières internationales, elle nécessite une étroite coordination avec le HCR et doit respecter les procédures liées à l'intérêt supérieur de l'enfant* »[441].

En plus du CICR, l'Unicef-RDC et l'ONG Save the Children utilisent également une application mobile pour faciliter la réunification familiale des enfants non accompagnés avec les membres de leurs familles en RDC.

Cette application est dénommée RapidFTR, c'est un système de stockage de données qui permet de recueillir, trier et partager les informations relatives aux enfants non accompagnés et séparés[442]. Elle comprend les photos de ces enfants ainsi que tout autre élément permettant de les identifier. Ensuite, ces informations sont diffusées pour pouvoir retrouver les membres de leur famille et enclencher le processus de réunification.

C'est par exemple grâce à cette application que Pascal, enfant non accompagné d'origine congolaise a pu retrouver ses parents dans le camp de réfugiés de Rwamwanja en Ouganda et que la réunification a été possible[443].

Le HCR recourt aussi à des applications mobiles pour identifier les membres de la famille de l'enfant non accompagné et pour procéder ensuite à la reprise de contact pour une réunification familiale éventuelle. Il en

---

441 Groupe de travail sur la protection de l'enfant, *Standards minimums pour la protection de l'enfance dans l'intervention humanitaire*, 2012, p.137.

442 [https://www.unicef.org/french/infobycountry/uganda_68321.html], consulté le 04/05/2020.

443 *Op.cit.*

est de même des ONG spécialisées dans la protection des enfants.

L'ONG War Child et Ciaud-Canada ont également recouru à l'application mobile dénommée KoboCollect pour retrouver les traces des membres de la famille des enfants non accompagnés dans la région du Kasaï et préparer la réunification familiale. La Commission nationale pour les réfugiés (CNR), utilise aussi ces applications mobiles.

Pour faciliter ce travail, sont incorporées au sein de ces applications les différentes fiches que nous avons mentionnées ci-dessus : fiches d'identification, fiche d'évaluation et celle de réunification. Ce procédé d'application mobile a le mérite d'être simple et adapté au contexte spécifique de la RDC. Car, il est tenu par les agents de protection et non par les membres de communautés locales qui sont souvent en difficulté financière et technique.

Il fait l'économie d'encre et de papier, car une seule tablette peut aider à retrouver les membres de famille de plusieurs ENA, et résout de ce fait, la question d'une inaccessibilité physique de certains endroits. Il permet aussi de constituer une base des données pour une recherche des membres séparés. Si pour les ENA réfugiés ou demandeurs d'asile, dont les parents sont retrouvés dans le pays d'origine, le HCR ou le CICR facilite le regroupement familial, dans le cas contraire, ce sont les autres acteurs qui interviennent.

Ainsi, la mise en œuvre du droit à la réunification familiale en RDC fait intervenir plusieurs acteurs. Chacun d'eux tente de respecter un certain standard (avec un formulaire commun inter-agences d'identification notamment ou avec un cadre régulier de concertation), tout en maintenant une certaine autonomie d'action et des moyens propres.

Cette pluralité d'acteurs s'accentue avec un cadre normatif peu développé, laissant place à des pratiques diverses et parfois opposées. Il serait donc temps que le cadre institutionnel et normatif de mise en œuvre de la réunification familiale en RDC soit repensé à travers l'adoption de normes contraignantes qui harmonisent l'application de ce droit, avec l'adoption d'une loi de mise en œuvre du droit à la réunification dont une partie serait réservée aux enfants non accompagnés. Cette loi devra définir la portée, préciser les modalités et les responsabilités de différents acteurs intervenants dans la mise en œuvre des droits des enfants non accompagnés, dont le droit à la réunification familiale.

Quoi qu'il en soit, la mise en œuvre du droit à la réunification familiale en RDC est soumise à une série de conditions et obéit à une procédure organisée par les Lignes directrices sans aucune valeur contraignante pour les différents acteurs.

Malgré cela, les acteurs intervenants tentent de concilier leur autonomie à un niveau de standard minimum pour parvenir à la réunification des enfants non accompagnés avec les membres de leur famille retrouvés.

SOUS-CHAPITRE 2: LA MISE EN ŒUVRE DU DROIT À LA RÉUNIFICATION FAMILIALE HANDICAPÉE PAR D'AUTRES PRINCIPES DE DROIT

Ce sous-chapitre tentera d'examiner les tensions qui pourront naître de la mise en œuvre du droit à la réunification familiale des enfants non accompagnés entre ce droit et le pouvoir de l'État à contrôler les entrées et séjours des étrangers sur son territoire (Section 1), mais aussi entre ce droit et le principe de l'intérieur supérieur de l'enfant (Section 2). La solution préconisée dans la jurisprudence de la Cour européenne est la nécessité de trouver un juste équilibre entre ces intérêts en présence. Mais comment trouver un juste équilibre, lorsque certains intérêts sont présumés supérieurs aux autres ? Même si cet équilibre pouvait être possible, comment peut-il être apprécié ?

SECTION 1 : DE LA MISE EN ŒUVRE DU DROIT À LA RÉUNIFICATION FAMILIALE : ENTRE PRÉSERVATION DE L'UNITÉ FAMILIALE ET LE CONTRÔLE ÉTATIQUE AUX FRONTIÈRES

En s'appuyant sur la position constante de la Cour européenne des droits de l'homme, des Observations générales du Comité des droits de l'enfant et du Comité des droits de l'homme, la présente section se propose d'analyser les différentes tensions qui naissent de la mise en œuvre du droit à la réunification familiale en faveur des enfants non accompagnés avec le pouvoir régalien de contrôler les entrées et séjours des étrangers sur son territoire. Dans le but de mieux les comprendre et de proposer une solution harmonisée au niveau globale pour la pleine effectivité du droit à la réunification familiale des enfants non accompagnés.

Par exemple, faut-il considérer un enfant non accompagné comme un étranger en situation régulière ou non sur le territoire d'un État ou bien, qu'il soit considéré avant tout comme un enfant, puisqu'il en est un ; et qu'il bénéficie de ce fait de la protection qui lui est due à savoir la réunification avec les membres de sa famille ?

Face à ces tensions, le droit international des Droits de l'Homme en général et le droit de l'enfant en particulier proposent un juste équilibre entre ces différents principes.

C'est par exemple, ce qui a été jugé par la Cour européenne des droits de l'homme dans l'affaire *Tuquabo-Tekele and Others v. the Netherlands*[444]. C'est aussi ce qui

---

[444] CEDH, *Arrêt Tuquabo-Tekele and Others v. the Netherlands*, 3ème section, Strasbourg, 1 December 2005, §52. Lire aussi: CEDH,

a été jugé par la même Cour dans l'affaire H.A. et autres c. Grèce, dans laquelle la Cour avait conclu que « *les autorités nationales ne s'étaient pas penchées sur la question de l'intérêt supérieur du requérant en tant que mineur ou sur sa situation particulière de mineur non accompagné* »[445]. Autrement dit, il fallait privilégier le statut d'enfant à celui de mineur étranger isolé en situation irrégulière en ce qui concerne l'application automatique des mesures de détention[446].

Le principe de la préservation de l'unité familiale est affirmé pour la première fois dans l'ordre juridique international dans l'acte final de la conférence de plénipotentiaires des Nations Unies sur le statut des réfugiés et des apatrides, conférence tenue à Genève, du 2 au 25 juillet 1951.

En effet, les participants à cette conférence[447], ont considéré « *que l'unité de la famille... est constamment menacée* » et de ce fait, ont recommandé que (...) *les Gouvernements prennent les mesures nécessaires pour la protection de la famille du réfugié à particulier... en maintenant l'unité de la famille du réfugié... et en protégeant les réfugiés mineurs, notamment des enfants*

Affaire Latifa BENAMAR and Others against the Netherlands, décision d'irrecevabilité, n° 43786/04, 5 avril 2005.

445 C. Flamand, « Primauté du statut de l'enfant sur le statut du mineur étranger isolé en situation irrégulière : oui, mais ... », *Cahiers de l'EDEM*, avril 2019.

446 C. Flamand, « Primauté du statut de l'enfant sur le statut du mineur étranger isolé en situation irrégulière : oui, mais ... », *Cahiers de l'EDEM*, avril 2019.

447 Acte final de la conférence de plénipotentiaires des nations unies sur le statut des refugies et des apatrides, Genève, 2 au 25 juillet 1951, in [https://www.unhcr.org/fr/protection/travaux/4b151d2421/acte-final-conference-plenipotentiaires-nations-unies-statut-refugies-apatrides.html], consulté le 31/07/2020.

isolés et des jeunes filles, spécialement en ce qui concerne la tutelle et l'adoption .

Ensuite, ce principe d'unité familiale a été repris par de nombreux autres textes à valeur contraignante[448] et non[449], de portée internationale ou non[450], d'origine (inter)gouvernementale[451] ou non[452].

---

[448] Article 23.1 du Pacte international relatifs aux de droits civils et politiques, 16 décembre 1966, *J.O,* numéro spécial, avril 1999, p.21. Lire aussi : Articles 9 et 10 de la Convention de New York relative aux droits de l'enfant, adoptée par l'Assemblée générale des Nations-Unies, 20 novembre 1989.

[449] Article 16.3 de la Déclaration universelle des droits de l'homme, 10 décembre 1948, *J.O*, numéro spécial, avril 1999, p.7. Lire aussi : Assemblée générale des Nations Unies, *Résolution 52/105 : Assistance aux enfants réfugiés non accompagnés*, A/RES/52/105, Cinquante-deuxième session, New York, 11 février 1998, §. Lire aussi : Assemblée Générale des Nations Unies, *Résolution 74/133 : Droits de l'enfant*, A/RES/74/133, Soixante-quatorzième session, New York, du 18 décembre 2019, §21. Lire aussi : Assemblée générale des Nations Unies, *Résolution 53/122 : Assistance aux enfants réfugiés non accompagnés*, A/RES/53/122, Cinquante-troisième session, New York, 10 février 1999, §3. Lire aussi : Assemblée Générale des Nations Unies, *Résolution 73/155 : Droits de l'enfant*, A/RES/73/155, New York, 17 décembre 2018, §34. Lire aussi : Assemblée Générale des Nations Unies, *Résolution 57/190 : Les droits de l'enfant*, A/RES/57/190, Cinquante-septième session, New York, 18 décembre 2002, §8.

[450] Article 8 de la Convention européenne des Droits de l'Homme, Recueil des textes de droit international sur la protection de la personne humaine , S.l, 3ème éd., 2009, pp.134-140. Lire aussi : Article 7 de la Charte des droits fondamentaux de l'union européenne, Nice, 7 décembre 2000, modifiée à Strasbourg, 12 décembre 2007 à Strasbourg, Recueil des textes de droit international sur la protection de la personne humaine , S.l, 3ème éd., 2009, pp.535-540. Lire aussi : Article 10 de la Directive 2008/115/CE du Parlement européen et du Conseil du 16 décembre 2008 relative aux normes et procédures communes applicables dans les États membres au retour des ressortissants de pays tiers en séjour irrégulier, [https://eur-lex.europa.eu/legal-content/FR/TXT/?uri=CELEX:32008L0115],

consulté le 12/07/2020. Lire aussi : Article 23(2.a) de la DIRECTIVE 2013/33/UE DU PARLEMENT EUROPÉEN ET DU CONSEIL du 26 juin 2013 établissant des normes pour l'accueil des personnes demandant la protection internationale (refonte). Lire aussi : Assemblée parlementaire du Conseil de l'Europe, *Résolution 2195 : résolution sur Enfants migrants non accompagnés: pour une détermination de l'âge adaptée*, Strasbourg, 2017.
Lire aussi : Charte africaine des Droits de l'Homme et des peuples, *J.O*, numéro spécial, 26 juin 1987, p.7. Lire aussi : Article 23(2) de la Charte africaine des droits et du bien-être de l'enfant, juillet 1990, *J.O,* numéro spécial, septembre 2001, p.40. .Lire aussi : Article 17 de la Convention américaine des Droits de l'Homme, ainsi que dans la Déclaration de Carthagène sur les réfugiés. Lire aussi : Article 33 de la charte arabe des droits de l'homme, [https://eur-lex.europa.eu/legal-content/FR/TXT/?uri=celex%3A32013L0033], consulté le 12/07/2020. Lire aussi : Article 8 du Covenant des droits de l'enfant en Islam, [https://www.oic-oci.org/page/?p_id=130&p_ref=16&lan=fr], consulté le 25/06/2020. Lire aussi : Article 17 de la Convention américaine des Droits de l'Homme, ainsi que dans la Déclaration de Carthagène sur les réfugiés.

451 AGONU, *Résolution 64/14 : Lignes directrices relatives à la protection de remplacement pour les enfants*, 18 décembre 2009, Genève. Lire aussi : Assemblée générale des Nations Unies, *Résolution 52/105 : Assistance aux enfants réfugiés non accompagnés*, A/RES/52/105, Cinquante-deuxième session, New York, 11 février 1998.

452 Comité des droits de l'enfant, *Observation générale no 6 : traitement des enfants non accompagnés et des enfants séparés en dehors de leur pays d'origine*, Genève, 2005. Lire aussi : Comité pour la protection des droits de tous les travailleurs migrants et des membres de leur famille et comité des droits de l'enfant, *Observation générale conjointe no 4 et 23 relative aux principes généraux relatifs aux droits de l'homme des enfants dans le contexte des migrations internationales*, Genève, 16 novembre 2017. Lire aussi : CICR, *Principes directeurs inter-agences relatifs aux enfants non accompagnés ou séparés de leur famille*, Genève, 2004. Commission Nationale pour les réfugiés, *Enfants non accompagnés et séparés des réfugiés rwandais rapatriés au Rwanda,* inédit, *Goma, 2020.*

Ce principe d'unité familiale permet *d'étendre la protection internationale au bénéfice de personnes qui ne doivent pas établir de raisons personnelles de crainte. Cette extension vise les personnes à charge et demeurant dépendantes, pour autant qu'aucune clause d'exclusion ne puisse leur être opposée*[453].

Quoiqu'au sens strict, ce principe s'applique avant tout aux réfugiés et leurs dépendants, et se démarque de ce fait, du principe du regroupement familial, qui s'applique quant à lui à tous les étrangers présents sur le territoire d'un autre état. Sylvie Saroléa[454]distingue le principe de l'unité familiale à celui du regroupement familial : le premier s'applique aux dépendants du réfugié qui bénéficient automatiquement du statut de celui-ci ; alors que le second s'applique aussi bien aux membres de famille d'un étranger qu'à ceux d'un réfugié. À la différence du premier, le second ne confère pas automatiquement le droit de séjour aux membres de famille d'un étranger qui doivent introduire les demandes d'un titre de séjour régulier conformément à la législation nationale en la matière. L'on constate ainsi que le second peut englober le premier, mais ne s'y confond pas parfaitement.

Toutefois, ces deux principes concourent à la même finalité, qui est la préservation de l'unité familiale ou de la vie familiale des étrangers. Dans le cadre de cette étude, le principe de l'unité familiale doit se comprendre comme visant la préservation de la vie familiale en faveur de tous les étrangers, réfugiés ou non.

---

[453] S. SAROLEA, « La portée du principe de l'unité familiale », in *Newsletter EDEM*, décembre 2013, in [https://uclouvain.be/fr/instituts-recherche/juri/cedie/actualites/c-c-e-arret-n-112644-du-24-octobre-2013.html], consulté le 30/04/2020.
[454] *Idem.*

Par conséquent, la mise en œuvre de ce droit s'oppose-t-elle au pouvoir que dispose un État de contrôler les entrées et les séjours des étrangers sur son territoire ? Si tel est le cas, quel aménagement peut-il être possible pour éviter toute tension possible ?

La réunification familiale est un droit reconnu et garanti avions-nous rappelé ci-dessus[455]. Ce droit reconnu

---

[455] Articles 9 et 10 de la Convention relative aux droits de l'enfant, 20 novembre 1989, *J.O*, numéro spécial, avril 1999, p.50. Lire aussi : Article 16.3 de la Déclaration Universelle des droits de l'homme, 10 décembre 1948, *J.O*, numéro spécial, avril 1999, p.7. Lire aussi : Article 23.1 du Pacte international relatif aux de droits civils et politiques, 16 décembre 1966, *J.O,* numéro spécial, avril 1999, p.21. Lire aussi : Article 18(1) de la Charte africaine des Droits de l'Homme et des peuples, *J.O*, numéro spécial, 26 juin 1987, p.7. Lire aussi : Article 23(2) de la Charte africaine des droits et du bien-être de l'enfant, juillet 1990, *J.O,* numéro spécial, septembre 2001, p.40. Lire aussi : Acte final de la conférence de plénipotentiaires des nations unies sur le statut des réfugiés et des apatrides, Genève, 2 au 25 juillet 1951, in [https://www.unhcr.org/fr/protection/travaux/4b151d2421/acte-final-conference-plenipotentiaires-nations-unies-statut-refugies-apatrides.html], consulté le 31/07/2020. Lire aussi : Article 8 de la Convention européenne des Droits de l'Homme, *Recueil des textes de droit international sur la protection de la personne humaine* , S.l, 3ème éd., 2009, pp.134-140. Lire aussi : Article 7 de la Charte des droits fondamentaux de l'Union européenne, Nice, 7 décembre 2000, modifiée à Strasbourg, 12 décembre 2007 à Strasbourg, *Recueil des textes de droit international sur la protection de la personne humaine* , S.l, 3ème éd., 2009, pp.535-540. Lire aussi : Article 10 de la Directive 2008/115/Ce du Parlement européen et du Conseil du 16 décembre 2008 relative aux normes et procédures communes applicables dans les États membres au retour des ressortissants de pays tiers en séjour irrégulier, [https://eur-lex.europa.eu/legal-content/FR/TXT/?uri=CELEX:32008L0115], consulté le 12/07/2020. Lire aussi : Article 33 de la charte arabe des droits de l'homme, [https://eur-lex.europa.eu/legal-

en faveur des membres de famille fait naître des obligations positives et négatives en charge des états[456]. La première implique que les États mettent tout à œuvre pour faciliter la préservation de la vie familiale des étrangers présents sur leur territoire.

Cette obligation positive est l'essence même de la mise en œuvre de tous les Droits de l'Homme qui impliquent que les États agissent pour garantir l'effectivité de ces droits comme premiers débiteurs. À ce sujet, l'article 18 de la Convention européenne des Sauvegardes de droits et des libertés fondamentales nous paraît plus explicite dans la mesure où il vise à encadrer toute limitation des droits qui aurait pour but de vider ces droits de leur substance. C'est aussi ce qu'écrit Fabrice Toulieux[457] dans sa thèse de doctorat

> « *Ces instruments internationaux des droits de l'homme ne visent pas de manière spécifique le sort des étrangers, mais, en prenant l'engagement de respecter les droits et libertés garantis par ces textes, les États s'obligent à ne pas leur porter atteinte, quels que soient la nationalité ou l'origine du bénéficiaire du droit ou de la liberté en cause* ».

---

content/FR/TXT/?uri=celex%3A32013L0033], consulté le 12/07/2020.

456 J-Y. Carlier et S. Saroléa, *Droit des étrangers*, Bruylant, Bruxelles, 2016, p.342.

457 A. Jean-Arnaud, « Philosophie des droits de l'homme et droit de la famille », in *F. Dekeuwer-Défossez (dir.), Internationalisation des droits de l'homme et évolution du droit de la famille, Actes des Journées d'études des 15 et 16 décembre 1994, organisées par le laboratoire d'études et de recherches appliquées au droit privé (LERADP) de l'Université de Lille II, LGDJ, 1996, p. 4.*, cité par F. Toulieux, *Le droit au respect de la vie familiale des étrangers et l'article 8 de la Convention européenne des Droits de l'Homme,* Thèse de doctorat en Droit international privé, Université Jean Moulin Lyon 3, 2008, p.20.

La seconde obligation implique quant à elle que les États s'abstiennent à expulser illégalement les étrangers sur leur territoire. Cette obligation a comme fondement l'article 13 du Pacte international relatif aux droits civils et politiques qui stipule qu'*un étranger qui se trouve légalement sur le territoire d'un État Partie au présent Pacte ne peut en être expulsé qu'en exécution d'une décision prise conformément à la loi et, à moins que des raisons impérieuses de sécurité nationale ne s'y opposent, il doit avoir la possibilité de faire valoir les raisons qui militent contre son expulsion et de faire examiner son cas par l'autorité compétente, ou par une ou plusieurs personnes spécialement désignées par ladite autorité, en se faisant représenter à cette fin*[458]. L'article 2 de la Convention contre la torture et autres peines ou traitements cruels, inhumains ou dégradants va plus loin en stipulant qu'« *aucun État Partie n'expulsera, ne refoulera, ni n'extradera une personne vers un autre État où il y a des motifs sérieux de croire qu'elle risque d'être soumise à la torture* », même si elle était en séjour illégal. Ainsi, peu importe qu'elle soit illégale ou collective, l'expulsion ou le refoulement des étrangers sur le territoire d'un État est aujourd'hui contrôlé par des mécanismes de protection et de défense des Droits de l'Homme.

---

[458] Articles 13(2) et 14(1) du Pacte international des Nations Unies relatif aux de droits civils et politiques, 16 décembre 1966, *Recueil d'instruments internationaux*, Volume I (première partie) Instruments universels, New York et Genève, 2002, pp.19-39. Lire aussi : Article 4 de la Convention européenne des droits de l'homme, celui-ci interdit plutôt une expulsion collective des étrangers, même une expulsion légale. Lire aussi : article 33 de la Convention relative au statut des réfugiés, adoptée à Genève le 28 juillet 1951 et Entrée en vigueur : le 22 avril 1954.

Il paraît donc clair que ces mécanismes de protection risquent d'empiéter sur le pouvoir de l'État de contrôler les entrées et les séjours des étrangers sur son territoire (I).

Paragraphe 1 : Pouvoir souverain de l'État de contrôler les entrées et les séjours des étrangers sur son territoire

Le droit international[459] reconnaît aux États le pouvoir de définir souverainement leur politique migratoire. Cette reconnaissance internationale trouve son fondement dans l'interprétation des principaux instruments de protection des Droits de l'Homme[460]. Ces instruments reconnaissent à chacun le droit de quitter un pays quel qu'il soit, y compris le sien, et de revenir ensuite dans son pays d'origine. Cependant, ces instruments ne font nullement obligation aux États de recevoir des étrangers sur leur territoire. Ce qui implique que les conditions d'entrée, de séjour et d'éloignement des étrangers sur le territoire d'un État soient souverainement définies par le pays d'accueil. L'une d'expressions de l'exercice de ce pouvoir souverain est l'obligation de se faire délivrer un titre de séjour

[459] Article 13(1) du Pacte international des Nations Unies relatif aux de droits civils et politiques, 16 décembre 1966, *Recueil d'instruments internationaux*, Volume I (première partie) Instruments universels, New York et Genève, 2002, pp.19-39.

[460] C'est l'article 13(2) de la Déclaration Universelle des Droits de l'Homme ; article 12(2) du Pacte international relatif aux droits civils et politiques ; article 5(d.ii) de la Convention internationale sur l'élimination de toutes les formes de discrimination raciale ; article 10(2) de la Convention relative aux droits de l'enfant ; article 8 de la Convention internationale sur la protection des droits de tous les travailleurs migrants et des membres de leur famille.

régulier(Visa)[461] à la discrétion des autorités du pays d'accueil[462].

Dans leur guide pratique sur Migration[463], Droits de l'Homme et gouvernance, l'Union interparlementaire pour la démocratie pour tous, l'Organisation internationale du Travail et le Haut-commissariat des Nations unies aux Droits de l'Homme ont aussi rappelé que *le droit international reconnaît à chacun le droit de quitter un pays quel qu'il soit, y compris le sien, et de revenir ensuite dans son pays d'origine. Il ne concède toutefois pas de droit d'entrée dans un autre pays. Les États conservent en effet le pouvoir souverain de décider des critères d'admission et d'expulsion des personnes qui ne sont pas leurs ressortissants, notamment quand elles sont en situation irrégulière*.

---

461 Au Vème siècle avant J-C., Artaxerxes, roi de Perse, délivre une « lettre de sauf-conduit » à l'un de ses fonctionnaires pour lui permettre de voyager jusqu'en Judée. Louis XIV délivrait aussi des lettres de sollicitation. Abolis dans de nombreux pays européens au milieu du XIXème siècle, les passeports et les visas seront rétablis durant la première guerre mondiale pour raison de sécurité, cité par J-Y. Carlier et S. Saroléa, *Droit des étrangers*, Bruylant, Bruxelles, 2016, p.134.

462 J-Y. Carlier et S. Saroléa, *Droit des étrangers*, Bruylant, Bruxelles, 2016, p.133.

463 Union interparlementaire pour la démocratie pour tous, l'Organisation du Travail et le Haut-commissariat des Nations unies aux Droits de l'Homme, Migration, droits de l'homme et gouvernance, Guide pratique à l'usage des parlementaires N° 24, Genève, 2014, p.19, [https://r.search.yahoo.com/_ylt=AwrIQZO0r3lfYk8AlBSPAwx.;_ylu=Y29sbwMEcG9zAzMEdnRpZAMEc2VjA3Ny/RV=2/RE=1601839157/RO=10/RU=https%3a%2f%2fwww.ohchr.org%2fDocuments%2fPublications%2fMigrationHR_and_Governance_HR_PUB_15_3_FR.pdf/RK=2/RS=yl3ycXgAghYUJYeaqb1HTJ6tZls-], consulté le 04/10/2020.

Sylvie Saroléa et Jean-Yves Carlier[464] notent aussi que « *l'immigration intéresse directement la souveraineté de l'État en ce que l'immigration touche aux trois éléments qui composent l'État : le territoire, la population et le gouvernement. Nul ne s'étonnera en conséquence que dès qu'il s'agit d'immigration, de droit des étrangers, le principe affirmé est celui de la souveraineté nationale* »[465].

La Cour européenne des droits de l'homme a à son tour rappelé, à plusieurs reprises ce pouvoir des États de contrôler les entrées et les séjours des étrangers sur leur territoire. Ce fut le cas par exemple dans l'affaire Tuquabo-Tekele and Others v. the Netherlands[466], dans laquelle la Cour a soutenue : «(…) *b) en vertu du droit international bien établi et sous réserve de ses obligations conventionnelles, un État a le droit de contrôler l'entrée de non-ressortissants sur son territoire* ». Il en était de même dans l'affaire Jeunesse contre Pays-Bas[467], la Cour a également relevé:« … *suivant un principe de droit international bien établi, les États ont le droit, sans préjudice des engagements découlant pour eux de traités,*

---

[464] J-Y. Carlier et S. Saroléa, *Droit des étrangers*, Bruylant, Bruxelles, 2016, p.71.

[465] Dans la doctrine classique du droit international public, élaborée du XVIIème au XXème, la migration et le contrôle de l'accès au territoire sont des exemples habituels d'exercice de la souveraineté nationale.

[466] CEDH, *Arrêt Tuquabo-Tekele and Others v. the Netherlands*, 3ème section, STRASBOURG 1 December 2005, §43.

[467] CEDH, *Requête n° 12738/10, Jeunesse c. Pays-Bas*, 03.octobre 2014, Strasbourg, §100, Hudoc, Lire aussi : CEDH, 12 octobre 2006, Requête no 13178/03, *Mubilanzila Mayeka et Kaniki Mitunga c. Belgique*, STRASBOURG ; Rahimi c. Grèce, no 8687/08, 5 avril 2011; CEDH, 22 November 2016, Requête n° 25794/13 and 28151/13, *Abdullahi Elmi and Aweys Abubakar v. Malta, STRASBOURG.*

de contrôler l'entrée et le séjour des non-nationaux sur leur sol. La Convention ne garantit pas le droit pour un étranger d'entrer ou de résider dans un pays particulier (voir, par exemple, Nunez, précité, § 66). Le corollaire du droit pour les États de contrôler l'immigration est que les étrangers – et donc, en l'espèce, la requérante – ont l'obligation de se soumettre aux contrôles et aux procédures d'immigration et de quitter le territoire de l'État contractant concerné lorsqu'ils en reçoivent l'ordre si l'entrée ou le séjour sur ce territoire leur sont valablement refusés ».

Ainsi, ce contrôle des étrangers sur le territoire national peut se traduire soit par des mesures d'expulsion, de renvoi ou de refoulement pour ceux des étrangers qui ne remplissent pas les critères d'admissibilités prédéfinies par l'État ou bien qui se sont rendus coupables des actes répréhensibles[468](graves) dans leur pays d'origine ou dans le pays d'accueil. Ce pouvoir régalien de l'État peut-il dans son exercice heurter l'unité familiale ou la vie privée des étrangers ? Si tel est le cas, dans quelle mesure cela est-il possible ? Fabrice Toulieux[469] soutient que l'exercice des pouvoirs régaliens reconnus aux États en matière migratoire est susceptible de porter atteinte au droit au respect de la vie familiale de tout étranger qui désire s'installer ou se maintenir dans le pays dans lequel résident les membres de sa famille. Parce qu'elles sont

---

[468] Article 1.F. et article 32 de la Convention relative au statut des réfugiés et article 22 de la Convention internationale sur la protection des droits de tous les travailleurs migrants et des membres de leur famille.

[469] F. Toulieux, *Le droit au respect de la vie familiale des étrangers et l'article 8 de la Convention européenne des Droits de l'Homme*, Thèse de doctorat en Droit international privé, Université Jean Moulin Lyon 3, 2008, p.27.

susceptibles de restreindre leur liberté ou de les priver de leur liberté, les mesures de police prises à l'encontre des étrangers se trouvent au cœur du droit au respect de la vie familiale.

Ainsi, il convient de démontrer à la lumière de Fabieux Toulieux comment les mesures d'expulsion, de renvoi et de refoulement des étrangers sur le territoire d'un État peuvent porter atteinte à l'unité familiale et de surcroît à la vie privée (II).

Paragraphe 2 : Pouvoir souverain de l'État contre l'unité familiale ou la vie familiale : expulsion, renvoi et refoulement

Le pouvoir d'expulser, de renvoyer ou de refouler les étrangers sur son territoire est le corollaire direct du pouvoir souverain des États en matière de migration. Puisque les États prédéfinissent les conditions d'entrées et de séjours des étrangers sur leur territoire, ils disposent par ricochet, d'une série des mesures dont l'expulsion, le renvoi ou le refoulement de ces étrangers si ces conditions ne sont pas ou plus remplies.

De plus, dans la plupart de cas, ces conditions sont dites personnelles, c'est-à-dire liées à la personne du requérant. Ce caractère personnel peut entraîner comme conséquence qu'au sein d'une même famille, certains membres soient admissibles au titre de séjour alors que d'autres n'en soient pas ou ne soient plus. Ce qui fait que certains fassent l'objet d'une mesure d'expulsion, c'est-à-dire une mesure de police administrative ayant pour objet d'enjoindre à un étranger de quitter le territoire d'un

État[470] ou bien du refoulement[471], c'est-à-dire une mesure par laquelle un État interdit le franchissement de sa frontière à un étranger qui sollicite l'accès à son territoire. La première mesure implique que l'étranger soit déjà sur le territoire national, alors que la seconde concerne un étranger qui n'a pas encore franchi les frontières.

La réunification familiale à travers la préservation de l'unité familiale ou de la vie familiale suppose que les membres de famille d'une personne reconnue comme réfugiée puissent la rejoindre dans son pays d'accueil[472] ou bien comme un processus visant à reconstituer dans l'État d'accueil une famille qui existait déjà dans un autre État[473].

Or, si cette réunification familiale se fait sur le territoire d'un État étranger, elle est soumise à toutes les conditions liées à l'entrée et au séjour des étrangers et dont le manquement peut faire l'objet d'une mesure d'expulsion ou de refoulement de la part de l'État d'accueil. Plus concrètement, l'application de la législation en matière des étrangers aux membres de famille peut constituer une ingérence dans l'exercice de la vie privée ou de l'unité familiale.

Dans la mesure où, elle peut avoir pour effets soit d'empêcher la reconstitution d'une famille séparée dans un État tiers du fait de refus d'accorder le titre à certains membres soit détruire l'unité familiale qui était déjà

---

470 G. Cornu, *Vocabulaire juridique*, 10ème édition mise à jour Quadrige, Paris, PUF, 2014, p.440, v° expulsion

471 *Idem*, p.870, v° refoulement

472 S. Sarolea, « La portée du principe de l'unité familiale », *Newsletter EDEM*, décembre 2013, in [https://uclouvain.be/fr/instituts-recherche/juri/cedie/actualites/c-c-e-arret-n-112644-du-24-octobre-2013.html#_ftn4].

473 Conseil de l'Europe, *Réaliser le droit au regroupement familial des réfugiés en Europe*, Document thématique, 2017, p.15.

acquise par une mesure d'expulsion d'un des membres de famille. Cette tension entre ces deux principes est également relevée par plusieurs décisions de la Cour européenne des Droits de l'Homme et soutenue par une doctrine abondante.

C'est par exemple dans ce sens qu'il a été jugé par la Cour européenne des droits de l'homme dans l'affaire Jeunesse c. Pays-Bas[474]. Il s'agissait dans cette affaire du refus d'accorder un permis de séjour à une ressortissante surinamaise, mariée à un ressortissant néerlandais dont elle a eu trois enfants, qui n'a pas quitté le territoire des Pays-Bas à l'expiration de son visa de tourisme en 1997. La Cour[475] a notamment relevé : *La question clé en l'espèce est celle de savoir si, compte tenu de la marge d'appréciation laissée aux États en matière d'immigration, il a été ménagé un juste équilibre entre les intérêts concurrents en jeu, à savoir, d'une part, l'intérêt personnel de la requérante, de son mari et de leurs enfants à poursuivre leur vie familiale aux Pays-Bas et, d'autre part, l'intérêt d'ordre public de l'État défendeur à contrôler l'immigration. Compte tenu des circonstances particulières de l'espèce, il est douteux que des considérations générales se rapportant à la politique d'immigration puissent en elles-mêmes être considérées comme un motif suffisant pour refuser à la requérante le droit de résider aux Pays-Bas.*

La Cour avait déjà abordé dans le même sens dans l'affaire Tuquabo-Tekle and others v. The Netherlands.

Elle a affirmé qu'*(...) b) en vertu du droit international bien établit et sous réserve de ses obligations*

474 CEDH, *Arrêt Jeunesse c. Pays-Bas*, n° 12738/10, 3 octobre 2014.
475 *Idem.*

conventionnelles, un État a le droit de contrôler l'entrée de non-ressortissants sur son territoire; c) en matière d'immigration, l'article 8 ne peut être considéré comme imposant à un État une obligation générale de respecter le choix par les couples mariés du pays de leur résidence matrimoniale et d'autoriser le regroupement familial sur son territoire[476].

Il fut de même dans l'affaire ŞEN c. PAYS-BAS qui concernait la plainte dirigée contre le Royaume des Pays-Bas par trois ressortissants turcs, M. Zeki Şen, son épouse Mme Gülden Şen et leur fille Sinem Şen. Il portait sur le refus d'accorder un titre de séjour à Sinem Sen pour rejoindre ses parents et ses deux premiers requérants, établis régulièrement aux Pays-Bas porte atteinte à leur droit au respect de leur vie familiale garanti par l'article 8.

La Cour a noté que

> *La Cour rappelle que l'article 8 peut engendrer des obligations positives inhérentes à un « respect » effectif de la vie familiale. Les principes applicables à pareilles obligations sont comparables à ceux qui gouvernent les obligations négatives. Dans les deux cas, il faut tenir compte du juste équilibre à ménager entre les intérêts concurrents de l'individu et de la société dans son ensemble ; de même, dans les deux hypothèses, l'État jouit d'une certaine marge d'appréciation (arrêt Gül précité, pp. 174-175, § 38 et arrêt Ahmut précité, p. 2031, § 63)*[477].

Ainsi, dans ces affaires et bien d'autres, la Cour européenne a relevé la tension qui peut naître de la mise

[476] CEDH, *Tuquabo-Tekele and Others v. the Netherlands*,1 December 2005, Requête n° 60665/00, 3ème section, Strasbourg, §43.

[477] CEDH, *Arrêt Şen c. Pays-Bas*, 21 décembre 2001, Requête no 31465/9, Première section, Strasbourg, §31.

en œuvre du droit à la réunification familiale entre l'intérêt étatique et celui des individus.

S'agissant de la doctrine sur la question, plusieurs auteurs[478] reconnaissent également l'existence de tension entre ces deux principes. Paul-André Rosental[479] a rappelé, le début de l'ère de l'affirmation de la souveraineté étatique sur la migration, dans son article sur Migrations, souveraineté, Droits sociaux : protéger et expulser les étrangers en Europe du XIXème siècle à nos jours, qu'à partir de l'instauration des quotas d'immigration américains dans les années 1920- ou plus exactement de leur transposition aux populations blanches- s'est rétrospectivement imposé l'idée d'un XIXème siècle laissant toute liberté à la migration internationale : c'est par contraste qu'apparaît tyrannique l'ère des contrôles aux frontières et des papiers d'identité. Danielle Lochak[480] écrit à quant à elle *…que la*

---

[478] J-Y. Carlier et S. Saroléa, *Droit des étrangers*, Bruylant, Bruxelles, 2016 ; Olivier Barsalou et Alain-Guy Sipowo, « Les crises migratoires globales à l'aune de la raison souveraine », *Études internationales*, Volume 49, numéro 2, printemps 2018, in https://www.erudit.org/fr/revues/ei/2018-v49-n2-ei04251/1055686ar.pdf, consulter le 28/11/2020 ; Laura Odasso, « Introduction. Migration , amour et État », *Revue de l'Institut de Sociologie*, Université Libre de Bruxelles, 2015, 2015 (85), in https://halshs.archives-ouvertes.fr/halshs-01875692/document, consulter le 28/11/2020.

[479] Rosental (P-A), « Migrations, souveraineté, Droits sociaux : protéger et expulser en Europe du XIXème siècle à nos jours », *Annales. Histoire, Sciences Sociales*, éditions de l'EHESS, 2011/2 66ème année, p.335 à 375.

[480] Danielle Lochak, « La souveraineté étatique contre la liberté de circulation », *Les Possibles*, n°19, hiver 2019, in https://france.attac.org/nos-publications/les-possibles/numero-19-hiver-2019/dossier-des-migrations-et-discriminations-aux-gilets-jaunes/article/la-souverainete-etatique-contre-la-liberte-de-circulation, consulter le 28/11/2020.

souveraineté de l'État entre directement en conflit avec la liberté de circulation, c'est indéniable... La doctrine du droit international, de fait, a été dès l'origine tiraillée entre deux conceptions opposées : l'une, héritière de Vitoria et Grotius, faisant prévaloir la liberté de communication sur les prérogatives des États ; l'autre, représentée par Vattel, proclamant au contraire le droit des États souverains de défendre l'entrée de leur territoire aux étrangers en fonction de leurs intérêts propres.

Dans son Guide pratique à l'usage des parlementaires n°24 intitulé, Migration, droits de l'homme et gouvernance, l'Union interparlementaire, l'Organisation internationale du Travail et le Haut-commissariat des Nations unies aux Droits de l'Homme notent que *bien que la migration internationale, sous des formes de plus en plus complexes, concerne aujourd'hui un nombre plus élevé de pays qu'autrefois, aucun mécanisme mondial n'a été mis en place pour encadrer la circulation des personnes et la souveraineté de l'État demeure à ce jour le principe fondamental appliqué dans ce domaine... Les États conservent en effet le pouvoir souverain de décider des critères d'admission et d'expulsion des personnes qui ne sont pas leurs ressortissants, notamment quand elles sont en situation irrégulière*. Autrement dit, bien que le droit à la libre circulation de personne soit aujourd'hui admis, le principe du contrôle souverain de l'État sur son territoire n'a pas pour autant disparu.

Ainsi, ce débat au sein de la doctrine s'oriente soit en faveur de la souveraineté étatique soit en faveur de la liberté de circulation et donc de la fin des frontières. En définitive, bien que la liberté de circulation des personnes soit admise en droit international, l'État conserve tout autant le pouvoir de contrôler les entrées et les séjours sur son territoire. L'exercice de ce pouvoir étatique peut, et il arrive souvent que cela se produise, empiéter sur l'unité familiale à travers le refus d'accorder le visa à un membre des familles, des mesures de refoulement, d'expulsion, d'éloignement.

Paragraphe 3 : Juste équilibre entre ces deux principes comme solution potentielle ?

C'est la solution que préconise la Cour européenne des droits de l'homme dans sa jurisprudence constante. Saisie par les requérantes Goi Tuquabo-Tekle, Adhanom Ghedlay Subhatu, and Tarreke, Tmnit and Ablel Tuquabo, and one Eritrean national, Mehret Ghedlay Subhatu contre les Pays-Bas[481] sur une question de regroupement familial, la Cour a conclu : «*...compte tenu de ce qui précède(...le refus des autorités néerlandaises d'autoriser le regroupement familial de Tuquabo-Tekele avec ses enfants restés à l'Érythrée), l'État défendeur n'a pas ménagé un juste équilibre entre les intérêts des requérants d'une part et son propre intérêt à contrôler l'immigration d'autre part* ». Cette exigence d'un juste équilibre entre ces deux principes est également rappelée dans de nombreux autres arrêts de la Cour européenne des droits de l'homme[482].

En effet, cette solution de compromis suppose que toute décision étatique fondée sur le souci de contrôler les entrées et les séjours des étrangers n'empiète pas sur l'unité familiale sans pourtant que cette dernière ne vide l'État de son pouvoir régalien de contrôle. Dans le même

---

481 CEDH, *Arrêt Tuquabo-Tekele and Others v. the Netherlands*, 3ème section, STRASBOURG
1 December 2005, §52.

482 C'est notamment le cas de l'affaire Abdulaziz, Cabales, and Balkandali v UK, Application nos. 9214/80; 9473/81; 9474/81 ; Kwakye-Nti et Dufie c. Pays-Bas, Hudoc – Cour EDH, 2e sect., req. n° 51431/99, 17 janvier 2006.

sens écrivent Kate JASTRAM et Kathleen NEWLAND[483] que

> *pour les États, le défi consiste à trouver un bon équilibre entre leurs préoccupations migratoires et leurs obligations humanitaires d'une manière qui soit plus adaptée à la protection des familles (et de leurs droits) et qui risque moins d'exacerber le problème des arrivées illégales qu'ils cherchent à résoudre.*

C'est aussi ce que soutient Louisa Markarian[484] dans « Le principe de l'unité de famille des réfugiés reconnus » sous la direction de Sylvie Saroléa. Un équilibre qui serait neutre, impartial et équitable ne reste-t-il pas un simple idéal à atteindre ? Lorsqu'il est admis que la question de migration reste une problématique complexe, dynamique et parfois sentimentale. Faut-il alors inverser le paradigme comme l'a proposé Danielle Lochak[485] pour s'attaquer directement au nœud du programme : la migration et l'ouverture des frontières ?

C'est pourquoi nous proposons quant à nous que cette notion du juste équilibre entre les principes d'unité familiale et la souveraineté étatique, d'origine prétorienne

---

[483] Kate JASTRAM et Kathleen NEWLAND, *L'unité de la famille : Acte final, Conférence des Nations Unies de 1951*, p.625, in https://www.unhcr.org/fr/516d51f09.pdf, consulter le 28/11/2020.

[484] Louisa Markarian, *Le principe de l'unité de famille des réfugiés reconnus*, Mémoire de Master, Université catholique de Louvain, Année Universitaire 2014-2015, p.11.

[485] D. Lochak, « La souveraineté étatique contre la liberté de circulation », *Les Possibles*, n°19, hiver 2019, in https://france.attac.org/nos-publications/les-possibles/numero-19-hiver-2019/dossier-des-migrations-et-discriminations-aux-gilets-jaunes/article/la-souverainete-etatique-contre-la-liberte-de-circulation, consulter le 28/11/2020.

soit consolidée dans un instrument juridique clair et contraignant pour les États.

Cela aura pour mérite d'harmoniser la pratique des états sur cette question et d'offrir une meilleure protection de l'unité familiale sans empiéter sur le pouvoir souverain de l'État. Mais en attendant, et compte tenu des difficultés à obtenir une telle réforme rapidement, l'élaboration par le Comité des Droits de l'enfant et le Haut-commissariat des Nations pour les réfugiés d'une Ligne directrice ou Observation générale précisant cette notion de juste équilibre nous parait essentielle.

SECTION 2 : LA MISE EN ŒUVRE DU DROIT À LA RÉUNIFICATION FAMILIALE : L'INTÉRÊT SUPÉRIEUR DE L'ENFANT S'OPPOSE-T-IL AU POUVOIR DE CONTRÔLE DES ENTRÉES ET SÉJOURS DES ÉTRANGERS ?

Si le droit à la réunification famille tel que reconnu et garanti dans les instruments juridiques concourt à la préservation de l'unité familiale. Il constitue également une garantie et un espoir pour les familles séparées de se reconstituer et de subsister aux conséquences de la migration. Plus qu'un espoir, la reconnaissance de ce droit offre une protection supplémentaire aux enfants séparés dans le contexte de la migration de recouvrer un environnement protecteur. C'est dans ce sens que la Cour de justice de l'Union européenne avait jugé à 2010 dans l'affaire Rhimou Chakroun contre Minister van Buitenlandse Zaken que les mesures concernant le regroupement familial devraient être adoptées en conformité avec l'obligation de protection de la famille et de respect de la vie familiale qui est consacrée dans de nombreux instruments du droit international[486]. Dans ses observations générales n° 4 et 23, le Comité des droits de l'enfant et le Comité pour la protection des droits de tous les travailleurs migrants et des membres de leur famille ont noté : « le droit des migrants à l'unité familiale peut entrer en contradiction avec les intérêts légitimes des États qui rendent leurs décisions concernant l'entrée ou le séjour de non-ressortissants sur leur territoire. Toutefois, les enfants dans le contexte des migrations internationales et leur famille ne devraient pas être soumis à des immixtions

---

[486] CJUE, *Arrêt Rhimou Chakroun contre Minister van Buitenlandse Zaken*, affaire C-578/08, Luxembourg, 2010, §44.

arbitraires ou illégales dans leur vie privée et leur vie de famille »[487]. Le Comité a en outre, noté dans son Observation générale n°24 : « Si les relations entre l'enfant et ses parents ont été interrompues par la migration (parents ayant migré sans l'enfant, enfant ayant migré sans ses parents), il faudrait tenir compte du principe de la préservation de l'unité familiale lors de l'évaluation de l'intérêt supérieur de l'enfant en vue de la prise d'une décision relative à la réunification familiale »[488]. Intérêt supérieur de l'enfant est entendu comme un concept à triple dimension qui implique non seulement : « intérêt supérieur soit évalué et soit une considération primordiale lorsque différents intérêts sont examinés en vue d'aboutir à une décision sur la question en cause, et la garantie que ce droit sera mis en œuvre dans toute prise de décisions concernant un enfant », mais aussi que « si une disposition juridique se prête à plusieurs interprétations, il convient de choisir celle qui sert le plus efficacement l'intérêt supérieur de l'enfant » ou même que « Quand une décision qui aura des incidences sur un enfant en particulier, un groupe défini d'enfants ou les enfants en général doit être prise, le processus décisionnel doit comporter une évaluation de ces incidences sur

---

[487] Comité des droits de l'enfant et alii, *Observation générale conjointe no 4 (2017) du Comité pour la protection des droits de tous les travailleurs migrants et des membres de leur famille et n° 23 (2017) du Comité des droits de l'enfant sur les obligations des États en matière de droits de l'homme des enfants dans le contexte des migrations internationales dans les pays d'origine, de transit, de destination et de retour*, Genève, 2017, §28.

[488] Comité des droits de l'enfant, *Observation générale n° 14 (2013) sur le droit de l'enfant à ce que son intérêt supérieur soit une considération primordiale (art. 3, par. 1)*, Genève, 2013, §5.

l'enfant concerné ou les enfants concernés[489]. Parallèlement à cette affirmation de l'application primordiale de l'intérêt supérieur de l'enfant dans toute situation qui les concerne, le droit de l'État à contrôler les entrées et les séjours, des étrangers, adultes et enfants, n'est pas nié pour autant. Ce droit se traduit non seulement par la délivrance ou non des visas et autres titres de séjours, mais aussi, et surtout par des mesures de refoulement, renvoi ou expulsion. Ces mesures qui peuvent en effet, porter atteinte à la mise en œuvre pleine et effective du droit à la réunification en faveur des enfants. Il a d'ailleurs été observé ainsi par le Comité de droit de l'enfant[490]. À l'occasion, le Comité avait reconnu la possibilité que subsistent des tensions lors de l'évaluation de l'intérêt supérieur de l'enfant avec les droits des autres parties en présence, dont les autres enfants et les pouvoirs publics, et que ces « conflits potentiels devraient être résolus au cas par cas, en mettant soigneusement en balance les intérêts de toutes les parties et en trouvant un compromis acceptable », et en accordant « un plus grand poids à ce qui sert au mieux les intérêts de l'enfant »[491].

---

[489] Comité des droits de l'enfant, *Observation générale n° 14 (2013) sur le droit de l'enfant à ce que son intérêt supérieur soit une considération primordiale (art. 3, par. 1),* Genève, 2013, §1.

[490] *Op.cit.*

[491] Comité des droits de l'enfant et alii, *Observation générale conjointe n° 3 (2017) du Comité pour la protection des droits de tous les travailleurs migrants et des membres de leur famille et n° 22 (2017) du Comité des droits de l'enfant sur les principes généraux relatifs aux droits de l'homme des enfants dans le contexte des migrations internationales*, Genève, 16 novembre 2017, §28.

De ce qui précède, l'on peut s'interroger sur la nature et la portée des tensions qui peuvent subvenir de l'application du droit à la réunification familiale en faveur des enfants(I) dans le contexte de la migration et sur les solutions équitables qui peuvent être envisagées dans ce cas (II).

Paragraphe 1 : Intérêt supérieur de l'enfant contre le pouvoir de contrôle des entrées et séjours des étrangers

Le principe d'intérêt supérieur de l'enfant est au cœur du droit à la réunification familiale en ce qui concerne les enfants.

Ce principe est consacré en l'article 3 de la Convention relative aux droits de l'enfant qui stipule que dans toutes les décisions qui concernent les enfants, qu'elles soient le fait des institutions publiques ou privées de protection sociale, des tribunaux, des autorités administratives ou des organes législatifs, l'intérêt supérieur de l'enfant doit être une considération primordiale[492].

---

[492] Article 3 de la Convention relative aux droits de l'enfant, 20 novembre 1989. Il est aussi consacré dans de nombreux autres textes juridiques de protée internationale, régionale et nationale dont Convention relative au Statut des Réfugiés, Genève, 28 juillet 1951; Protocole relatif au Statut des Réfugiés, New York, 31 janvier 1967; Convention de l'Organisation de l'Unité Africaine (OUA) relative aux problèmes spécifiques rencontrés par les réfugiés ; la Charte africaine des Droits et bien-être de l'enfant (article 4) ; Convention européenne sur l'exercice des droits des enfants(Article 1) ; Convenant des droits de l'enfant en islam(article 8) ; Protocole Optionnel à la Convention relative aux Droits de l'Enfant sur l'Implication des Enfants dans les Conflits; le Protocole Optionnel à la Convention relative aux Droits de

Toutefois ce principe n'a pas à ce jour reçu une définition exhaustive. C'est ce que rappelle le Haut-commissariat des Nations unies pour les réfugiés dans les Directives du HCR sur la Détermination formelle de l'Intérêt supérieur de l'Enfant : La CDE ne fournit pas une définition précise des intérêts supérieurs de l'enfant. Bien que le terme 'intérêts supérieurs' décrive généralement le bien-être de l'enfant, il n'est pas possible de donner une définition exhaustive de ce que renferment les intérêts supérieurs de l'enfant, étant donné que ceci dépend d'une multiplicité de circonstances individuelles, telles que l'âge et le degré de maturité de l'enfant, la présence ou l'absence des parents, l'environnement de l'enfant, etc.[493] Autrement dit, la complexité des réalités auxquelles peut renvoyer ce principe ne permet pas de lui proposer une définition exhaustive et complète. Ce qui fait que ce principe peut à la fois concerner les enfants dans le contexte de migration interne ou internationale ou pas ; s'appliquer dans l'examen de la mise en œuvre de tous les droits reconnus aux enfants de manière générale ou spécifique ; s'imposer aux acteurs publics ou privés. C'est donc pour cette raison que la question de l'évaluation de l'intérêt supérieur de l'enfant se pose également dans la mise en œuvre des droits en faveur des enfants dans le contexte de migration, dont le droit à la réunification familiale(A). Ce qui suppose que l'intérêt supérieur de l'enfant soit pris en compte comme valeur primordiale dans la définition et l'application des mesures étatiques relatives à la réunification familiale(B).

---

l'Enfant relatif à la Vente d'Enfants, la Prostitution d'Enfants et la Pornographie mettant en scène des enfants.

[493] HCR, *Directives du HCR sur la Détermination Formelle de l'Intérêt Supérieur de l'Enfant*, Genève, 2006, p.7.

A. Le principe d'intérêt supérieur de l'enfant au cœur de la réunification familiale

La mise en œuvre du droit à la réunification familiale en faveur des enfants fait intervenir le principe de l'intérêt supérieur de l'enfant. Cela suppose que les États intègrent ce principe dans la définition des politiques ; adoption des normes et dans leur application complète et effective[494]. Plus concrètement, l'intérêt supérieur de l'enfant implique que toutes mesures étatiques en matière de réunification familiale favorisent avant tout le bien-être de l'enfant à travers la préservation de l'unité familiale, le contrôle de toutes les mesures de refoulement, renvoi, expulsion et détention qui concerneraient les enfants. L'intérêt supérieur de l'enfant suppose par exemple pour les enfants privés de protection parentale ou risquant de l'être, la définition des pistes d'action qui soient propres à répondre au mieux à leurs besoins et à leurs droits, en tenant compte de leur épanouissement personnel et de leurs droits dans leur environnement familial, social et culturel et de leur statut en tant que sujets de droits, tant au moment de la détermination qu'à plus long terme[495].

En effet, comme rappelé par le Comité des droits de l'enfant, l'intérêt supérieur de l'enfant renferme un triple sens.

D'abord, l'intérêt supérieur comme un droit de fond, c'est-à-dire que le droit de l'enfant à ce que son intérêt

---

[494] Comité des droits de l'enfant, *Observation générale n° 14 (2013) sur le droit de l'enfant à ce que son intérêt supérieur soit une considération primordiale (art. 3, par. 1)*, Genève, 2013, §1.

[495] Assemblée générale des Nations unies, *Résolution adoptée par l'Assemblée générale le 18 décembre 2009*, Soixante-quatrième session, 24 février 2010, Genève, §7.

supérieur soit évalué et soit une considération primordiale lorsque différents intérêts sont examinés en vue d'aboutir à une décision sur la question en cause, et la garantie que ce droit sera mis en œuvre dans toute prise de décisions concernant un enfant, un groupe d'enfants défini ou non ou les enfants en général[496]. Cela suppose que toute mesure qui concerne l'enfant prenne compte de ses intérêts aussi bien dans leur adoption que dans leur application effective.

Ensuite, l'intérêt supérieur de l'enfant comme un principe juridique interprétatif fondamental[497]. Ce qui veut dire que face à des interprétations divergentes, celle favorise à l'enfant soit considéré en priorité.

Enfin, l'intérêt supérieur de l'enfant comme une règle de procédure. Cela suppose que lorsqu'une décision aura des incidences sur un enfant en particulier, un groupe défini d'enfants ou les enfants en général doit être prise, le processus décisionnel doit comporter une évaluation de ces incidences (positives ou négatives) sur l'enfant concerné ou les enfants concernés[498]. S'agissant du respect du principe de l'intérêt supérieur de l'enfant au moment de l'adoption de toute mesure qui concerne la réunification d'un enfant séparé avec les membres de sa famille ensuite.

Celui-ci suppose par exemple que les États tiennent compte de l'intérêt supérieur de l'enfant dans la définition des conditions d'admission à la réunification familiale, lorsqu'il pourrait subsister un litige entre l'âge au moment de l'introduction de la demande et celui au moment de

---

496 Comité des droits de l'enfant, *op.cit.*
497 *Idem.*
498 Comité des droits de l'enfant, *op.cit.*

l'obtention de la réponse. Mais aussi et surtout, dans la détermination de la procédure et du délai à suivre pour parvenir à la réunification familiale. Dans ce cas, toutes les mesures à prendre doivent respecter l'intérêt de l'enfant, qu'ils s'agissent des mesures de détention, d'écoute et de prise en charge temporaire. En ce qui concerne le respect de l'intérêt supérieur de l'enfant dans l'interprétation des mesures à prendre enfin. Celui-ci suppose quant à lui que toute interprétation qui concernerait un enfant devrait se faire dans son intérêt. C'est-à-dire, lorsqu'un texte prône le refoulement d'un enfant migrant pour séjour irrégulier et que parallèlement, il existe un autre texte qui soutient son placement dans une famille d'accueil en attendant que ses parents soient retrouvés, ce dernier texte devrait être privilégié. Ou bien lorsqu'il subsiste un doute sur la minorité de l'enfant demandeur au regroupement familial, l'interprétation qui soutient sa minorité doit être applicable jusqu'à preuve du contraire. Ou bien encore, les dispositions qui suppriment la condition de ressources financières en faveur d'un enfant demandeur au regroupement doivent lui être applicables, car plus favorables. Bref, chaque fois qu'une autorité sera appelée à prendre une décision qui implique un enfant, elle devra tenir compte de ses intérêts avant tout.

Concernant l'évaluation de l'incidence positive et négative d'une décision sur les enfants, il est de l'obligation de l'autorité qui veut prendre une décision de la faire au préalable. Et de ne décider que dans le sens plus favorable à l'enfant.

Ainsi à l'instar du Conseil de l'Europe[499], garantir l'intérêt supérieur de l'enfant dans toutes les décisions afférentes au regroupement familial implique que les autorités compétentes mettent en place une procédure visant à déterminer cet intérêt lorsqu'elles statuent dans des cas de regroupement familial.

B. L'intérêt supérieur de l'enfant contre le pouvoir étatique de contrôle

Le principe de l'intérêt supérieur de l'enfant semble se heurter dans son application au pouvoir de l'État à contrôler les entrées et séjours des étrangers mineurs sur son territoire. En ce sus qu'il limite l'étendue du pouvoir d'intervention de l'État, le contraignant à harmoniser ses décisions, ses normes et à aménager un régime de protection spécifique et adaptée.

D'abord, le pouvoir de contrôle de l'État se heurte au respect de l'intérêt supérieur de l'enfant au moment de la définition de règles et politiques migratoires en général et celle de la réunification familiale spécifique. Interprétant les dispositions de l'article 3.1.a de la Convention relative aux droits de l'enfant, le Comité des droits de l'enfant a noté que le paragraphe 1 de l'article 3 vise à faire en sorte que le droit en question soit garanti dans toutes les décisions et actions qui concernent les enfants… Le terme « décision» ne s'entend pas uniquement des décisions,

---

[499] Conseil de l'Europe, *Regroupement familial pour les enfants réfugiés et migrants. Normes juridiques et pratiques prometteuses*, Strasbourg, 2020, P.73. https://rm.coe.int/regroupement-familial-pour-les-enfants refugies-et-migrants/16809e8f72, consulté le 16/04/2021.

mais aussi de tous les actes, conduites, propositions, services, procédures et autres mesures[500]. Cela veut dire que les États sont tenus de se conformer à ce principe dans chacune de leurs décisions, comprises au sens large. Il peut s'agir des mesures législatives, administratives et judiciaires.

Ainsi, la législation étatique relative au contrôle des entrées et de séjours des étrangers doit par exemple éviter le placement systématique des enfants dans un lieu de détention ; et si cela s'avère nécessaire, que les enfants ne soient pas détenus au même endroit et dans les mêmes conditions que les adultes. C'est ce qui résulte des Observations générales conjointes du Comité des droits de l'enfant et du Comité pour la protection des droits de tous les travailleurs migrants et des membres de leur famille selon lesquelles « *Tout type de détention d'enfants liée à l'immigration devrait être interdit dans la loi et cette interdiction devrait être pleinement mise en œuvre dans la pratique* »[501]. C'est-à-dire l'étendue du pouvoir d'intervention de l'État en cette matière se trouve donc limiter par la nécessité de préserver l'intérêt supérieur de l'enfant. L'idée à la base de cette intervention est le maintien de l'enfant dans un environnement familial protecteur en préservant l'unité familiale. Les deux Comités ont également noté que les obstacles juridiques et

---

[500] Comité des droits de l'enfant, *Op.cit.*

[501]Comité des droits de tous les travailleurs migrants et des membres de leur famille et no 23 (2017) du Comité des droits de l'enfant sur les obligations des États en matière de droits de l'homme des enfants dans le contexte des migrations internationales dans les pays d'origine, de transit, de destination et de retour, Genève, 2017, §5. Par détention liée à l'immigration » les Comités entendent tout contexte dans lequel un enfant est privé de liberté pour des motifs liés à son statut migratoire ou à celui de ses parents.

pratiques à l'enregistrement des naissances devraient être levés ; la transmission des données entre les personnels de santé ou les fonctionnaires chargés de l'enregistrement et les autorités chargées du contrôle de l'immigration devrait notamment être interdite et les parents ne devraient pas se voir demander les documents relatifs à leur situation migratoire502. Ainsi, le principe de l'intérêt supérieur de l'enfant contraint l'État à devoir s'y conformer chaque fois qu'il doit prendre une décision qui aura des incidences sur les enfants, dans le cas d'espèce, sur les enfants dans le contexte migratoire.

Ensuite, le pouvoir du contrôle de l'État se heurte au principe de l'intérêt supérieur de l'enfant dans la procédure de mise en œuvre du droit à la réunification familiale.

En effet, cette procédure implique entre autres qu'« *une phase préalable d'évaluation ou de vérification visant à déterminer si la réunification est dans l'intérêt supérieur de l'enfant et si la famille a la volonté et la capacité de s'occuper de l'enfant* »[503]. Elle implique qu'elle soit faite dans les conditions favorables au statut de l'enfant, c'est-à-dire par un organe habilité et adapté, en prenant en compte l'opinion de l'enfant si possible, sa situation personnelle.

---

[502] Comité des droits de l'enfant, *op.cit.*

[503] B. KAGINA SENGA, *Existe-t-il une réelle protection pour les enfants non accompagnés, réfugiés ou déplacés internes, en République démocratique du Congo ?, Mémoire de Master 2 en Histoire, Théories et Pratiques en droits de l'homme, Université Grenoble Alpe, année Universitaire 2019/2020, inédit,* p.81.

S'agissant par exemple des enfants non accompagnés, le Comité des droits de l'enfant a relevé dans son Observation générale n°6 qu'« autoriser un enfant à entrer sur le territoire constitue une condition préalable à ce processus initial d'évaluation »[504]. Il précise en outre que «ce processus d'évaluation devrait être mené dans une atmosphère amicale et sûre par des professionnels qualifiés maîtrisant des techniques d'entretien adaptées à l'âge et au sexe de l'enfant »[505]. En somme, tout au long de cette phase, toute interprétation et mesure à prendre doivent placer l'intérêt de l'enfant en premier lieu. C'est donc cette exigence qui peut soulever des tensions éventuelles avec l'intérêt étatique en présence. Au nom de son pouvoir régalien de contrôler l'immigration, l'État peut vouloir contrôler systématiquement tous les migrants et décider de renvoyer ou refouler certains d'entre eux, alors que l'intérêt supérieur de l'enfant lui impose de prendre de mesures spécifiques en faveur des enfants. Il peut en outre arriver, et il arrive souvent que les services contestent la minorité d'un enfant sur la base des documents à sa disposition et que l'enfant en affirme le contraire. Dans ce cas, le principe de l'intérêt supérieur de l'enfant impose que le statut de mineur prévale sur celui du migrant jusqu'à la preuve du contraire. Il a d'ailleurs été observé ainsi par le Comité des droits de l'enfant dans l'affaire M.T c. Espagne en 2019 qui concernait un requérant d'origine ivoirienne et demandeur d'asile en Espagne dont la minorité avait été contestée par l'Office d'aide aux réfugiés à Madrid. Le Comité avait donc noté à l'espèce que la charge de la preuve de la minorité d'âges

---

[504] Comité des droits de l'enfant, *Observation générale n° 6 (2005) : traitement des enfants non accompagnés et des enfants séparés en dehors de leur pays d'origine*, Genève, 2005, §20.
[505] *Idem.*

est partagée entre le requérant et les autorités du pays d'accueil. Et qu'en cas de doute sur l'authenticité des pièces d'identité, celles-ci doivent être considérées comme authentiques jusqu'à la preuve du contraire[506]. Les tensions peuvent en outre, naître des techniques étatiques de détermination de la minorité d'un enfant. Si pour certains enfants, les pièces d'identité à leur disposition suffisent à conclure sur leur minorité d'âges, pour d'autres, le recours au test d'ADN ou tests osseux ou toutes autres techniques peut s'avérer inévitable. Certains de ces techniques peuvent se heurter au principe de l'intérêt supérieur de l'enfant. C'est par exemple le cas de la technique de fichage biométrique des « mineurs isolés » en France, déclaré en 2019 conforme à la constitution française par le Conseil Constitutionnel, mais contesté par de nombreuses organisations de la société civile et par l'Unicef[507]. Cette dernière a par exemple noté qu'en prévoyant le fichage de mineur·e·s à d'autres fins que celles liées à leur protection, notamment pour lutter contre l'immigration irrégulière, le législateur a porté radicalement atteinte à l'exigence constitutionnelle de protection de l'intérêt supérieur de l'enfant dont découle la présomption de minorité[508]. Il a aussi été jugé par le Conseil d'État français dans sa décision du 21 janvier 2021 en procédure de référé que la décision de suspension de délivrance de visas de regroupement familial porte atteinte « au droit à la vie familiale normale de l'ensemble des intéressés et à l'intérêt supérieur des enfants en cause,

---

506 Comité des droits de l'enfant, *Communication M.T c. Espagne : constatations et recommandations*, 18 Septembre 2019, §14.

507 https://www.infomie.net/spip.php?breve4107, consulter le 31/01/2021.

508 https://www.unicef.fr/article/mineures-non-accompagnees-un-fichage-contraire-aux-droits-et-libertes-reconnus-par-la, consulter le 31/01/2021.

perdure de manière continue depuis plus de dix mois »[509]. Cette décision est prise à la suite d'une requête du 16 janvier 2021, de plusieurs associations de défense des droits des étrangers en vue d'obtenir la suspension de la décision du pouvoir réglementaire[510] de suspendre les demandes de délivrance de visa long séjour au titre de la réunification familiale et du regroupement familial. Ainsi, la mise en œuvre du droit à la réunification familiale de l'enfant oppose parfois les intérêts étatiques à ceux de l'enfant et comme la priorité devra être accordée aux intérêts de l'enfant, des tensions peuvent naître. Enfin, le pouvoir de contrôle de l'État se heurte au principe de l'intérêt supérieur de l'enfant dans l'interprétation de mesures à prendre.

Il est fait obligation à l'état d'accorder la primauté à l'interprétation favorable à l'intérêt de l'enfant lorsqu'il y a plusieurs intérêts en présence[511]. Il a été rappelé par le Comité des droits de l'enfant que la Déclaration de New York pour les réfugiés et les migrants, par laquelle les Chefs d'État et de gouvernement se sont engagés à protéger les droits et les libertés fondamentaux de tous les enfants réfugiés et migrants, quel que soit leur statut, en donnant toujours la priorité à l'intérêt supérieur de l'enfant, et à se conformer à leurs obligations au titre de la Convention relative aux droits de l'enfant[512].

---

[509] CE, juge des réf., 21 janv. 2021, n° 447878. Lire en ligne : https://www.doctrine.fr/d/CE/2021/CEW:FR:CEORD:2021:447878.20210121

[510] Circulaire n° 6239/SG du Premier ministre du 29 décembre 2020.

[511] Comité des droits de l'enfant, *op.cit.*

[512] Comité des Droits de l'enfant et alii, *Observation générale conjointe n° 3 (2017) du Comité pour la protection des droits de tous les travailleurs migrants et des membres de leur famille et n° 22 (2017) du Comité des droits de l'enfant sur les principes généraux*

En définitive, la mise en œuvre du droit à la réunification familiale peut à chaque fois se heurter, du point de vue normatif, procédural ou interprétatif au pouvoir régalien de l'État de contrôler la migration sur son territoire. L'Unicef et le HCR ont également rappelé cette tension : « (…) l'intérêt supérieur de l'enfant, une fois évalué et déterminé, peut-être en conflit avec les intérêts, dont celui des États »[513]. Cette question s'est également posée dans l'arrêt de la Cour suprême du Canada du 4 novembre 1999 dans l'affaire Baker contre Canada. La Cour a noté : «(…) À mon avis, la façon dont elle traite l'intérêt des enfants montre que cette décision était déraisonnable au sens de l'arrêt *Southam*, précité.

L'agent n'a prêté aucune attention à l'intérêt des enfants de Mme Baker. (…) j'estime que le défaut d'accorder de l'importance et de la considération à l'intérêt des enfants constitue un exercice déraisonnable du pouvoir discrétionnaire conféré par l'article, même s'il faut exercer un degré élevé de retenue envers la décision de l'agent d'immigration »[514]. La Cour suprême était appelée à se prononcer sur la décision de la Cour d'appel qui refusait « (…) d'accorder la primauté à l'intérêt supérieur des enfants dans l'appréciation de la demande de l'appelante contre la décision d'expulsion avec son enfant né au Canada »[515].

---

relatifs aux droits de l'homme des enfants dans le contexte des migrations internationales, Genève, 16 novembre 2017, §6.

513 UNHCR et Unicef, *Sain et Sauf. Ce que les Etats peuvent faire pour garantir l'intérêt supérieur des enfants non accompagnés et séparés en Europe*, New York, 2014, p.44.

514 Cour suprême du Canada, *Arrêt Baker c. Canada*, [1999] 2 R.C.S. 817, 04 novembre 1999, §65. https://scc-csc.lexum.com/scc-csc/scc-csc/fr/item/1717/index.do?q=immigration, consulté le 16/05/2021.

515 *Idem.*

Que faut-il alors faire pour maintenir un juste équilibre entre ces deux intérêts apparemment opposés ?

Paragraphe 2 : Intérêt supérieur de l'enfant pour un pouvoir de contrôle des entrées et séjours des étrangers : un juste équilibre est-il possible ?

Le Comité des droits de l'enfant reconnaît la nécessité d'un certain degré de souplesse dans l'application du principe de l'intérêt supérieur de l'enfant. Il soutient comme l'Unicef et le HCR que l'intérêt supérieur de l'enfant – une fois évalué et déterminé – peut être en conflit avec d'autres intérêts ou d'autres droits (par exemple ceux d'autres enfants, du public, des parents, etc.). Ainsi, le Comité note que les conflits potentiels entre l'intérêt supérieur d'un enfant, pris individuellement, et celui d'un groupe d'enfants ou des enfants en général doivent être résolus au cas par cas, en mettant soigneusement en balance les intérêts de toutes les parties et en trouvant un compromis acceptable. Il convient de procéder de même si les droits d'autres personnes sont en conflit avec l'intérêt supérieur de l'enfant[516]. C'est cette obligation de trouver un équilibre ou une balance entre les intérêts en présence qui est à la base de l'affirmation de la notion du juste équilibre devant la Cour européenne des Droits de l'Homme(A). Un juste équilibre entre l'intérêt supérieur de l'enfant et l'intérêt de l'État à contrôler la migration sur son territoire s'impose. Mais un juste

[516] Comité des droits de l'enfant, *Observation générale no 14 (2013) sur le droit de l'enfant à ce que son intérêt supérieur soit une considération primordiale (art. 3, par. 1),* Genève, 2013, §4.

équilibre entre deux intérêts qui sont déjà inéquitables, est-il vraiment possible(B) ?

Dans la mesure où, l'intérêt supérieur de l'enfant postule qu'en présence des intérêts divergents, celui en faveur de l'enfant doit primer.

A. De l'affirmation du juste équilibre dans la jurisprudence de la Cour européenne des Droits de l'Homme…

C'est la solution que préconise la Cour européenne des Droits de l'Homme dans sa jurisprudence constante. De manière générale, la Cour européenne a recours à la notion de juste équilibre dans l'examen des affaires relatives au regroupement familial. Elle y recourt pour démontrer par exemple que les États sont tenus de chercher un juste équilibre entre leurs intérêts et ceux des particuliers pour ne pas porter atteinte à l'unité familiale. Il fut par exemple le cas dans l'affaire Goi Tuquabo-Tekle et autres contre les Pays-Bas. Saisie par les requérantes Goi Tuquabo-Tekle, Adhanom Ghedlay Subhatu, and Tarreke, Tmnit and Ablel Tuquabo, and one Eritrean national, Mehret Ghedlay Subhatu contre les Pays-Bas[517]. Cette exigence d'un juste équilibre entre ces deux principes est également rappelée dans de nombreux autres arrêts de la Cour européenne des Droits de l'Homme[518].

---

[517] CEDH, *Arrêt Tuquabo-Tekele and Others v. the Netherlands*, 3ème section, STRASBOURG, 1 December 2005, §52.

[518] C'est notamment le cas de l'affaire Abdulaziz, Cabales, and Balkandali v UK, Application n°s. 9214/80; 9473/81; 9474/81 ; Kwakye-Nti et Dufie c. Pays-Bas, Hudoc – Cour EDH, 2e sect., req. n° 51431/99, 17 janvier 2006.

Dans l'affaire Hämäläinen c. Finlande, la Cour européenne avait aussi conclu qu'*« il faut avoir égard au juste équilibre à ménager entre l'intérêt général et les intérêts de l'individu concerné, les objectifs visés au paragraphe 2 de l'article 8 jouant un certain rôle »*[519].

Il s'agissait dans cette affaire d'une requête de la requérante qui se plaignait de ne pouvoir obtenir la pleine reconnaissance de son nouveau sexe féminin sans transformer son mariage en un partenariat enregistré dans le registre de l'état civil finlandais. Cette notion du juste équilibre fut également évoquée par la Cour dans l'affaire PIECHOWICZ contre Pologne dans laquelle la Cour nota que «pour apprécier si une ingérence était «nécessaire», la Cour tiendra compte de la marge d'appréciation laissée aux autorités de l'État, mais il incombe à l'État défendeur de démontrer l'existence d'un besoin social impérieux derrière l'ingérence »[520].

En outre, la Cour a régulièrement rappelé les critères précis d'appréciation de ce juste équilibre pour que l'ingérence étatique soit justifiée.

En effet, l'étendue du pouvoir d'appréciation de l'État doit se reposer sur une base légale[521], prévisible[522], c'est-à-dire utilisant des termes clairs et non ambigus, et justifiés dans une société démocratique.

Autrement dit, le juge européen n'a fait que rappeler le principe général prévu dans la plupart d'instruments juridiques internationaux relatifs aux Droits de l'Homme

---

[519] CEDH, *Arrêt Hämäläinen c. Finlande*, Requête no 37359/09, Grande chambre, Strasbourg, 16 juillet 2014, §65.

[520] CEDH, *Arrêt PIECHOWICZ contre Pologne*, requête no. 20071/07, Strasbourg, 17 avril 2012, §212.

[521] *Idem.*

[522] CEDH, *Affaire Fernández Martínez c. Espagne*, Requête no 56030/07, Strasbourg, 12 juin 2014, §117.

qui posent les critères de limitations des droits garantis pour éviter l'arbitraire.

En plus, cette notion de juste équilibre fut également rappelée par la Cour dans les affaires qui concernaient spécifiquement les droits de l'enfant. Il fut par exemple le cas dans l'affaire Mubilazila contre Belgique où il a été jugé que ...la tâche de la Cour consiste à déterminer si la mesure de détention prise à l'égard de la seconde requérante a, en l'espèce, respecté un juste équilibre entre les intérêts en présence... Il y a donc nécessité de concilier la protection des droits fondamentaux et les impératifs de la politique de l'immigration des États[523]. Il s'agissait d'une requête de la seconde requérante d'origine congolaise, alors qu'elle comptait rejoindre sa mère au Canada par la Belgique, elle était retenue en Belgique et à cette occasion, séparée de son oncle qui l'accompagnait et de surcroît elle fut placée en détention au même endroit que les adultes alors qu'elle était mineure. La Cour conclue : (...) la détention a notamment eu pour conséquence en l'espèce de séparer la seconde requérante du membre de sa famille à qui elle avait été confiée et qui en avait la charge... que cette mesure étatique n'était pas justifiée et surcroît portait atteinte à l'intérêt supérieur de l'enfant[524].

Il en fut de même dans l'affaire *H.A. et autres c. Grèce ou la Cour, faisant référence à l'affaire Rahimi c. Grèce*[525]*, conclut que,* les autorités nationales ne s'étaient penchées sur la question de l'intérêt supérieur du requérant en tant que mineur ou sur sa situation particulière de

---

[523] CEDH, *Arrêt Mubilanzila Mayeka et Kaniki Mitunga c. Belgique*, Requête n° 13178/03, STRASBOURG, 12 octobre 2006, §80-81.
[524] *Op.cit*, §82.
[525] CEDH, *Arrêt Rahimi c. Grèce, requête no 8687/08, Strasbourg, 5 avril 2011, §§ 108-110.*

mineur non accompagné. De plus, elles n'avaient pas recherché si le placement de l'intéressé dans le centre de rétention était une mesure de dernier ressort et si elles pouvaient lui substituer une autre mesure moins radicale[526].

À l'instar de la Cour européenne, les autres juridictions ou instances ont souvent affirmé ou réaffirmé l'application de cette notion lorsque les droits de l'enfant s'opposent à d'autres valeurs en présence. C'est par exemple le cas de la Cour de Justice de l'Union européenne dans l'affaire *MA, BT, DA / Secretary of State for the Home Department*[527] *ou bien dans l'affaire O. et S. contre Maahanmuuttovirasto*[528]. C'est aussi le cas du Comité des droits de l'enfant des Nations unies qui a eu l'occasion de se prononcer à ce sujet[529].

Ainsi, l'affirmation de l'obligation d'observer un juste équilibre lorsqu'il subvient une quelconque tension entre l'intérêt de l'État à contrôler l'entrée et le séjour des étrangers avec l'intérêt supérieur de l'enfant est bien reconnue.

En matière de regroupement familial, cette obligation se fonde sur la nécessité de préserver l'unité familiale[530] et lorsqu'il s'agit des enfants, le principe de l'intérêt supérieur s'y ajoute. Il impose ainsi conformément à la

---

[526] CEDH, *H.A. et autres c. Grèce,* Requête n° 19951/16, STRASBOURG, 28 février 2019, §206.

[527] CJUE, *Arrêt MA, BT, DA / Secretary of State for the Home Department*, affaire C-648/11, Luxembourg, le 6 juin 2013, §61.

[528] CJUE, *O. et S. contre Maahanmuuttovirasto*, Requête n° C-356/11, 6 décembre 2012, Luxembourg, [https://eur-lex.europa.eu], consulté le 20 mai 2020.

[529] Comité des droits de l'enfant, *Communication M.T c. Espagne : constatations et recommandations*, 18 Septembre 2019, §14.

[530] Article 8 de la Convention européenne des droits de l'homme.

Convention relative aux droits de l'enfant[531], que l'enfant ne soit pas séparé de ses parents et que si cela malgré tout arrive, que tout soit mis en œuvre pour les réunifier. C'est donc cette idée qui guide la Cour dans l'examen du principe du juste équilibre.

Toutefois, si ce juste équilibre est facile à déterminer dans le cas de regroupement familial des personnes adultes, son application en faveur des enfants ne semble pas aisée. Comment prétendre un équilibre juste, lorsque les deux principes ou intérêts ne sont pas égaux ? Car le principe de l'intérêt supérieur de l'enfant postule que lorsqu'il subsiste un conflit entre l'intérêt de l'État ou autres intérêts avec celui de l'enfant, que la primauté soit accordée à ce dernier.

B. …à une notion critiquable : Un juste équilibre est-il vraiment possible ?

L'impossible mise en œuvre d'un juste équilibre entre le pouvoir de l'intérêt étatique et celui de l'enfant fondé sur l'affirmation de la primauté de l'intérêt supérieur de l'enfant. En effet, bien que le principe du juste équilibre soit affirmé, c'est-à-dire une solution de compromis qui suppose que toute décision étatique fondée sur les soucis de contrôler les entrées et les séjours des étrangers n'empiète pas sur l'unité familiale sans pourtant que cette dernière ne vide l'État de son pouvoir régalien de contrôle, sa mise en œuvre semble consacrer la primauté de l'intérêt de l'enfant sur celui de l'État.

[531] Article 9 de Convention relative aux droits de l'enfant.

C'est ce qui résulte par exemple de l'arrêt de la Cour européenne dans l'affaire H.A. et autres c. Grèce. Il a été jugé par la Cour européenne des Droits de l'Homme dans l'affaire H.A. et autres c. Grèce[532] que « *les autorités nationales ne s'étaient penchées pas sur la question de l'intérêt supérieur du requérant en tant que mineur ou sur sa situation particulière de mineur non accompagné* ». Autrement dit, en présence de deux intérêts, celui de l'enfant (enfant tout simplement) et celui de l'État grec à contrôler les entrées et séjours des étrangers sur son territoire (enfant migrant), la primauté devrait être donnée à celui de l'enfant. Dans la doctrine, le principe de l'intérêt supérieur de l'enfant dans le cadre d'un conflit entre plusieurs intérêts n'est pas non plus exempt de critiques.

Mariam Movsissian dénonce par exemple son imprécision qui serait à la base de son défaut ou mauvaise utilisation dans la pratique[533]. Kate JASTRAM et Kathleen NEWLAND relèvent quant à eux [534] que « pour les États, le défi consiste à trouver un bon équilibre entre leurs préoccupations migratoires et leurs obligations humanitaires d'une manière qui soit plus adapté à la protection des familles (et de leurs droits) et qui risque moins d'exacerber le problème des arrivées illégales qu'ils cherchent à résoudre ». C'est aussi ce que soutient Louisa

---

532 CEDH, *Arrêt H.A. et autres c. Grèce*, Requête no 19951/16, STRASBOURG, 28 février 2019, §206.

533 M. Movsissian, *L'intérêt supérieur de l'enfant dans la jurisprudence de la Cour européenne des droits de l'Homme*, Rapport de recherches, Certificat d'Études Juridiques Internationales, Année universitaire 2014 – 2015, p.39.

534 Kate JASTRAM et Kathleen NEWLAND, *L'unité de la famille : Acte final, Conférence des Nations Unies de 1951*, p.625, in https://www.unhcr.org/fr/516d51f09.pdf, consulter le 28/11/2020.

Markarian[535] dans « le principe de l'unité de famille des réfugiés reconnus » sous la direction de Sylvie Saroléa. Un équilibre qui serait neutre, impartial et équitable ne reste-t-il pas un simple idéal à atteindre ? Lorsqu'il est admis que la question de migration reste une problématique complexe, dynamique et parfois sentimentale.

Faut-il alors inverser le paradigme comme l'a proposé Danielle Lochak[536] pour s'attaquer directement au nœud du problème : la migration et l'ouverture des frontières ?

Ainsi, la notion même de l'intérêt supérieur de l'enfant paraît à bien des égards difficiles à définir et parfois à déterminer ; son opposition avec le pouvoir de contrôle étatique l'est encore davantage. C'est pourquoi nous proposons que la notion du juste équilibre entre les principes de l'intérêt supérieur de l'enfant et la souveraineté étatique, d'origine prétorienne soit consolidée dans un instrument juridique clair et contraignant pour les États. Cela aura pour mérite d'harmoniser la pratique des états sur cette question et d'offrir une meilleure protection de l'unité familiale sans empiéter sur le pouvoir souverain de l'État. Qu'en plus, la pratique prétorienne sur la définition de l'intérêt supérieur de l'enfant se consolide dans des instruments juridiques

---

[535] L. Markarian, *Le principe de l'unité de famille des réfugiés reconnus*, Mémoire de Master, Université catholique de Louvain, Année Universitaire 2014-2015, p.11.

[536] D. Lochak, « La souveraineté étatique contre la liberté de circulation », *Les Possibles*, n°19, hiver 2019, in https://france.attac.org/nos-publications/les-possibles/numero-19-hiver-2019/dossier-des-migrations-et-discriminations-aux-gilets-jaunes/article/la-souverainete-etatique-contre-la-liberte-de-circulation, consulter le 28/11/2020.

contraignants, offrant plus de garanties et de vulgarité. Puisque cette réforme ne serait pas aisée à obtenir, le Comité des Droits de l'enfant pourrait adopter une Observation générale qui viendrait à la suite de ses Observations générales n°3, 4, 14, 22 et 23, préciser la notion du juste équilibre dans le cas d'opposition entre l'intérêt supérieur de l'enfant et l'intérêt étatique. Une telle Observation générale aura pour mérite de consolider les pratiques prétoriennes diverses en la matière et préparer à son élévation comme principe à valeur juridique contraignante.

CONCLUSION

L'enfant est une pierre précieuse. Tout parent a ses yeux tournés sur lui, car il est son remplaçant direct après sa mort[537]. Lorsqu'il se retrouve dans le contexte de migration, un enfant peut être doublement vulnérable, à la fois en tant qu'enfant et en tant qu'enfant touché par la migration[538]. C'est donc pour ces raisons que le droit international des Droits de l'Homme et le droit comparé ont mises en place des mesures de protection en faveur de l'enfant. Ces mesures passent par l'adoption d'un cadre normatif et institutionnel de protection des droits de l'enfant. Elles peuvent notamment concerner les enfants impliqués dans la migration, interne ou internationale, accompagnés ou non des membres de leur famille. La République démocratique du Congo s'inscrit également dans cet effort de protection des enfants dans la migration en raison du nombre toujours élevé de ces enfants sur son territoire.

En effet, la présente étude s'est proposé d'analyser les mécanismes de protection des enfants non accompagnés : réfugiés et déplacés internes en RDC.

---

[537] C. Nkole Nkole, *Plaidoyer pour le renforcement des droits de l'enfant à juridique en droit congolais, Thèse de doctorat,* Université de Kinshasa, inédit, 2019, p.268.

[538] Comité des droits de l'enfant, *Observation générale conjointe n° 3 (2017) du Comité pour la protection des droits de tous les travailleurs migrants et des membres de leur famille et n° 22 (2017) du Comité des droits de l'enfant sur les principes généraux relatifs aux droits de l'homme des enfants dans le contexte des migrations internationales*, Genève, 16 novembre 2017, §3.

Elle a eu pour but d'identifier le cadre normatif applicable à ces enfants, mais aussi, et surtout le cadre institutionnel. Cela, dans le but de déceler le décalage entre les normes et la pratique sur le terrain et proposer d'éventuelles pistes de solution.

Il ressort de ce qui précède que la protection des enfants non accompagnés en République démocratique du Congo reste embryonnaire du point de vue normatif ; et désorganisée et plurielle, du point de vue institutionnel.

Du point de vue normatif, il faut retenir que le droit congolais de la protection des enfants non accompagnés n'est organisé par aucun texte législatif ni réglementaire spécifique. Cette protection est toutefois déduite de l'interprétation de plusieurs règles existantes telles que l'article 41 de la loi portant protection de l'enfant et, elle se fonde sur le principe de l'unité familiale, le rôle de la famille dans la société et l'intérêt supérieur de l'enfant.

De plus, l'exemple de cette situation se traduit également par la définition plus ou moins inexacte de l'enfant déplacé, définition prévue en l'article 1.2 de la loi portant protection de l'enfant : « (…) enfant déplacé est un enfant non accompagné de ses parents ou tuteur qui a été contraint de quitter son milieu de vie par suite de la guerre, de catastrophes naturelles ou d'autres événements graves et s'est installé dans un autre endroit à l'intérieur du pays où il réside »[539].

Cette définition semble toutefois limiter la notion des enfants déplacés aux seuls enfants non accompagnés, faisant fi aux enfants déplacés accompagnés.

[539] Article 1.2 de la loi portant protection de l'enfant de la RDC.

En outre, les États sont obligés d'aménager en faveur des enfants un environnement protecteur. Contrairement aux droits français et belge qui disposent d'un cadre normatif et/ou réglementaire spécifique sur les ENA, la RDC n'en dispose pas encore.

Toutefois, cette carence normative est suppliée par les règles du droit international de l'enfant auxquelles la RDC est partie[540]. Ces règles, avons-nous relevé, consacrent et définissent le régime de protection des ENA y compris, l'obligation d'identifier et de réunifier ces enfants.

En plus, grâce à l'interprétation dynamique du Comité des droits de l'enfant et d'autres instances au niveau régional, le contenu de ces droits à l'identification et à la réunification familiale, ne cessent de se préciser au point de consolider un régime de protection renforcée.

Du point de vue institutionnel, la situation paraît plus complexe. Elle est marquée par la pluralité d'acteurs intervenants dans la prise en charge des ENA.

En l'absence d'un texte qui organise les rôles et responsabilités, chaque acteur intervient dans ce qu'il considère comme rentrant dans son domaine d'intervention, qu'il s'agisse pour identifier ou pour faciliter la prise en charge ou même pour réunifier les familles. Ces acteurs peuvent être soit d'origine nationale ou étrangère soit d'appartenance gouvernementale ou non.

Toutefois, il est remarqué que l'absence d'une définition claire d'un cadre de coordination, rend aussi difficile une prise en charge efficace des ENA par ces acteurs. Situation que, ni le sous-Cluster protection de

540 La Convention relative aux droits de l'enfant et la Charte africaine sur le droit et bien-être de l'enfant.

l'enfant ni la collaboration entre la Commission nationale pour les réfugiés et le HCR ou bien avec le Fonds des Nations unies pour l'enfance ne peut résoudre. C'est ce qui se répercute sur le degré de protection offert à ces enfants par l'État.

De tout ce qui précède, un premier contraste s'observe entre d'une part, les règles de protection, fussent-elles, embryonnaires, et d'autre part, les mécanismes de sa mise en œuvre. Un second contraste s'observe entre d'une part, l'accroissement du nombre de ces enfants non accompagnés et d'autre part, le faible niveau de protection garantit par l'État.

En ce qui concerne le premier contraste, il nous semble important, à la lumière du droit international et du droit comparé, de proposer l'adoption d'un cadre normatif et réglementaire spécifique et clair qui va définir les modalités de prise en charge des ENA, les rôles et responsabilités de chaque acteur dans le signalement, l'identification, l'enregistrement ou la prise en charge des ENA.

La loi belge sur la tutelle des MENA et le décret[541] français relatif aux modalités d'évaluation des personnes se déclarant mineures peuvent bien servir de modèle[542]. Ce

---

[541] Décret du 30 janvier 2019 relatif aux modalités d'évaluation des personnes se déclarant mineures et privées temporairement ou définitivement de la protection de leur famille et autorisant la création d'un traitement des données à caractère personnel relatif à ces personnes, in [http://www.justice.gouv.fr/justice-des-mineurs-10042/mineurs-non-accompagnes-12824/les-principaux-textes-applicables-29332.html], consulter le 27/07/2020.

[542] Loi sur la tutelle spécifique pour les MENA telle que modifiée le 12 mai 2014, in [https://justice.belgium.be/fr/themes_et_dossiers/enfants_et_jeunes/mi

premier contraste peut être réglé par une simple intervention législative et réglementaire.

S'agissant du second contraste, à l'instar de la Mission « Mineur non accompagné en France » et du Service des Tutelles en Belgique, il nous semble indispensable de créer un service spécifique en faveur des ENA au sein du Ministère congolais de la Justice.

Ce Service devra avoir comme mission de définir ou d'accompagner la politique nationale en la matière ; de coordonner les actions et d'organiser la prise en charge transitoire en faveur des enfants non accompagnés. Cette dernière mission apportera plus globalement des réponses au constat de Carolien Jacobs et Koen Vlassenroot selon lequel : « (…) Il n'y a aucune politique réglementaire pour recenser et identifier les personnes déplacées internes hors camps. »[543].

En outre, le rôle de la Commission nationale pour les réfugiés dans la protection des ENA doit être clairement précisé ainsi que les conditions et modalités de mise en œuvre de leurs droits, dont celui à l'identification et à la réunification familiale. À l'exemple de l'Office des étrangers belge, la procédure devant la CNR en faveur des ENA demandeurs d'une protection internationale et non demandeurs de cette protection doit être organisée. Le rôle joué par le Ministère des Affaires sociales[544] dans la

---

neurs_etrangers_non_accompagne/service_des_tutelles/identification_d_un_mineur_etranger_non_accompagne], consulté le 27/07/2020.

[543] Carolien Jacobs et Koen Vlassenroot, « Justice pour les personnes déplacées en RDC : introduction », in *CAHIER DU CERPRU*, numéro spécial, 25ème année, n° 24, avril 2017, p.12.

[544] Rôle de la Division des Affaires Sociales du Ministère des Affaires Sociales,
Infra, p.86.

réunification familiale doit revenir à la CNR pour plus de cohérence d'action.

De plus, dans la définition de la politique publique en faveur des enfants en République démocratique du Congo, le gouvernement devra aussi mettre en place des programmes spécifiques en faveur de cette catégorie d'enfant. Ces programmes devront se baser notamment sur l'information, la formation et la sensibilisation de la population sur la question, mais aussi, et surtout sur une prise en charge responsable de ces enfants.

Ainsi, ces mesures, sans être les seules qui doivent être prises, auront le mérite de jeter les bases d'une protection renforcée des ENA en République démocratique du Congo.

BIBLIOGRAPHIE

TEXTES JURIDIQUES INTERNATIONAUX :

- Charte des Nations Unies, Signée à San Francisco le 26 juin 1945 par les représentants de 50 États, la Charte est entrée en vigueur le 24 octobre de la même année, *Recueil des textes de droit international sur la protection de la personne humaine* , S.l, 3ème éd., 2009, pp.25-41 ;
- Déclaration universelle des Droits de l'Homme, 10 décembre 1948, *Recueil d'instruments internationaux*, Volume I (première partie) Instruments universels, New York et Genève, 2002, pp.1-8 ;
- Pacte international des Nations Unies relatif aux de droits civils et politiques, 16 décembre 1966, *Recueil d'instruments internationaux*, Volume I (première partie) Instruments universels, New York et Genève, 2002, pp.19-39 ;
- Convention de New York relative aux droits de l'enfant, adoptée par l'Assemblée générale des Nations-Unies, 20 novembre 1989, ratifiée par l'ordonnance-loi n°90/ 048 du 21 août 1990 portant autorisation de la ratification de la Convention aux droits de l'enfant, *in journal officiel*, numéro spécial du 05 décembre 2002 ;
- Convention relative au statut des réfugiés, adoptée le 28 juillet 1951 par une conférence de plénipotentiaires sur le statut des réfugiés et des apatrides convoquée par l'Organisation des Nations Unies en application de la résolution 429 (V) de l'Assemblée générale en date du 14 décembre 1950 à Genève, *Recueil des textes de droit international sur la protection de la personne humaine* , S.l, 3ème éd., 2009, pp.535-540;
- Les Conventions de Genève, 12 août 1949, *Recueil des textes de droit international sur la protection de la personne humaine* , S.l, 3ème éd., 2009, Pp.62-127;

- Statuts du CICR, adoptés le 21 décembre 2017 et entrés en vigueur le 1er janvier 2018, *Recueil des textes de droit international sur la protection de la personne humaine* , S.l, 3ème éd., 2009, Pp.344-353 ;
- Acte final de la conférence de plénipotentiaires des Nations Unies sur le statut des refugies et des apatrides, Genève, 2 au 25 juillet 1951, in [https://www.unhcr.org/fr/protection/travaux/4b151d2421/acte-final-conference-plenipotentiaires-nations-unies-statut-refugies-apatrides.html]

TEXTES JURIDIQUES RÉGIONAUX :

- Directive 2013/33/UE du parlement européen et du Conseil du 26 juin 2013 établissant des normes pour l'accueil des personnes demandant la protection internationale (refonte), [https://eur-lex.europa.eu/lega content/FR/TXT/?uri=celex%3A32013L0033], consulté le 2 juin 2020 ;
- Convention de l'Union africaine sur la protection et l'assistance aux personnes déplacées en Afrique, adopté à Kampala(Ouganda) le 23 octobre 2009 et entrée en vigueur le 6 décembre 2012, *Recueil des textes de droit international sur la protection de la personne humaine*, S.l, 3ème éd., 2009, pp.150-161 ;
- Directive 2008/115/ce du parlement européen et du Conseil du 16 décembre 2008 relative aux normes et procédures communes applicables dans les États membres au retour des ressortissants de pays tiers en séjour irrégulier, [https://eur-lex.europa.eu/lega content/FR/TXT/?uri=celex%3A32013L0033], consulté le 2 juin 2020 ;
- Convenant des droits de l'enfant en Islam, 32ème Conférence des ministres des Affaires étrangères des États islamiques qui s'est réunie du 28 au 30 juin 2005 à Sana'a (Yémen), [https://www.oic-

oci.org/page/?p_id=130&p_ref=16&lan=fr], consulté le 25/06/2020 ;

- Charte arabe des Droits de l'Homme, adopté à 2004 et entrée en vigueur à 2008, [https://www.humanrights.ch/fr/droits-humains-internationaux/regionaux/arabe/], consulté le 02 juin 2020 ;
- Directive 2003/86/CE DU CONSEIL du 22 septembre 2003 relative au droit au regroupement familial, Journal officiel de l'Union européenne, [https://eur-lex.europa.eu/legal-content/FR/ALL/?uri=celex%3A32003L0086], consulté le 26/06/2020 ;
- Charte des droits fondamentaux de l'union européenne, 7 décembre 2000 telle que modifiée le 12 décembre 2007, Christophe Lanord, *protection de la personne humaine : sélection de textes de droit international*, S.l, 3ème éd., 2009, pp.535-540 ;
- Charte africaine des droits et du bien-être de l'enfant, Adoptée à Addis Abéba en Éthiopie, le 11 juillet 1990 et entrée en vigueur le 29 novembre 1999, , *Recueil des textes de droit international sur la protection de la personne humaine*, S.l, 3ème éd., 2009, pp.79-92 ;
- Déclaration de Carthagène relative aux réfugiés, 22 novembre 1984 par un colloque de représentants des gouvernements des États suivants : Belize, Colombie, Costa Rica, El Salvador, Guatemala, Honduras, Mexique, Nicaragua, Panama et Venezuela, Christophe Lanord, *protection de la personne humaine : sélection de textes de droit international*, S.l, 3ème éd., 2009, pp.318-320 ;
- Charte africaine des Droits de l'Homme et des peuples, 26 juin 1981, *Recueil de documents clés de l'union africaine relatif aux Droits de l'Homme*, PULP, Pretoria, 2013, pp.30-41 ;

- Convention américaine des Droits de l'Homme, Adoptée à San José, Costa Rica, le 22 novembre 1969 et entrée en vigueur le 18 juillet 1978, à la Conférence spécialisée interaméricaine sur les Droits de l'Homme, Christophe Lanord, *protection de la personne humaine : sélection de textes de droit international*, S.l, 3ème éd., 2009, pp.224-234 ;
- Convention de l'OUA régissant les aspects propres aux problèmes des refugiés, 10 septembre 1969, *Recueil de documents clés de l'union africaine relatifs aux Droits de l'Homme*, Pretoria University Law Press, 2013, Pp.74-76 ;
- Convention de Vienne sur le droit des traités, Vienne le 23 mai 1969. Entrée en vigueur le 27 janvier 1980. Nations Unies, *Recueil des Traités*, vol. 1155 ;
- Convention européenne de sauvegarde des droits et libertés fondamentales, adoptée à Rome le 4 novembre 1950 et entrée en vigueur à 1951, Christophe Lanord, *protection de la personne humaine : sélection de textes de droit international*, S.l, 3ème éd., 2009, pp.134-140.

TEXTES JURIDIQUES NATIONAUX :

- Constitution du 18 février 2006, telle que modifiée par la loi n°11/002 du 20 janvier 2011 portant révision de certains articles de la Constitution de la R.D.C du 18 février 2006, *J.O*, 52ème année, numéro spécial, du 5 février 2011 ;
- Loi n°16/008 du 15 juillet 2016 modifiant et complétant la loi n°87/010 du 1er août 1987 portant Code de la famille, [https://www.leganet.cd/Legislation/Code%20de%20la%20famille/Loi.15.07.2016.html], consulté le 12/07/2020 ;
- Loi 015-2014/AN portant protection de l'enfant en conflit avec la loi ou en danger, Burkina Faso, in [http://www.ilo.org/dyn/natlex/natlex4.detail?p_isn=98010], consulté le 16/07/2020 ;

- Projet de loi portant protection et assistance aux personnes déplacées internes en RDC, Kinshasa, 2014, www.refworld.org/pdfid/5a2688fa4.pdf, consulté le 20 mai 2020 ;
- Loi organique n°13/011 du 21 mars 2013 portant institution, organique et fonctionnement de la CNDH-RDC, *J.O*, n° spécial, 2013 « leganet.cd », consultez le 10 septembre 2016 ;
- Loi n° 4-2010 du 14 juin 2010 portant protection de l'enfant en République du Congo, in [https://www.ilo.org/dyn/natlex/natlex4.detail?p_isn=88295], consulter le 16/07/2020 ;
- Loi n°09/001 du 10 janvier 2009 portant protection de l'enfant en R.D.C, *in Journal officiel*, n° spécial, 50e année, du 25 mai 2009 ;
- Code civil Belge, in [http://www.ejustice.just.fgov.be/], consulté le 09/05/2020 ;
- Code civil français, Legifrance, consulter le 09/05/2020 ;
- Décret n° 03/014 du 05 août 2003 portant organisation et fonctionnement de la Commission Nationale pour les réfugiés et de la commission des recours, *J.O*, 44ème année, n°16, Kinshasa, 15 aout 2003 ;
- Loi n°021/2002 du 16 octobre 2002 portant statut des refugies, *J.O*, 43ème année, numéro spécial, 1er novembre 2002 ;
- Loi n° 004/2001 du 20 juillet 2001 portant dispositions générales applicables aux associations sans but lucratif et aux établissements d'utilité publique, leganet.cd, consulté le 20 Mai 2020, [http://leganet.cd/Legislation/Droit%20Public/loi0042001.20.07.2001.asbl.htm], consulter le 14/07/2020 ;
- Loi sur l'accès au territoire, le séjour, l'établissement et l'éloignement des étrangers du 15

DECEMBRE 1980 telle que complétée par l'arrêté royal du 7 novembre 2011 sur les mineurs étrangers non accompagnés en matière de séjour, in [http://www.ejustice.just.fgov.be/], consulter le 16/07/2020 ;

- Loi sur la tutelle spécifique pour les MENA telle que modifiée le 12 mai 2014, in [https://justice.belgium.be/fr/themes_et_dossiers/enfants_et_jeunes/mineurs_etrangers_non_accompagne/service_des_tutelles/identification_d_un_mineur_etranger_non_accompagne], consulté le 27/07/2020 ;
- Ordonnance n° 86-268 du 31.10.1986 modifiée par l'Ordonnance n° 87-034 du 22.01.1987 in *Journal Officiel de la République du Zaïre,* n° 4, du 4.2.1987 ;
- Arrêté du 17 novembre 2016 pris en application du décret no 2016-840 du 24 juin 2016 relatif aux modalités de l'évaluation des mineurs privés temporairement ou définitivement de la protection de leur famille, in [https://www.legifrance.gouv.fr/affichTexte.do?cidTexte=JORFTEXT000033420352&categorieLien=cid], consulté le 16/07/2020;
- Arrêté royal sur l'accès au territoire, le séjour, l'établissement et l'éloignement des étrangers du 08 octobre 1981, [http://www.ejustice.just.fgov.be/cgi_loi/change_lg.pl?language=fr&la=F&cn=1981100831&table_name=loi], consulté le 26/06/2020 ;
- Circulaire interministérielle du 25 janvier 2016 relative à la mobilisation des services de l'Etat auprès des conseils départementaux concernant les mineurs privés temporairement ou définitivement de la protection de leur famille et les personnes se présentant comme tels, *BOMJ*, n°2016-01 du 29 janvier 2016 – JUSF1602101C ;
- Circulaire n° 6239/SG du Premier ministre français du 29 décembre 2020 ;

JURISPRUDENCES :

- CE, juge des réf., 21 janv. 2021, n° 447878. Lire en ligne : https://www.doctrine.fr/d/CE/2021/CEW:FR:CEORD:2021:447878.20210121, consulté le 19/04/2021 ;
- CEDH, 16 décembre 1992, Requête no13710/88, *Niemietz contre Allemagne*, Strasbourg, [https://www.refworld.org/cases,ECHR,40505f2b4.html], consulté le 20 Mai 2020 ;
- CEDH, 13 février 2003, Requête no 42326/98, STRASBOURG, *Odievre contre France*, Hudoc ;
- CEDH, 03.octobre 2014, Requête n° 12738/10, *Jeunesse c. Pays-Bas*, Strasbourg, Hudoc ;
- CEDH, 1 December 2005, Requête n° 60665/00, *Tuquabo-Tekele and Others v. the Netherlands*, 3ème section, STRASBOURG, Hudoc;
- CEDH, 12 octobre 2006, Requête no 13178/03, *Mubilanzila Mayeka et Kaniki Mitunga c. Belgique*, STRASBOURG, Hudoc ;
- CEDH, 28 février 2019, Requête no 12267/16, *Khan contre la France*, Hudoc ;
- CEDH, 07 juillet 1989, Requête no14038/8, *SOERING c. Royaume-Uni*, Hudoc ;
- CEDH, 22 November 2016, Requête n° 25794/13 and 28151/13, *Abdullahi Elmi and Aweys Abubakar v. Malta, STRASBOURG*, Hudoc;
- CEDH, 01 Mai 2011, Requête no 36369/06, *Yazgül Yilmaz c. Turquie*, Strasbourg, Hudoc ;
- CEDH, 5 avril 2005, Requête n° 43786/04, *Latifa BENAMAR and Others against the Netherlands*, décision d'irrecevabilité, Hudoc ;
- CJUE, *Arrêt MA, BT, DA / Secretary of State for the Home Department*, affaire C-648/11, Luxembourg, le 6 juin 2013,

- CJUE, 6 décembre 2012, Requête n° C-356/11, *O. et S. contre Maahanmuuttovirasto*, Luxembourg, [https://eur-lex.europa.eu], consulté le 20 mai 2020 ;
- CJUE, *Arrêt du 12 April 2018*, affaire C 550/16, **A et S c. Staatssecretaris van Veiligheid en Justitie, §65 ;**
- CJUE, 6 juin 2013, affaire C-648/11, *MA, BT, DA / Secretary of State for the Home Department*, Luxembourg, , consulter le 20 Mai 2020;
- Comité des droits de l'enfant, 18 septembre 2019, *Communication M.T c. Espagne : constatations et recommandations*, [https://juris.ohchr.org/Search/Details/2597], consulté le 20 mai 2020 ;
- Conseil constitutionnel, *Décision n° 2018-768 QPC du 21 mars 2019* ;
- *Y.B. and N.S. v. Belgium*, no 12/2017, UN Committee on the Rights of the Child (CRC), 27 September 2018, in: [https://www.refworld.org/cases,CRC,5c5ab7494], consulté le 20 Mai 2020;
- Comité des Droits de l'Homme, *25 mars 2010, Communication no 1465/2006 : Kaba c. Canada, CCPR/C/98/D/1465/2006, Quatre-vingt-dix-huitième session 8 – 26 mars 2010,* [https://www.ohchr.org], consulté le 20 mai 2020 *;*
- Comité des droits de l'homme, *Communication Nimo Mohamed Aden and Liban Muhammed Hassan v. Danemark*, Genève, 20 November 2019, [https://www.ohchr.org], consulté le 20 mai 2020 ;
- C.C.E., 30 avril 2018, n° 203 297, Belgique, [https://uclouvain.be/fr/instituts-recherche/juri/cedie/actualites/c-c-e-30-avril-2018-n-203-297.html], consulté le 03 juin 2020 ;
- CSC, *Arrêt Baker c. Canada*, [1999] 2 R.C.S. 817, 04 novembre 1999, §65. https://scc-csc.lexum.com/scc-

csc/scc-csc/fr/item/1717/index.do?q=immigration, consulté le 16/05/2021.

OUVRAGES:

- AMIN AL-MIDANI(M.), *Les Droits de l'Homme et l'islam. Textes des organisations arabes et islamiques*, 2e édition revue et dotée de nouveaux textes, Strasbourg, Association Orient-Occident ;
- ANDRIANTSIMBAZOVINA (J.), HELENE ET ALII, *Dictionnaire des droits de l'homme*, Paris, 1ère éd., PUF, 2008 ;
- ARENDT (H.), *Les origines du totalitarisme*, trad. Coll., Paris, Gallimard, « Quarto », 2002, 1624pp ;
- ATTIAS (D.) et KHAIAT (L.) (dir.), *Les enfants non accompagnés. L'état du droit et des bonnes pratiques en France et en Europe*, Société de législation comparée, Collection colloques, volume 33, Paris, 2017, 235pp ;
- BOUVIER (A.), *Droit international Humanitaire et Droit Des Conflits armés*, Williamsburg, 2008, 45pp ;
- BURGORGUE-LARSEN (L.) et UBEDA DE TORRES (A.), *Les grandes décisions de la Cour interaméricaine des droits de l'homme*, Bruylant, Bruxelles, 2008 ; 969pp ;
- CARLIER (J-Y.) (dir.), *L'étranger face au droit. XXemes journées d'études juridiques jean DABIN*, Bruylant, Bruxelles, 2010, pp.435-465 ;
- CARLIER (J-Y), *La condition des personnes dans l'Union européenne*, Recueil de jurisprudence, 4ème édition, Bruylant, Bruxelles, 2020,604pp ;
- CARLIER (J-Y), *La condition des personnes dans l'Union européenne*, Recueil de jurisprudence, 2ème édition, Bruylant, Bruxelles, 2012,599pp ;
- CARLIER (J-Y.) et SAROLÉA (S.), *Droit des étrangers*, Bruylant, Bruxelles, 2016, 832pp ;

- CORNU (G.), *Vocabulaire juridique*, 10ème édition mise à jour Quadrige, Paris, PUF, 2014, 1100pp., v° famille ;
- GALLANT (E.) et MEUR (H.) (dir.), *Quelle protection pour les mineurs non accompagnés ?* actes du colloque du 21 juin 2018, IRJS éditions, Tome 101, Paris, 2019, 153pp. ;
- *KANDOLO 20. KANDOLO ON'UFUKU WA KANDOLO (P-F), Droit des réparations, Volume 1 : Droit général, droits de la personne et droit international humanitaire, Paris, Edilivre, 2020, 574pp. ;*
- KANDOLO ON'UFUKU WA KANDOLO (P-F), *Droit des réparations : Vol.2 : Mécanismes pour l'accès des victimes à la justice, Paris, Edilivre, 2020, §189,438 pp. ;*
- LIKIBI (R.), *Les personnes déplacées internes en Afrique : repères juridiques et réalités. Contribution à l'étude de la Convention de Kampala*, Publibook, Saint-Dénis, 2018, 410pp. ;
- LOYNES de FUMICHON (B.), *Introduction au droit compare*, Journal de Droit Compare Du Pacifique, Collection 'Ex Professo' Volume II, Paris, 2013, 290pp. ;
- MANSOUR (S.), (dir.), *L'enfant réfugié. Quelle protection ? Quelle assistance ?*, Syros, Paris, 1995, 316pp ;
- MEBIAME ZOMO(M.), « TONDA (J.), MISSIE (J-P.), (dirs.), *Les églises et la société congolaise d'aujourd'hui*, Paris, Le Harmattan, coll. « Études africaines », 2006, 193pp ;
- MUKONDE MUSULAY(P.), *Droits, libertés et devoirs de la personne et des peuples en droit international africain, Tome I, Promotion et protection*, Globethics.net African Law No. 6, Genève, 2021, 283pp. ;
- MUTOY MUBIALA, *La mise en œuvre du droit des réfugiés et des personnes déplacés internes en Afrique.*

Problématique et perspectives, Academia-Bruylant, Bruxelles, 2006, 150pp ;

- MUTOY MUBIALA, *Système régional africain de protection des droits de l'homme*, Bruylant, Bruxelles, 2005, 324pp.;
- MPUNGA BIAYI (P.), *La protection des droits de l'homme en République démocratique du Congo. Quelle effectivité*, L'Harmattan, Paris, 2021, 288pp.;
- NGONDANKOY NKOY (P-G.), Droit congolais des droits de l'homme, Louvain-La-Neuve, Bruylant, 2004, 489pp ;
- PERALDI(M.), *Les mineurs migrants non accompagnés. Un défi pour les pays européens*, Karthala, Paris, 2013, pp356 ;
- STACEY WHITE, *La réponse internationale face au déplacement interne en République Démocratique du Congo. Et maintenant, quoi ? La réponse internationale face au déplacement interne en République démocratique du Congo*, Brookings-LES, Washington, 2014, 47pp. ;
- WETSH'OKONDA KOSO(M.), *La protection des droits de l'homme par le juge constitutionnel congolais : Analyse critique et jurisprudence (2003-2013)*, Paris, Le harmattan, 2014, 286pp.

ARTICLES :

- BARSALOU (O.) et SIPOWO (A-G.), Les crises migratoires globales à l'aune de la raison souveraine, *Etudes internationales*, Volume 49, numéro 2, printemps 2018, in https://www.erudit.org/fr/revues/ei/2018-v49-n2-ei04251/1055686ar.pdf, consulter le 28/11/2020 ;
- FLAAM (H.) et alii, « Accès à la justice en RDC », in *CAHIER DU CERPRU*, Bukavu, Numéro spécial, 25ème année, No 24, avril 2017 ;
- FLAMAND(C.), « Le droit au statut de réfugié dérivé pour les parents du mineur, reconnu comme

réfugié. », *Cahiers de l'EDEM*, Septembre 2018, in [https://uclouvain.be/fr/instituts-recherche/juri/cedie/actualites/c-c-e-30-avril-2018-n-203-297.html], consulté le 30/04/2020 ;

- FLAMAND(C.), « La minorité « prolongée » du MENA reconnu réfugié pour favoriser le regroupement familial. », in *Cahiers de l'EDEM*, mai 2018 ;
- GUIGNARD (L.), « Résistances catholiques au protocole de Maputo. Mobilisations et controverses autour de la libéralisation de l'avortement en Afrique », in *Genre, sexualité & société*, no 18, 2017 ;
- JACOBS (C.) et VLASSENROOT (K.), « Justice pour les personnes déplacées en RDC : introduction », in *CAHIER DU CERPRU*, Numéro spécial, 25ème année, No 24, avril 2017;
- JAEGHER (G.), « Les Nations Unies et le droit des réfugiés », *Revue Belge de droit international*, 1989.1 ;
- JASTRAM (K.) et NEWLAND (K.), *L'unité de la famille : Acte final, Conférence des Nations Unies de 1951*, p.625, in https://www.unhcr.org/fr/516d51f09.pdf, consulter le 28/11/2020 ;
- KAMBALE BIRA'MBOVOTE (J.), « La Commission Nationale des Droits de l'Homme - Un job ou un organe de promotion et de protection de droits de l'homme ? », in *Cahiers Africains des Droits de l'Homme et de la démocratie*, 20ème année N°050 VOL. II Janvier - Mars 2016, Kinshasa ;
- Le DU(C.), BAUBET(T.), *Accompagner les mineurs et jeunes isolés étrangers : théories et pratiques*, Faculté de médecine - Université Paris 13, Département de Psychopathologie Clinique de l'Enfant et de la Famille, Séminaire 2011-2012 ;
- LIHEMO (G.), « Young and separated from their families in eastern Congo », *Forced migration review*, Oxford, n°40, Aout 2012, p.10-11.

https://search.proquest.com/openview/674d0310b61b7c7a528bf57ed1765cea/1?pq-origsite=gscholar&cbl=55113&casa_token=cDN7i21PpoUAAAAA:cdAOfa5GAJaMtIEcH4DXvYPjKi4tftHkhtI68805GHSNiq42oYA-WhfxbCW9o76o89HX3l5elQ, consulté le 01/05/2021 ;

- LOCHAK(D.), La souveraineté étatique contre la liberté de circulation, Les Possibles, n°19, hiver 2019, in https://france.attac.org/nos-publications/les-possibles/numero-19-hiver-2019/dossier-des-migrations-et-discriminations-aux-gilets-jaunes/article/la-souverainete-etatique-contre-la-liberte-de-circulation, consulter le 28/11/2020 ;
- MATANGILA (A.), « Pour une analyse du discours des Églises de réveil à Kinshasa Méthode et contexte », in *Civilisations* *2006/1 (54-1) ;*
- MOREL (M.), « Environmental Displacement within Kenya: A Search for Legal Protection Frameworks », *Journal of Internal Displacement*, Volume 1 Number 1, 2011, in [https://core.ac.uk/reader/55801996], consulté le 31/07/2020;
- MURHEGA MASHANDA et alii, « Analyse comparative : accès à la justice dans le Sud-Kivu et dans le Haut-Uélé », in *CAHIER DU CERPRU*, Bukavu, Numéro spécial, 25ème année, No 24, avril 2017 ;
- MYRIA, *La migration en chiffres et en droits 2018*, Bruxelles, 2018, in [https://www.myriI.be/files/Myria_Nota-FR_v2.pdf, consulté le 31/07/2020];

- ODASSO (L.), Introduction. Migration, amour et État, *Revue de l'Institut de Sociologie*, Université Libre de Bruxelles, 2015, 2015 (85), in https://halshs.archives-ouvertes.fr/halshs-01875692/document, consulter le 28/11/2020 ;

- OMBENI MUSIMWA(A), « MENA : Vers l'abandon des examens médicaux de détermination de l'âge osseux ? », *Cahiers de l'EDEM*, Avril 2020 ;
- ROSENTAL (P-A), Migrations, souveraineté, Droits sociaux : protéger et expulser en Europe du XIXème siècle à nos jours, *Annales. Histoire, Sciences Sociales* , Editions de l'EHESS, 2011/2 66ème année ;
- SAROLÉA(S.), « Asile et union européenne face à la crise : d'une gestion interne à une gestion externe », in *Revue québécoise de droit international*, Hors-série, novembre 2018 ;
- SAROLEA(S.), « La portée du principe de l'unité familiale », in *Newsletter EDEM*, décembre 2013, in [https://uclouvain.be/fr/instituts-recherche/juri/cedie/actualites/c-c-e-arret-n-112644-du-24-octobre-2013.html], consulté le 30/04/2020 ;
- SILGA (J.), « Le droit au regroupement familial des réfugiés mineurs non accompagnés devenus majeurs : l'affaire A et S, entre progrès incontestable et portée relative », *European Papers*, Vol. 3, 2018, No 2, European Forum, Insight of 16 July 2018, pp. 1027-1038 ;
- WOESTELANDT (L.) et alui, « L'incertitude menaçante qui pèse sur les mineurs isolés étrangers : conséquences psychologiques », in *La Pensée sauvage « L'Autre »,* 2016/1 Volume 17.

THÈSES DE DOCTORAT ET MÉMOIRES :

- BANTSIMBA CASROUGE (A.), *Mineurs non accompagnés : quel défi pour la protection de l'enfance ? Étude et diagnostic en Languedoc-Roussillon*, Mémoire de Master, Université Paul Valery-Montpellier, Année Universitaire 2016/2017, p.6.
- KAGINA SENGA(B.), *Obstacles à la justiciabilité des Droits économiques, sociaux et culturels en RDC*,

Mémoire de Licence, Université de Kinshasa, Année académique 2015/2016 ;

- Kandolo On'ufuku wa Kandolo(P-F.), *Réparations en droits de la personne et en droit international humanitaire : problèmes et perspectives pour les victimes en République démocratique du Congo*, Thèse de doctorat, Université de Montréal, Faculté des études supérieures et postdoctorales, Montréal, 2017, p.503;
- KANDOLO ON'UFUKU wa KANGOO (P-F.), *Du système congolais de promotion et de protection des Droits de l'Homme. Contribution pour une mise en œuvre du mécanisme institutionnel spécialisé*, Mémoire défendu pour l'obtention du Diplômé d'Études Approfondies en Droit, Université de Lubumbashi, 2010/2011 ;
- LÉA(M.), *La vulnérabilité psychologique des enfants de migrants : étude de la population d'un centre médico-psychologique infantile. Médecine humaine et pathologie,* Thèse de doctorat, Université de Bordeaux, UFR des Sciences Médicales, 2015 ;
- LOUISA MARKARIAN, *Le principe de l'unité de famille des réfugiés reconnus*, Mémoire de Master, Université catholique de Louvain, Année Universitaire 2014-2015 ;
- MOOR (N.), *International Migration and Environmental Change : Legal Frameworks for International Adaptive Migration*, Thèse de doctorat, Université de Gand, s.d ;
- NKOLE NKOLE(C.), *Plaidoyer pour le renforcement des droits de l'enfant à juridique en droit congolais, Thèse de doctorat,* Université de Kinshasa, inédit, 2019 ;
- PONCET(M.), *La protection des mineurs non accompagné*, Mémoire de Master, Université Grenoble Alpes, Année Universitaire 2018/2019 ;

o SIDIBÉ(M.), *Une approche sociopolitique de la question des réfugiés dans la crise de l'état au mali Cas des réfugiés maliens de la région de Tillabéri au Niger*, Thèse de doctorat, Université de Bordeaux, 7 juin 2019 ;

o TOULIEUX (F.), *Le droit au respect de la vie familiale des étrangers et l'article 8 de la Convention européenne des droits de l'homme*, Thèse de doctorat en Droit international privé, Université Jean Moulin Lyon 3, 2008.

AUTRES DOCUMENTS :

o Acte final de la conférence de plénipotentiaires des Nations Unies sur le statut des refugies et des apatrides, Genève, 2 au 25 juillet 1951, in [https://www.unhcr.org/fr/protection/travaux/4b151d2421/acte-final-conference-plenipotentiaires-nations-unies-statut-refugies-apatrides.html], consulté le 14/07/2020 ;

o AGONU, *Résolution 57/190 : Les droits de l'enfant*, A/RES/57/190, Cinquante-septième session, New York, 18 décembre 2002 ;

o AGONU, *Résolution 52/105 : Assistance aux enfants réfugiés non accompagnés*, A/RES/52/105, Cinquante-deuxième session, New York, 11 février 1998 ;

o AGONU, *Résolution 62 (I)* du 15 décembre 1946 ;

o AGONU, *Résolution 73/155 : Droits de l'enfant*, A/RES/73/155, New York, 17 décembre 2018 ;

o AGONU, *Résolution 74/133 : Droits de l'enfant*, A/RES/74/133, Soixante-quatorzième session, New York, du 18 décembre 2019 ;

o AGONU, *Résolution 53/122 : Assistance aux enfants réfugiés non accompagnés*, A/RES/53/122, Cinquante-troisième session, New York, 10 février 1999 ;

o AGONU, *Résolution 64/14 : Lignes directrices relatives à la protection de remplacement pour les enfants*, 18 décembre 2009, Genève ;

o Assemblée parlementaire du Conseil de l'Europe, *Résolution 2195 : résolution sur Enfants migrants non accompagnés : pour une détermination de l'âge adaptée*, Strasbourg, 2017 ;
o Accord de siège entre le conseil exécutif de la République du Zaïre et le Haut-commissariat des Nations Unies pour les réfugiés ;
o *Avenant au projet WAR CHILD-HCR*, Kinshasa, 2019, inédit ;
o Centre pour les droits de l'homme, *Principes de paris principes concernant le statut et le fonctionnement des institutions nationales pour la protection et la promotion des Droits de l'Homme*, Paris, 1991 ;
o CICR, *Activités en faveur des migrants que Le Réseau des liens familiaux*, Rapport, Genève, 2016 ;
o CICR, *Faits essentiels 2016 : le CICR en République démocratique du Congo*, Kinshasa, Rapport, 1er janvier – 31 décembre 2016 ;
o CICR, *Le besoin de savoir rétablir les liens entre les membres de familles dispersées*, Genève, 2018 ;
o CICR, *Le CICR sa mission et son action*, Genève, 2009 ;
o CICR, *Les activités du Comité international de la Croix-Rouge (CICR) en République démocratique du Congo*, Rapport, Kinshasa, Janvier – décembre 2007 ;
o CICR, *Principes directeurs inter-agences relatifs aux enfants non accompagnés ou séparés de leur famille*, Genève, 2004 ;
o CICR, *République démocratique du Congo focus 2018*, Rapport, Kinshasa, 2019 ;
o CNCDH, *Avis sur la situation des mineurs isolés étrangers présents sur le territoire national. Etat des lieux un an après la circulaire du 31 mai 2013 relative aux modalités de prise en charge des jeunes isolés étrangers*

(dispositif national de mise à l'abri, d'évaluation et d'orientation, Paris, 2014 ;

- Commissaire aux droits de l'homme du Conseil de l'Europe, *Réaliser le droit au regroupement familial des réfugiés en Europe*, Strasbourg, 2017, p.7, in [https://www.coe.int/fr/web/commissioner/family-reunification], consulté le 12/07/2020 ;
- Comité africain d'experts sur les droits et bien-être de l'enfant, *Cartographie des enfants en mouvement en Afrique*, Addis Abeba, 2018 ;
- Comité des droits de l'enfant, *Observation générale no 6 : traitement des enfants non accompagnés et des enfants séparés en dehors de leur pays d'origine*, Genève, 2005 ;
- Comité des droits de l'enfant, *Observations finales : République démocratique du Congo*, Cinquantième session, Genève, 10 février 2009 ;
- Comité pour la protection des droits de tous les travailleurs migrants et des membres de leur famille et comité des droits de l'enfant, *Observation générale conjointe no 4 et 23 relative aux principes généraux relatifs aux droits de l'homme des enfants dans le contexte des migrations internationales*, Genève, 16 novembre 2017 ;
- Commission Nationale pour les réfugiés, *Enfants non accompagnés et séparés des refugies rwandais rapatriés au Rwanda,* inédit, *Goma, 2020 ;*
- Comité des droits de l'enfant, *Compte rendu analytique de la 2168e séance*, Soixante-quatorzième session, Genève, 30 janvier 2017 ;
- Comité des droits de l'enfant, *Le rôle des institutions nationales indépendantes de défense des droits de l'homme dans la protection et la promotion des droits de l'enfant*, Observation Générale no 2 (2002), Genève, 2002 ;

- Commission Nationale Consultative des Droits de l'Homme, *Rapport d'activités 2019*, 2019 ;
- Commission Nationale des Droits de l'Homme, *Troisième Rapport d'activités de de la Commission Nationale des Droits de l'Homme*, Kinshasa, Janvier à Décembre 2018 ;
- Commission Nationale des Droits de l'Homme, *Deuxième Rapport d'activités de de la Commission Nationale des Droits de l'Homme*, Kinshasa, Janvier à Décembre 2017 ;
- Commission Nationale des Droits de l'Homme, *Rapport d'activités de de la Commission Nationale des Droits de l'Homme*, Kinshasa, Janvier à Décembre 2016 ;
- Commission Nationale des Droits de l'Homme, *Rapport ponctuel d'enquêtes préliminaires sur la situation « Kamuina Nsapu » au Kasaï central 2016-2017*, Kinshasa, 2017 ;
- Commission Nationale des Droits de l'Homme, *Mieux comprendre la CNDH. Commission Nationale des Droits de l'Homme de la RDC. Institution d'appui à la démocratie*, Kinshasa, 2016 ;
- Conférence Mondiale sur les Droits de l'Homme, *Déclaration et Plan d'Action de Vienne*, Vienne, Juin 1993;
- Conseil de l'Europe, *Réaliser le droit au regroupement familial des réfugiés en Europe*, Document thématique, Strasbourg, 2017 ;
- Conseil de l'Europe, Regroupement familial pour les enfants réfugiés et migrants. Normes juridiques et pratiques prometteuses, Strasbourg, 2020 ;
- Conseil de l'Europe et al., *Manuel de droit européen en matière de droits de l'enfant*, Strasbourg, 2015 ;

- Conseil National des Droits de l'Homme, *Rapport Annuel sur la Situation des Droits de l'Homme de l'Année 2018*, Alger, 2018 ;
- Groupe de travail sur la protection de l'enfant, *Bulletin d'information sous cluster protection de l'enfance*, Kinshasa, Février 2020 ;
- Groupe de travail sur la protection de l'enfant, *Lignes directrices pour la prise en charge transitoire des enfants en RDC, Kinshasa, 2020 ;*
- Groupe de travail sur la protection de l'enfant, *Standards minimums pour la protection de l'enfance dans l'intervention humanitaire*, 2012 ;
- GSMA, *Une société connectée Étendre la couverture en milieu rural : permettre une expansion commercialement viable du réseau mobile*, Shanghai, 2017 ;
- HCR, *Annual tripartite consultations on resettlement*, Geneva, 20-21 June 2001;
- HCR, *Guidelines on international protection : Child Asylum Claims under Articles 1(A) 2 and 1(F) of the 1951 Convention and/or 1967 Protocol relating to the Status of Refugees*, Genève, 2009;
- HCR, *Le génocide rwandais et ses répercussions*, §246, https://www.unhcr.org/fr/4ad2f954f.pdf, consulté le 12/04/2021 ;
- HCR, *NGO Partnerships In Refugee protection. Questions and Answers*, Genève, 2007 ;
- HCR, *Note sur les politiques et procédures à appliquer dans le cas des enfants non accompagnés*, Genève, 1997 ;
- HCR, *Note d'orientation sur les demandes d'asile relatives aux mutilations génitales féminines*, Genève, 2009 ;

- HCR, *Politique sur l'engagement du HCR dans les situations de déplacement interne*, UNHCR/HCP/2019/1, Genève, 2019 ;
- HCR, *Principes directeurs du HCR relatifs à la détermination de l'intérêt supérieur de l'enfant*, Genève, 2008 ;
- HCR, *Protecting Refugees A FIELD GUIDE FOR NGOS*, Genève, 1999 ;
- HCR, *Protection internationale. Programme d'information à la protection*, 1re édition, Genève, 2006 ;
- HCR, *Recueil de directives sur l'engagement du HCR dans les situations de déplacement interne*, Genève, Septembre 2019, Version 1 ;
- HCR, *Vers une protection renfoncée des enfants non accompagnés et séparés en Belgique. État des lieux et recommandations*, Bruxelles, 2019 ;
- Internal Displacement Monitoring Centre et al., *Pacte sur les Grands Lacs et les droits des personnes déplacés. Guide pour la société civile*, Genève, 2008 ;
- International Alert et al., *Des familles déchirées. Les effets des déplacements répétés sur la dynamique familiale dans l'Est de la RDC*, Genève, 2015, p.7. https://www.refworld.org/cgi-bin/texis/vtx/rwmain/opendocpdf.pdf?reldoc=y&docid=5669243d4, consulté le 01/05/2021 ;
- Ministère des Affaires Sociales, Actions Humanitaires et Solidarité Nationale, *Lignes directrices nationales sur la protection et la prise en charge des enfants en rupture familiale*, Kinshasa, 2009 ;
- Mission Mineurs non accompagnés, *Plaquette de présentation des mineurs non accompagnés*, France, 2020, [http://www.justice.gouv.fr/justice-des-mineurs-10042/mineurs-non-accompagnes-12824/], consulté le 12/07/2020 ;

- National Commission for Human Rights-Rwanda, *Rapport annuel d'activités Juillet 2014- Juin 2015*, Kigali ;
- Réseau européen des migrations, *Mineurs non accompagnés en Belgique*, Bruxelles, Bruxelles, 2009, [https://emnbelgium.be/fr/publication/mineurs-non-accompagnes-en-belgique-rem], consulté le 31/07/2020 ;
- Save the Children, *La Protection de l'Enfant dans les Situations d'Urgence Priorités, Principes et Pratiques*, Suède, 2009 ;
- Unicef, *Le droit de l'enfant au regroupement familial*, s.l, 2016, [https://www.unicef.be/fr/a-propos-unicef/unicef-en-belgique/defense-des-droits-de-lenfant/le-travail-dunicef-belgique-en-faveur-des-enfants-migrants/advocacy-brief-family-reunification-fr/], consulté le 12/07/2020 ;
- Unicef, *UNICEF RDC en 2018*, Kinshasa, 2018, in [www.unicef.org/.../media/2521/file/COD-COAR-2018.pdf], consulté le 14/07/2020 ;
- Union interparlementaire pour la démocratie pour tous, l'Organisation du Travail et le Haut-commissariat des Nations unies aux Droits de l'Homme, Migration, droits de l'homme et gouvernance, Guide pratique à l'usage des parlementaires N° 24, Genève, 2014, p.19 ;
- UNHCR et Unicef, *Sain et Sauf. Ce que les Etats peuvent faire pour garantir l'intérêt supérieur des enfants non accompagnés et séparés en Europe*, New York, 2014.

WEBOGRAPHIE :

- https://www.unhcr.org/fr/apercu-statistique.html, consulter le 16 mai 2020 ;
- https://www.unhcr.org/fr/apercu-statistique.html, consulté le 16 mai 2020 ;

- https://www.icrc.org/fr/document/rdcongo-rwanda-25-ans-apres-le-genocide-zawadi-retrouve-ses-parents, consulter le 01/05/2020 ;
- https://www.icrc.org/fr/ou-nous-intervenons/africa/republique-democratique-du-congo, consulter le 01/05/2020 ;
- HCR, *Recherche et réunification de la famille*, in https://www.refworld.org/cgi-bin/texis/vtx/rwmain/opendocpdf.pdf?reldoc, *consulté le 1 Mai 2020 ;*
- https://www.aidesong.org/projects, consulter le 03/04/2020 ;
- Assemblée Nationale, présentation du projet de loi de révision de la loi n° 004/2001 du 20 juillet 2001, Kinshasa, 2017 ; Cité par http://www.congodurable.net/2017/11/01/plus-de-25000-associations-rdc-loi-repression/, consulté le 03/04/2020 ;
- CABINET D'ÉTUDE TARGET, *RDC- religion 2019 : Les Congolais croient à une providence divine, Kinshasa*, 2019. Consulté le 03/04/2020, https://www.target-sarl.cd/fr/content/rdc-religion-2019-les-congolais-croient-une-providence-divine;
- https://www.diplomatie.gouv.fr/fr/dossiers-pays/republique-democratique-du-congo/presentation-de-larepublique-democratique-du-congo/, consulté le 03/04/2020 ;
- *RDC : quelle est la procédure à suivre pour créer une ONG ?,* Émission diffusée sur la Radio Okapi, in https://www.radiookapi.net/emissions-2/okapi-service/2009/12/22/rdc-quelle-est-la-procedure-a-suivre-pour-creer-une-ong/, consulter le 03/04/2020 ;
- https://www.caritas.org/qui-sommes-nous/mission/?lang=fr, consulté le 03/04/2020 ;
- AMIN Al-MIDANI(M.), *Les Déclarations islamiques des Droits de l'Homme*, in

https://acihl.org/article.htm?article_id=5, consulté le 02 Avril 2020 ;

- https://www.icrc.org/fr/document/republique-democratique-du-congo-situation-humanitaire-critique-pour-des-centaines-de. Consulté 28/03/2020 ;
- CICR-RDC, *Communiqué de presse*, Kinshasa, 2011, repris par https://afriquinfos.com/reste-du-monde/reste-du-monde-196248/. Consulté le 28/03/2020 ;
- Commissaire aux Droits de l'Homme du Conseil de l'Europe, *Les Méthodes d'évaluation de l'âge des migrants mineurs doivent être améliorées*, Strasbourg, 2011, in https://www.coe.int/en/web/commissioner/blog/-/asset_publisher/xZ32OPEoxOkq/content/methods-for-assessing-the-age-of-migrant-children-must-be-improv-1?_101_INSTANCE_xZ32OPEoxOkq_languageId=fr_FR, consulté le 27/03/2020 ;
- http://www.cndhrdc.cd/publications, consulté le 25/03/2020 ;
- http://www.internal-displacement.org/database/displacement-data. Consulté le 09/10/2019 ;
- http://accueil-etrangers.gouv.fr/regroupement-familial/vous-avez-un-titre-de-sejour-temporaire-d-une-duree-de-validite-d-au-moins-un/article/les-conditions-a-remplir, consulté le 26/06/2020.
- https://justice.belgium.be/fr/themes_et_dossiers/enfants_et_jeunes/mineurs_etrangers_non_accompagne/service_des_tutelles/identification_d_un_mineur_etranger_non_accompagne, consulté le 26/06/2020 ;
- http://www.infomie.net/, consulté le 12/04/2021 ;
- http://www.justice.gouv.fr/justice-des-mineurs-10042/mineurs-non-accompagnes-12824/, consulté le 12/04/2021 ;

- https://justice.belgium.be/fr/themes_et_dossiers/enfants_et_jeunes/mineurs_etrangers_non_accompagne, consulté le 12/04/2021 ;
- https://justice.belgium.be/fr/themes_et_dossiers/enfants_et_jeunes/mineurs_etrangers_non_accompagne, consulté le 12/04/2021 ;
- https://consultation.avocat.fr/blog/alexandre-gillioen/article-25136-la-reunification-familiale-differences-avec-le-regroupement-familial.html, consulté le 14/04/2021 ;
- https://www.ofii.fr/procedure/regroupement-familial/, consulté le 14/04/2021. Lire aussi : https://www.france-terre-asile.org/accueil/actualites/actualites-choisies/regroupement-ou-reunification-familiale-que-prevoit-le-projet-de-loi-asile-et-immigration, consulté le 14/04/2021 ;
- https://rm.coe.int/regroupement-familial-pour-les-enfants-refugies-et-migrants/16809e8f72, consulté le 15/04/2021 ;
- https://www.infomie.net/spip.php?breve4107, consulter le 31/01/2021 ;
- https://www.unicef.fr/article/mineures-non-accompagnees-un-fichage-contraire-aux-droits-et-libertes-reconnus-par-la, consulter le 31/01/2021.

ANNEXES

FORMULAIRE D'ENQUETE

Objet d'enquête : « Rôle de la Commission Nationale des Droits de l'Homme dans la protection des enfants mineurs non accompagnés : réfugiés et déplacés internes»

Enquêteur : Benjamin K.AGINA SENGA
Enquêtée : Me Josepha PUMBULU MBIMI
Lieu d'enquête : Kinshasa/RDC
Date d'enquête : le 26 mars 2020
Qualité de l'enquêtée et sexe : Conseillère chargée de la promotion, protection des droits de la femme, enfant et intégration du genre

N.B : le nom et la qualité de l'enquêté sont facultatifs

Questionnaire d'enquête

1. **Quel est le rôle de la Commission Nationale des Droits de l'Homme dans l'identification des mineurs non accompagnés : réfugiés et déplacés internes ?**

R/ *Au regard des attributions que la loi organique n° 13/011 du 21 mars 2013 portant institution, organisation et fonctionnement de la Commission Nationale des Droits de l'Homme, la CNDH veille au respect des droits notamment de l'enfant, des réfugiés, des déplacés de guerre, des personnes victimes des calamités de tout genre et des autres groupes vulnérables. Elle doit s'assurer que leurs droits qui se caractérisent par une prise en charge adéquate sont bien assurés.*

2. **La CNDH s'est-elle déjà occupée d'un cas de mineurs non accompagnés : réfugiés et déplacés internes depuis 2015 à ce jour ? si non, pourquoi ? si oui, comment ?**

R/ *Le Bureau de la CNDH n'a pas encore enregistré un cas de mineurs non accompagné, mais dans le cadre de la Coopération et échanges d'expériences avec les Institutions de la République, les organisations locales, nationales et internationales poursuivant les mêmes objectifs, la CNDH participe depuis 2016 dans un groupe de travail « **Protection Cluster UNHCR-DRC** » pour évaluer la situation humanitaire de l'enfant et de la femme en RDC.*

3. **Quel est le rôle de la CNDH dans la mise en œuvre du droit à la réunification familiale des mineurs non accompagnés : réfugiés et déplacés internes ?**

R/ *La CNDH peut enquêter pour vérifier ou s'assurer que des mesures protectrices ont été réellement prises en faveur des mineurs non accompagnés en RDC et vérifier s'ils bénéficient d'un encadrement juridique et social respectant leurs droits dans notre pays.*

4. **La CNDH a-t-elle déjà connu un cas de réunification familiale des enfants mineurs non accompagnés depuis 2015 ?**

R/Pas encore

5. **Avez-vous d'autres commentaires sur le sujet ?**

En rapport avec l'attribution liée à formuler des recommandations pour la ratification des instruments juridiques régionaux et internationaux des droits de l'homme, des études sont en cours au niveau de la CNDH en vue de dégager l'intérêt pour la RDC de ratifier la Convention de l'Union africaine sur la protection et l'assistance aux personnes déplacées en Afrique et veiller à ce que le droit interne congolais prenne en considération les obligations énoncées dans ladite Convention

Formulaire d'enquête

Objet d'enquête : « Rôle de la Commission Nationale pour les réfugiés dans la protection des enfants mineurs non accompagnés : réfugiés et déplacés internes»

Enquêteur : Benjamin KAGINA SENGA
Enquêté : François Malonda
Lieu d'enquête : Kinshasa/RDC
Date d'enquête : 14 Mars 2020
Qualité de l'enquêté et sexe: Assistant de protection à la commission nationale pour les réfugiés, Kinshasa/RDC (francoismalonda2007@yahoo.fr)
N.B : le nom et la qualité de l'enquêté sont facultatifs

Questionnaire d'enquête

Quel est le rôle de la Commission Nationale pour les réfugiés dans l'identification des mineurs non accompagnés : réfugiés et déplacés internes ?

R/

De manière générale, dans le cadre du mandat de protection, la CNR a la responsabilité de garantir le principe de l'unité familiale. C'est dans ce cadre que lorsque la famille se disloque du fait du déplacement forcé, nous faisons en sorte si l'un des membres de famille, particulièrement les enfants ont perdu les traces de leurs parents ou famille d'attache que ces deniers soient d'abord identifiés. Ensuite, en collaboration avec la Croix rouge, nous facilitons le regroupement familial.

Au cas où les parents ne sont pas retrouvés après l'entrée de l'ENA sur notre territoire, l'enfant non accompagné sera placé dans une famille d'accueil, après la détermination de l'intérêt supérieur de l'enfant, c'est-à-dire trouver la meilleure solution pour l'épanouissement de l'enfant.

Si les parents sont retrouvés dans le pays d'origine, le HCR ou la croix rouge facilite le regroupement familial. Lors du rapatriement, l'ex ENA devenu majeur devra donner son consentement pour le rapatriement.

Cette logique est aussi observée pour les déplacés internes. De fois, l'OIM et la croix rouge interviennent pour le regroupement familial.

Formulaire d'enquête

Objet d'enquête : « Rôle de l'ONG War Child Uk dans la protection des enfants mineurs non accompagnés : réfugiés et déplacés internes dans la région du Kasaï»

Enquêteur : Benjamin KAGINA SENGA
Enquêté : Patient WAZUMA
Lieu d'enquête : Kasaï/RDC
Date d'enquête : 06 Avril 2020
Qualité de l'enquêté et sexe: Assistant de protection à la commission nationale pour les réfugiés, Kinshasa/RDC (+243972445540)
N.B : le nom et la qualité de l'enquêté sont facultatifs

Questionnaire d'enquête :

Quel est le rôle du War Child Uk dans l'identification et réunification des mineurs non accompagnés : réfugiés et déplacés internes ?

R/

Dans le cadre de son partenariat avec le Haut-commissariat pour les réfugiés qui consiste au monitoring des violations des droits des personnes déplacés internes dans la région du Kasaï, l'ONG War Child Uk identifie les enfants non accompagnés, déplacés internes dans cette région, mais aussi organise leur prise en charge.

En ce qui concerne l'identification, celle-ci se fait par les Moniteurs de protection du War Child qui rencontrent soit directement ces enfants non accompagnés soit ils sont informés par les membres de comités locaux de protection ou par tout autre moyen, de l'existence d'un ou des enfants non accompagnés dans un quartier ou village. Une première identification est faite à l'aide de tablettes électroniques contenant une fiche d'identification. Ensuite, l'enfant ou les enfants sont conduits dans le bureau du War Child le plus proche, s'il n'est pas déjà dans une famille d'accueil spontanée, en vue d'obtenir toutes les informations nécessaires et organiser une prise en charge provisoire. Dans le cas où, il se retrouve déjà dans une famille d'accueil spontanée, c'est ce qui est souvent le cas, l'enfant est identifié et il sera procédé à l'évaluation de la nécessité de le garder provisoirement dans cette famille ou de le placer dans une autre famille s'il est echet. Dans le même ordre idée, le War Child identifie en amont des familles d'accueil potentielles, elle les forme pour qu'elles soient aptes à accueillir les enfants non accompagnés qui seront identifiés. Elle réalise donc cette tâche en collaboration avec les autres ONG, agences des Nations unies et la Commission Nationale pour les réfugiés. Régulièrement, elle fait rapport au HCR.

S'agissant de la réunification familiale, le War Child uk concourt à travers le HCR avec le CICR, la CNR et l'Unicef dans la recherche et la réunification familiale des ENA. Compte tenu de sa présence au sein des communautés, elle est souvent informée de la présence d'un parent de l'ENA dans un village ou dans un autre et enclenche avec les autres acteurs humanitaires présents dans la région, la procédure visant la mise en contact, puis la réunification si possible d'un enfant placé dans une famille d'accueil provisoire.

rmulaire d'évaluation rapide de protection de l'enfance
GTPE - RDC
Octobre 2019

Recommandations :

1) Présentez-vous avant d'entamer l'interview (votre rôle ainsi que votre organisation)
2) Présentez l'objectif général de l'enquête qui est d'évaluer la situation globale de Protection de l'Enfance à travers les thématiques suivantes[1] :
   - Enfants non accompagnés et séparés
   - Dangers et blessures, Violence physiques et autres pratiques néfastes
   - Détresse psychosociale et enfants victimes d'exclusion
   - Enfants associés aux forces armées ou groupes armés
   - Violence sexuelle
   - Travail des enfants
   - Services de protection de l'enfance et coordination
3) Les informateurs clés* doivent avoir une bonne connaissance de leurs localités et des communautés qui y vivent
4) Où il y a des déplacements de populations, insistez sur le fait que les questions se réfèrent à la situation des enfants à l'endroit où l'IC se trouve actuellement (et non à ceux se trouvant dans leur lieu d'origine
5) Ne faites AUCUNE promesse et ne créez pas d'attentes : précisez à votre interlocuteur que ces réponses seront utilisées uniquement à des fins d'enquête et ne sont pas directement liées à une décision concernant la fourniture d'assistance ou de services
6) Variez le genre et le type de vos informateurs clés
7) Veillez à obtenir le consentement éclairé des ICs.

CODE EVALUATION : |________________|

Le code évaluation est un code commun à toutes les fiches remplies dans le cadre d'un projet d'évaluation.
Il est de la forme : XXXYYNNN ou XXX représente le sigle de l'organisation qui collecte la donnée, YY représente l'année et NNN est un code incrémentiel.
Ex. HCR18001 ; NRC18010 ; NRC18011

Date interview :		Nom de l'évaluateur :		Organisation :	

1. INFORMATIONS SUR L'INFORMATEUR CLÉ

1. Type de l'informateur clé *(Choix unique)*	O Autorité Locale O Leader religieux O Représentant des CAC O Représentant des déplacés O Représentante des femmes O Représentant des jeunes				O Médecin / Infirmier O Relais communautaire O Société civile O Enseignant O Autre (Préciser)	
1.2. Genre	O Masculin	O Féminin	1.3. Tranche d'âge	O 12-17 O 18-35 O 36-59 O 60+	1.4 Contact	

Formulaire de consentement éclairé (*à lire à haute voix*) : "Bonjour, mon nom est ________ et je travaille pour (*citer le nom de votre organisation*). Nous procédons à une analyse de la situation des enfants touchés par ___[mentionnez le type de situation d'urgence, attaque récente, déplacement etc.]. J'aimerais vous poser quelques questions sur la situation de la protection des enfants dans votre communauté. Votre nom ne sera pas pris et vos réponses ne seront pas partagées avec quelqu'un d'autre dans la communauté. Bien que cet entretien ne garantisse aucune aide directe ou indirecte pour vous ou pour votre communauté, les informations que vous nous transmettrez nous aideront à déterminer les priorités et les programmes nécessaires en matière de protection de l'enfant. Votre identité sera traitée de façon strictement confidentielle et ne sera pas divulguée à d'autres personnes, à moins que vous nous donniez votre accord écrit pour le faire. Votre participation se fait sur une base volontaire et vous pouvez choisir de ne pas répondre à une ou à toutes les questions posées. Vous pouvez interrompre l'entretien à tout moment. Il faudra environ ____ [*Spécifiez*] minutes pour répondre aux questions. Répondez au mieux de vos connaissances.
Est-ce que vous acceptez de parler avec moi ? Si vous êtes d'accord, confirmez verbalement. Avez-vous des questions ?
[*Notez les questions posées par les ICs dans l'espace ci-dessous.*]

Cette personne a-t-elle consenti à être interviewée ? O Oui O Non (si non, remercier le participant et mettre fin à l'entretien)

[1] Dans le formulaire apparait le symbole * qui indique que vous trouvez la définition du concept dans l'Annexe - Guide à l'outil d'évaluation rapide de protection de l'enfance (Définitions clés)

1

TABLE DES MATIÈRES

Structures éditoriales du groupe L'Harmattan

L'Harmattan Italie
Via degli Artisti, 15
10124 Torino
harmattan.italia@gmail.com

L'Harmattan Hongrie
Kossuth l. u. 14-16.
1053 Budapest
harmattan@harmattan.hu

L'Harmattan Sénégal
10 VDN en face Mermoz
BP 45034 Dakar-Fann
senharmattan@gmail.com

L'Harmattan Cameroun
TSINGA/FECAFOOT
BP 11486 Yaoundé
inkoukam@gmail.com

L'Harmattan Burkina Faso
Achille Somé – tengnule@hotmail.fr

L'Harmattan Guinée
Almamya, rue KA 028 OKB Agency
BP 3470 Conakry
harmattanguinee@yahoo.fr

L'Harmattan RDC
185, avenue Nyangwe
Commune de Lingwala – Kinshasa
matangilamusadila@yahoo.fr

L'Harmattan Congo
67, boulevard Denis-Sassou-N'Guesso
BP 2874 Brazzaville
harmattan.congo@yahoo.fr

L'Harmattan Mali
ACI 2000 - Immeuble Mgr Jean Marie Cisse
Bureau 10
BP 145 Bamako-Mali
mali@harmattan.fr

L'Harmattan Togo
Djidjole – Lomé
Maison Amela
face EPP BATOME
ddamela@aol.com

L'Harmattan Côte d'Ivoire
Résidence Karl – Cité des Arts
Abidjan-Cocody
03 BP 1588 Abidjan
espace_harmattan.ci@hotmail.fr

Nos librairies en France

Librairie internationale
16, rue des Écoles
75005 Paris
librairie.internationale@harmattan.fr
01 40 46 79 11
www.librairieharmattan.com

Librairie des savoirs
21, rue des Écoles
75005 Paris
librairie.sh@harmattan.fr
01 46 34 13 71
www.librairieharmattansh.com

Librairie Le Lucernaire
53, rue Notre-Dame-des-Champs
75006 Paris
librairie@lucernaire.fr
01 42 22 67 13

www.ingramcontent.com/pod-product-compliance
Lightning Source LLC
LaVergne TN
LVHW011257061026
849535LV00005B/1292

* 9 7 8 2 3 4 3 2 4 1 2 0 3 *